蓝狮子著名企业家
管理日志系列⑦

王石
管理日志

陆新之／编著

全新修订版
★ ★ ★ ★ ★

ZHEJIANG UNIVERSITY PRESS
浙江大学出版社

序
写在新版《王石管理日志》之前

认识王石是在 1994 年的 3 月 30 日，当时我在深圳的阳光酒店现场目击了万科被部分股东发难阻击的"君万之争"（万科内部称为"三三零事件"），这家公司管理层的强大的逻辑与专业的态度给我留下了深刻的印象。之后的五年，我多次在万科的水贝二路总部蹲点，见证了万科在 20 世纪 90 年代后期发展的各个事件，耳闻目睹了王石管理运营这家日后要成为千亿公司的组织机构的多个细节。2004 年，在他登顶珠穆朗玛峰之后，我写了《王石是怎样炼成的》，当时获得了很多读者的积极反响。

今天的王石，是公众人物，是意见领袖，是热爱生活的植物学者，也是户外极限运动之中的大龄佼佼者。不过，他最愿意称自己为"职业经理人"。事实上，在王石令人眼花缭乱的生活与爱好之外，他对万科这家由无到有，逐步发展壮大的公司的领导与管理，有着其独特的、非常个性化的见解与行动。因此，在 2008 年，我应出版方的邀请，编撰了《王石管理日志》，那是 365 天的版本，一共 365 条内容，非常厚实，素材很丰富。按照大学生读者的评论是，"便宜量又足"，而不少政商界朋友，读后更觉得有所启发，这令我这个二传手作者倍感欣慰。

转眼间，五年过去了，这五年里，王石节奏更快，观点更多，行为也更出人意表。而在他领导万科方面，也有了一些与时俱进的变化。

例如，他说："这辈子不沾政治，下辈子也绝不沾。"

他还发现：一些媒体喜欢设置一种"任志强怎么说，柳传志怎么说，王石怎么说"的对比，但柳传志的话也不是对着他说的，他也不是对着柳传志说。不是柳传志说"在商言商"，他说"在商不能光言商"，根本不是这样一个关系。

他还强调：万科转型很重要的一点是从专业研究房子到研究环境。作为董事长，在指引万科转型方面必须起积极作用。

而且，他还谈到了自己在心里爱国，他明言：我作为中国人很自豪，难道不该自豪吗？以现在中国的地位，整个世界都没法忽略。而且我一直觉得，中国要往前走，无论

1

抗拒也好,要学习谁也好,都需要回来找中国的传统,去分析我们自己,回到我们自己,梳理我们自己,重建我们自己,我说的是文化和传统。

……

因此,这五年来的王石,确实值得再次记录与解读。还是应出版方之邀,我足足花了四个月来修订这本书。马年新春,此书将正式付印,故此回顾之,感慨之,希望这个新版本,能够在中国的商业社会之中,贡献一些能够让更多人得益的价值观与方法论。

目 录

一月 | 创业者的自我修养

MON	TUE	WED	THU	FRI	SAT	SUN
		1 元旦	**2** 初二	**3** 初三	**4** 初四	**5** 小寒
6 初六	**7** 初七	**8** 初八	**9** 初九	**10** 初十	**11** 十一	**12** 十二
13 十三	**14** 十四	**15** 十五	**16** 十六	**17** 十七	**18** 十八	**19** 十九
20 大寒	**21** 廿一	**22** 廿二	**23** 廿三	**24** 廿四	**25** 廿五	**26** 廿六
27 廿七	**28** 廿八	**29** 廿九	**30** 除夕	**31** 春节		

1月1日 创业阶段难免拳打脚踢

我觉得企业家走向成熟分为三个阶段：第一阶段就是创业。在解决生存问题的时候，更多的就是拳打脚踢的故事。

——2006年来王石多次在不同院校就"企业社会责任"主题发表的演讲

背景分析

创业是一个在当下中国令人容易热血沸腾的社会流行词。特别是随着GDP的增长，中国社会掀起了创业的热潮，事实上，创业的机会和动力都在增加。但是，创业显然不是一个只有鲜花和掌声的过程。

时下内地的创业环境，某种意义上，不比王石创业的20世纪80年代初要好。

有创业者表示，严格的登记制度、烦琐的审批程序、沉重的税费负担，加之各种创业服务的缺失，让很多创业者不堪重负。另外，国内中小企业创业准入门槛比较高，在缴纳了税费之后，一些中小企业不但难以得到相应服务，往往还会遭遇意料之外的成本和障碍。

当我们想到王石当年下海创业，在蛇口码头亲自和劳工一起扛几十公斤的饲料包的时候，对于他今天登山下海的丰盛人生，会有更多感慨。

行动指南

所有伟大的商业行动，都离不开创业的起步。而所有的创业者，都要做好摸爬滚打、含辛茹苦的心理准备和物质准备。

1月2日 创业家必须补上管理这一环

企业家走向成熟的第二个阶段就是管理成熟阶段。比如说现在谈到万科，很难再谈到20世纪80年代的故事，更多的显然和商学院MBA的课程有关系，就是企业的管理理念、管理风格、行业选择以及你怎样树立品牌形象，等等。 万科20年的第一个10年是一个创业的过程，第二个10年是从创业走向管理的过程。

——2006年来王石多次在不同院校就"企业社会责任"主题发表的演讲

背景分析

创业难，守业更难。虽然创业的成功率不高，但是少数创业成功的企业家，还需要面对企业发展新阶段的新挑战。

20世纪80年代初，国家经委组织和成立了多个合作培训中心，又支持各省区市成立了一批面向在职干部的经济管理干部学院或培训中心，开始了大规模、多角度地引进、学习和借鉴西方的管理思想、管理理论和管理方法，培养了一大批企业管理干部。同时，我国的一些大学纷纷成立了管理学院或管理系，大量的西方管理学著作也被翻译过来，企业开始结合我国实际，推广现代管理的一些方法。比如宝钢，在创建之初引进设备时，就同时引进先进管理经验，通过消化吸收再创新，走出了一条适合企业实际的现代企业管理的路子。

20世纪90年代，我国企业管理工作进入了一个新阶段，市场经济的一般规律、最先进的管理理论、国际通行的管理规则以及新的管理方法和手段得以全方位地引进、推广和实践。

而万科对现代企业制度的追求、全面管理体系的完善以及品牌建设方面的积累，也是它之所以能够脱颖而出的关键因素。

行动指南

马上得天下，不能马上治天下。企业家创业成功之后，必须要补上企业管理这关键一课，才能够使得自己和企业都成熟起来。

1月3日 创业者应该全力以赴

（创业那时候）给自己留了后路相当于是劝自己不要全力以赴。

——1998年，王石在接受本书作者采访时如是说

背景分析

王石曾经很感慨,到了深圳,感觉自己好像到了老家一样。他的性格和深圳几乎一拍即合,那种无数的可能性,那种一定要成功的虎虎生气,那种对新兴事物的"贪婪",都让王石在深圳这片土地上感到实在是舒筋松骨。但是,那个时候,他也意识到,如果创业不成功,或者深圳特区的政策有变,他将回不到以前的生活环境了。因为环境已经变了,窗户已经打开了,再回到封闭的屋子是不可能的。他也不习惯给自己留后路。

中国俗语有云:"置之死地而后生。"虽然创业者不一定都那么悲壮,但对于当时创业肇始的王石,的确需要这样一种破釜沉舟的英勇气概。

行动指南

创业的时候需要义无反顾,哪怕成功概率未必很高,创业者也要有全力以赴的决心和行动。

1月4日 企业家不需要有偶像,但需要有经历

与其说是哪个人影响了我,还不如说是哪一段经历影响了我。对我而言,最重要的一是当兵的经历,二是上大学时的自学。

——1994 年,王石在接受本书作者采访时如是说

背景分析

谁是对他影响最大的人?这种甜腻腻的问题,王石一向不喜欢回答。他一直认为,生长在他这个年代的人,受到的是理想主义的熏陶,所以,他没有偶像;而他 5 年汽车兵经历和在兰州铁道工程学院的学习,使得他养成了坚韧的性格,也有了极为坚强的心理素质。

在王石年轻的时候,能去当兵是一件很光荣的事,王石当时的理想就是成为一名职业军人。但是到了部队以后,他发现自己的个性特征可能不太适合当兵,因为他喜

欢独立自主地思考，但军人是以服从命令为天职的。

所以在当了 5 年汽车兵之后，王石就离开了部队。

这一段经历在当时肯定没有显示出什么特别之处。但是因为有在部队艰苦生活的锤炼，后来创业时，常人看来要吃的那些苦在王石看来什么都不是。

例如，初到深圳创业的时候，王石几乎是全力以赴地投入工作。

"一次有个朋友来找我出去办点事儿。我问他，你吃饭了没有。他说吃过了。我说我还没有吃。他说要不要出去吃一点儿。我说很简单，然后当着他的面，撕开一袋方便面，干吃了。那时一块面包当一顿午餐在我看来很正常，领着民工扛 150 斤一袋的饲料，也很正常。绝对不会觉得苦。"

王石自己总结，给他留下深刻影响的还有部队的集体生活和团队意识的培养。

行动指南

办企业的人，不需要盲目模仿哪个偶像，但需要有让自己受到磨炼的阅历，太顺利的环境不利于企业家心智的成熟。

1月7日 办企业不能急功近利，一定要春种秋收

我的朋友都说我傻，放着眼前赚钱的买卖不做，去做一件看不到结果的事情，但事实证明我是对的。这就是我说的那种不同的思维方式，它不是很急功近利，一定要春种秋收。但我确实是属于那种目标设定得比较清楚的人。

——1994 年，王石在接受本书作者采访时如是说

背景分析

1983 年王石到深圳时已经 33 岁，但一切都是从头做起，货场搬运、鸡饲料推销，还兼司机、出纳，是个典型的小人物。这么多年过去了，万科做大了，王石也成为所谓的公众人物，但他骨子里更喜欢 20 世纪 80 年代的创业生活，他愿意保持已经形成的生活态度和习惯。他不认为自己是个大人物。

从 1984 年放弃饲料生意组建万科至今，公司出名了，公司的创建者也出了名，风

光的一面百分之百地被外界传诵,但过程中经历的酸甜苦辣、切肤之痛只有自己知道。这些都是王石的真实感受。

行动指南

办企业要有选择,只有放弃一些短时间内就可以获利的生意,集中精力在能够持久发展的业务之上,最后才能成就大业。

1月8日 喜欢钱,但要与钱保持距离

我当然喜欢钱,但是,赚钱有赚钱的方式。尤其是我选择了职业经理人之路,就不能只想着钱。

——王石在接受本书作者采访时如是说

背景分析

2008年8月,万科发布了实施2006年度限制性股票激励计划,5500万股激励股票将过户给万科的200多人。这次股权激励一次造就了几十位千万富翁,200来位百万富翁。据估算,董事会主席王石获得的股票数量为5227065股,按当时市值折合约3600万元人民币。

王石不是富豪,却也从来不是一个缺钱的人。因为不缺,他对金钱从来没有那么强烈的欲望。王石出生在一个高级干部家庭,虽然兄弟姐妹甚多,但在那个物质不丰富、需求不多、贫富差距不大的年代,王石一家的生活即使不富裕,却也从来没有贫困的日子;到了部队,和金钱隔得更远了。所以王石从小就没有金钱概念,他的生活里,没有金钱带来的烦恼或快乐,他的理想、目标也都与金钱没有什么瓜葛。在去深圳时,王石的存款数基本上是零,但也没有任何生活之虞。虽然不是每一个出身殷实人家的人都能够对金钱保持足够的距离,但王石是这样一个正面例子。

行动指南

企业家应该喜欢金钱,也应该有赚大钱的能力。但是同时,还得与金钱保持距离,

对金钱有一种健康的态度。

1月9日　不收回扣

　　深圳初建特区的时候，很快就形成了权钱挂帅、拜金主义、物质至上的风气，而我不能为了赚钱、为了提高物质生活水平而丧失人格。因而，不仅自己不能行贿，也不要受贿。做商业我有自己的底线，在那时候我作为商人，首先要求自己的就是不要回扣。

——1994年，王石在接受本书作者采访时如是说

背景分析

　　1983年的深圳，有两家海外投资的大饲料厂，年产量均在20万吨以上。其生产原料玉米主要是从美国、泰国等地进口，也有部分中国北方玉米通过香港中转再进入深圳。饲料生产厂家也知道如果直接从内地组织货源，就能降低进货成本，但苦于对内地人生地不熟，没有渠道。北方成千上万吨的玉米要运到深圳，就必须通过海运，解决船只从北方港口到深圳港口的停靠问题是关键。

　　王石看到了这个生意机会，然后把握住，首先是联系刚开港的深圳赤湾港，解决了万吨船停靠问题，接着在广州海运局租到了万吨船，生意很顺利地做成了。到年底，通过王石这个渠道转卖到两家饲料厂的玉米有3万多吨。到了第二年5月，其中一家饲料厂的采购部门负责人就兴冲冲地来找王石，大大咧咧地说："你有一笔钱在我这里！"

　　这下子，即使是一贯精明的王石也感到很奇怪："我怎么会有钱在你那儿？"

　　对方解释说："你提供了新的供货渠道，使饲料厂降低了成本，获得了新的生意机会，按行业惯例，回扣5‰。之前担心你不接受，有误会，所以等生意全部做完之后，才谈这件事。一共二十几万港币，是存在香港，还是汇到哪里，你说句话就行了。"

　　王石当下表态不要。对方为难了，说："这笔钱公司已经打入成本，做了账，你不要，公司就有偷税的嫌疑。"对方的理由听起来很充分，于是王石想了个变通办法，建议给他的上级主管公司深圳经济特区发展(集团)公司买两部车。对方面带难色，说："钱是给你的，跟公司没什么关系，公司该赚的已经赚了。再说给我供货的还有五六家公

司,他们知道了,都要求我送车,我送不送?"王石反问:"你不是说这钱是我的吗?那我说就这么办了。"

结果对方买了两辆面包车,还有余钱又捎带了两辆摩托车,送给深圳经济特区发展(集团)公司。很多年之后,深圳经济特区发展(集团)公司都还不知道客户送这些车的原因。

行动指南

勿以善小而不为,勿以恶小而为之。成功的企业家,能够克制自己,抵制不道德的商业潜规则。

1月10日 企业家不应该是暴发户

(1988年万科股改的时候)选择没有要自分的股份和我的价值取向有关系,我不愿意是暴发户的形象。 不是我不爱钱,我只是不愿意成为暴发户。

——1994年,王石在接受本书作者采访时如是说

背景分析

万科在1984年创建的时候,政府没投一分钱,万科也没让政府担保过一分钱,每年还上缴利润。1988年,核算已经有4年历史的万科公司的资产构成比例的时候,一度有代表官方的人士建议是三七开,国家三成,企业七成。但是万科人思想上比较慎重,总觉得还是应该国家股份多占一些比例。所以实际落实的方案是根据深圳市体改办的决定:60%归国家所有,40%归职工所有,这大约有五六百万元的资产。

这些职工股虽说不能全部都归王石个人所有,但可以分,应该说,作为创办人,王石可以分到其中的10%~15%,其至20%也完全说得过去,但是当时王石一股都没有要。

王石的志愿就是不当企业的所有者,而是当企业的管理者。他觉得当时中国缺少职业经理人阶层,很多年轻人想当老板,既当所有者又当管理者。而他只想当后者。

行动指南

"君子爱财,取之有道。"面对突然到来的机会,企业家应该能够分清楚轻重,不能为了一大笔钱而成为暴发户,影响自己的职业生涯。

1月11日　注意表达的时机与调性

2008 年,我意识到网络媒体的特点——澎湃而来,滔滔而去。 你还在乎,可他说我都忘了,你还在计较呢。 你不能率性而说,你要从公司角度考虑这样说合适不合适,在这个时间点说合适不合适,不是说我知道不对装着没看见,因为交流就是要表达。

——2013 年,王石在接受《南方人物周刊》专访时说

背景分析

2008 年汶川地震之后,王石的几句话——"200 万元是个适当的数额"、"每次募捐,普通员工的捐款以 10 元为限",引发了网民一片声讨,险些导致他引咎辞职,同时也给万科股东和管理者造成了巨大压力。

经历了 2008 年的"捐款门",王石亲身体验了什么叫"众口铄金,积毁销骨"。从那之后,王石一度约束自己,淡出媒体,不接受采访。王石曾一度不敢提及"捐款门"事件,直到一年多以后才重回媒体视线中,但是他的言语显然谨慎内敛了许多。王石后来说,他说的话没有错,错的是说话的时机,在举国悲痛的时候,作为一个企业家,他的表态不应对公司和社会造成负面影响,而应该积极带头承担责任。

行动指南

说什么固然重要,但是怎么说、什么时候说同样重要。对于企业的管理者来说,这是一个需要重视的问题。

1月14日　欢迎网友恶搞

"80后"觉得好玩表达了自己的想法，万科也觉得很开心。

我曾想请这些网络恶搞高手一起吃饭，不过我的邀请并没有得到回应，估计这些"80后"又玩别的好玩的去了。

——2007年11月，王石在公众场合向听众解释了万科新Logo被网友恶搞的来龙去脉

背景分析

2007年10月29日开始，曾经伴随万科地产19年发展的企业标识大变革，取而代之的是一个由4个红色"V"组合而成的新标识。但没料到，没过几天，各种版本的"万科标识"即在网络上漫天飞，4个红色的"V"组合被网友PS成"弹弓"、"麻将"、时代华纳爱吃胡萝卜的"兔子"、"埃菲尔铁塔"、"万科人民银行"、"耐克"，等等。

王石说，符号其实就是中国传统建筑的窗花，旨在希望住宅建设靠近中国的传统。在网络时代，这个标志之所以迅速被大众所认可接受，是因为除了被人恶搞之外，它有着自己的企业内涵。

行动指南

在网络年代，企业家必须要跟上形势，对于各种出乎意料的"80后"、"90后"甚至"00后"人群的动作要有应对能力。

1月15日　涮老总的企业文化

平时我这个人比较硬，同事们一年到头，可能有时候总会受点气。借公司联欢的机会，让大家一起玩玩，消消气，多好。

——1994年，王石在接受本书作者采访时如是说

背景分析

1994 年,正好是万科创业 10 周年。万科专门在深圳仙湖的特大草地上搞了一个大派对。公司上下的表演活动很多,特别是把王石、姚牧民、赵晓峰等一众总字号人物拿来开涮的节目,更让大家笑破肚皮。一提到这个节目,大家都兴高采烈地回答,"涮老总"可是万科的保留节目啊!

有人问道:他们给你穿上草裙还丑化得那么厉害,是不是有点过分?王石半开玩笑半认真地说,日本一些公司不是有专门的出气房吗?里面有个橡皮人,就是给下属职员当做上司来拳打脚踢泄愤的。

晚会结束之时,王石带头和大家一起捡草坪上的垃圾,职员们统一行动,没有偷懒的,不到 10 分钟,草坪上就很干净了。这虽然只是一桩小事,但在 1994 年,一家企业能够自上而下这样约束自己,还是令人很是感慨。

行动指南

企业家可以强势,可以有脾气,但是也要有给职员下属出气消遣的机会。企业家的这种雅量,是吸引人才的必要因素。

1月16日 领导者也需要亲自体验一线的酸甜苦辣

亲自到卖场一线体验一下氛围,才能知道零售业是怎么样一回事情。

——1995 年春节期间,王石在万佳商场的收银处如此感叹

背景分析

1995 年,引入新的零售业态的万佳业务蒸蒸日上,迅速成为深圳零售业的龙头,半年营业额达到 8000 多万元,远远超出原先最乐观的估计。

当年春节,万佳商场因为来的顾客太多,不得不采取分流措施,就是每隔 10 分钟才放一批顾客进去,营业额经常创出每日两三百万元的新高。这在当时的零售业之中,是相当难得的佳绩。春节期间,王石多次亲临现场,看到如此兴旺的景象,兴奋

不已。

王石亲自带头，率领万科总部的高级职员，在繁忙时段，分批到万佳商场的收银台旁边，替顾客将商品装袋。第一天，大家还觉得新鲜，挺好玩，但是到了后来几天，看着几十台收银机前面都排起了人龙，而且装袋还需要区分不同的货品，两三个小时下来，在办公室待惯了的白领们，还真的有点腰酸背痛。

行动指南

很多时候，做生意都需要亲力亲为。作为企业的领导者，了解一线的市场和客户需求都很重要。

1月17日 不能创新才是最大的风险

在不断变化的市场面前，不创新就意味着落后；创新可能带来风险，但不创新是最大的风险。

——2000年，王石在面对 IT 网络狂潮时发出的感慨

背景分析

1999年，王石接触互联网，大受刺激。因为互联网是互动式的，对外可以开总经理网站、开王石网站，人人可以上去参奏一本。一种新的管理形式涌现出来，梦寐以求的信息扁平化实现了，按照传统的做法，这是绝对做不到的。在过去，信息的不对称曾经造成了管理上的困难；而今，网络形成了一个非常有效的监督机制。当然，不是说请ISP 公司给做个电子设计的程序，再买硬件一配就能马上解决沟通问题了，这是一个管理的建立过程。对传统企业来讲，包括管理层，如果你不在线就要被淘汰，这是毫无疑问的。

行动指南

面对新事物、新观念、新技术，企业的领导者不能害怕，不能轻视，也不能漠视，了解它并为自己所用才能让"新"有所值。

1月18日　希望别人不要重复自己所走过的弯路

我不希望有人走我曾经走过的弯路，我希望他们站在我的肩膀上前行。

————2006年，王石在接受记者采访时如是说

背景分析

王石沉浮商海多年，颇有一些传奇故事。其间既有成功的欣喜，也有不少惨痛的经历。随着年龄的增长和事业的发展，王石产生了一个越来越强烈的愿望：希望别人不要重复自己所走过的弯路。基于这个出发点，王石很热衷于同意气相投者探讨经营之道。这么多年来，和他交谈地产心得者不知凡几，但是真正像冯仑那样对他的独到见解能够产生共鸣的人还是很少。其实，王石关于房地产的谈话，虽然大多都是那几个观点，但包含了他在房地产行业摸爬滚打若干年的诸多心得体会。

万科搞房地产从土地投标起家。由于投标买地成本太高，要想赚点钱就一定要在项目操作上有独特之处，所以几年熬下来，王石麾下练出了一支功夫过硬的队伍。但这已是后话，在开发前期，王石和他的同仁们惨淡经营了好几年。

行动指南

找人一起分担困难是大多数人希望的，企业家愿意将自己的经验和成果拿出来分享则是另一种境界，能够做到后者的企业家更强大。

1月21日　不要太泛政治化

中国现在就是太泛政治化，每个人都在扮演政治家的角色，每个人都在考虑国家的未来前途。到美国你发现，我们中国老百姓对美国的了解，比他们对我们的了解强太多了。

————2013年，王石在接受《南方人物周刊》专访时说

背景分析

在中国,上到企业领导,下到平民百姓,各个阶层都会或多或少地谈论些政治、国内国外大事。无论是坐公交车,还是去医院看病,总能听到大家在谈论这些话题,夸张一点可以说中国是全民谈政治。美国则不同,美国人没那么关心政治,他们更关心娱乐和体育,美国的娱乐业和体育业也发展得极好。

中国现在这种太泛的政治化好不好呢?王石认为,这些应该是公共知识分子关心的,而且应该是真正研究政治学、国际关系、国家走向这个分类的公知关心,当然还包括政治家和领导人。而董事长应该负责的是股民、员工和公司品牌,要知道自己作为一个企业家,应该有什么思维方式,最大的能量是什么。当然,企业家还要去承担社会责任,做公益,这是分内的事。

行动指南

企业家需要关心政治,但是应该按照企业家的方式去关心,循序渐进,而不是一味地喊口号刷标语。

1月22日　居安思危,时刻寻找人生信念

病人比健康人更懂得什么是健康,承认人生有许多虚假意义的人,更能寻找人生的信念。

——王石引用捷克前总统、诗人哈维尔的一句名言

背景分析

财经作家吴晓波曾经敏锐地观察到:王石似乎有着浓郁的"病人情结"。例如,王石把万科当成"病人",它超速成长青春激荡,疾病不断常常莫名发作,因而必须时时警觉,日日维新;王石把房地产业当成"病人",它暴利惊人、游戏诡异,充斥着令人迷失的金色陷阱,因而必须遏制欲望,令心智清明;王石把他自己当成"病人",在没有约束、众星捧月的情况下又有多少人能找到自我?王石把这个时代也当成"病人",物欲横流,

价值多元,到底什么是人们真正的渴望?

行动指南

企业家需要居安思危,时时提醒自己做好准备。因为健康只是非常态,企业"生病"才是常态。

1月23日 坚持认为对的事情

坚持做你认为对的事,不要被周围的形势所左右,一定要坚持下去,这点是非常重要的。 但往往不是这个事情有没有希望,不是周围的环境把你打败,而是你自己被自己打败。

——2001年2月,王石在 ChinaByte(比特网)接受网络在线访谈时对 IT 业界提出的忠告

背景分析

2000年是新旧世纪交替的一年,世界各国的经济在这一年普遍有所扩张,经济增长速度达到4%,达到近20年的顶峰。但是盛极而衰,隐藏的危机终于爆发,2001年颠覆了所有人的喜悦,成为世界经济史上一个难熬的冬天。

在2000年,美国就已经出现 IT 泡沫破灭,纳斯达克指数下跌,IT 企业股票缩水,只是这些在当时并没有引起人们足够的重视。到了2001年,爱立信、北电、朗讯等电信跨国公司陆续出现巨额亏损。中国年轻的互联网企业也都面临重重危机。千辛万苦到美国上市的门户网站搜狐等,遭遇到了1美元以下股价的尴尬。所以,那时候与张朝阳等许多互联网创业者交从甚密的王石,由自己办企业的亲身经历发出感慨——要有坚持,才能有机会接近成功。

3年后,搜狐等中国互联网公司复苏,获得华尔街市场的认可和追捧,股价比起最低时候升涨了几十倍。这些公司的创办人和管理层也获得巨大回报,逢低吸纳的投资者也大获其利。

行动指南

企业家在分析判断形势之后,对自己的正确方向要能够坚持,不要轻易动摇,也不要为一时局面低迷而放弃。因为只有你自己才能帮助自己。

1月24日 好的企业不需要个人崇拜

万科从来没有营造对我的个人崇拜。 万科的办公室里既没有王石的艺术画像,也没有悬挂王石语录;提到王石,万科的职员也不会情不自禁地起立脱帽鞠躬。 万科的企业文化是从不鼓励个人崇拜。

——2002年,王石在网上路演回答网友提问时如是说

背景分析

有一次,在网上路演之中,有人提出问题,指万科公司的员工有意营造一种对王石的个人崇拜,这让外人看来不是很舒服。王石就指出,这位朋友其实不了解万科内部的真实情况。

王石自认为,他对万科的第二大贡献是解决了企业创始人和职业经理人之间的关系问题。不可否认,没有王石就没有今日之万科,但王石的心态显然很好,没有把万科看成是自己的,而是一步步以开放的心态走向社会、走向公众。

王石摒弃了中国人根深蒂固的“地主意识”,因为,他所要的是一个更大、更开放的舞台和日益健全的良好组织。

行动指南

成熟的企业家,不需要在企业之中搞个人崇拜,更不需要将公司死死把持住。积极创造一个更加开放、更加广阔的舞台,这才是企业真正需要的。

1月25日 企业家为何离不开企业？

财富拥有者的生活，会出现两种情况：一种是公司离开自己就玩不转；另一种现象是，不是公司离不开自己，而是自己离不开公司，一旦离开就无所适从，充满失落。同时，休闲消遣也变成了工作上的手段——美酒像中药，打高尔夫是为了谈生意。这样的生活方式，在形体上的表现就是大屁股、大肚子，营养过剩，缺少运动。所以，应该对传统观念进行改变，把新的生活方式当做时尚，使生活更丰富、愉快、健康，而仅仅拥有物质是不够的。

——王石对媒体解释自己的生活状态

背景分析

富了之后怎么办，是中国企业家们这几年经常面对的大问题。有一些企业家选择了卖掉公司，从此退隐江湖，逍遥快活。但是，绝大多数企业家，都是希望继续做大事业。不过，作为创办人和第一代企业家，他们往往面临的是如何保持与公司距离远近的问题。仅仅依靠克隆自己的经验是很难支持未来的企业发展的。引入更多的职业经理人，建立现代企业制度，才是发展的主要方向。在这个转变过程之中，企业家需要调整自己的位置和心态，完成由企业的管理者到企业的所有者之间的身份转变。但是，对于一个白手起家打下江山的企业家来说，要克制住自己的欲望，不去干预公司的日常运作，谈何容易！像李宁和王石这样，能够保持与公司适当距离的企业创办者，在今天的中国，不是太多了，而是太少了！

行动指南

"马上得天下，不能马上治之。"昔日赵匡胤黄袍加身之后，还得依靠赵普半本《论语》治天下。第一代企业家，为了公司的长远发展，需要学会与公司保持合适的距离。

1月28日　借天时地利，而不靠天时地利

谁能抛弃深圳？ 只有自己抛弃自己。

深圳的发展确实是中央政策扶持的结果，但是，这并不意味着深圳就必须一直享受特殊政策的照顾才能进步，就像小孩子到了一定的时候就必须断奶，这没什么好大惊小怪的，更不必大呼小叫。 只要不是自己抛弃自己，深圳的企业就会健康地发展下去。

——2003 年 2 月，王石在回应"深圳被谁抛弃"时如是说

背景分析

网络上曾经出现过"谁抛弃了深圳"的讨论，给深圳企业和深圳人群带来了相当大的冲击。

深圳曾经是我国改革开放的排头兵，也正是因为不断改革，深圳才焕发出旺盛的生命力。但是，这几年，深圳自主性改革的力度越来越弱，更多是寄希望于中央给出具体的改革方案，深圳改革精神的减少是不争的事实。

在关于"深圳未来"越来越多争论的今天，深圳还是有一批企业用事实表明，深圳依然是热力之都，这里面，有华为、有中兴、有中集、有华侨城，当然，还有万科。王石列出的他心目之中欣赏的企业，80％都是深圳企业，他尤其欣赏任正非的华为。

行动指南

办企业需要看天时、找地利，但是，更多时候需要的是自身的努力。要做大企业，切记不能依赖于优惠政策和特殊关系。

1月29日　企业家要积极承担社会责任

现在的企业家远远没有达到荣家的高度和荣家当年的境界。 有差距就有目标，

有榜样就有追求。

——2005 年，王石在参观无锡梅园荣氏家族博物馆时发出的感慨

背景分析

2005 年王石去无锡，参观了著名江南大商荣家的房产梅园，这是荣毅仁父亲荣德生兴建的荣氏产业。梅园里有一个荣氏家族的小博物馆。王石看到，荣家在 20 世纪初就引进了先进的生产技术设备，建立工厂，扩大生产线，进行实业建设，这给王石对中国工商界的固有看法注入了全新的内容。更让他称道的是，在梅园里，他还看到荣家在家族事业发展到鼎盛的时候，凭借自己对当时国际社会以及先进国家的了解，对无锡的市政建设、环境保护，对大无锡的规划，都做了许多实际的工作。王石深受启发。在他明确万科"企业公民"形象的过程里，梅园给了他极大的灵感。

行动指南

优秀企业家的社会责任感不是冠冕堂皇的空话，可以学习荣氏家族，踏踏实实地为社区、为城市作贡献。

1月30日 未来的 30 年，一定不会像我们想象的那么平坦

对于改革开放 30 年的回顾，大家都是积极乐观的，但未来谁都不好说。

现代人并不缺乏执著。过去的泛政治化、搞阶级斗争是非常执著的，现在全社会搞 GDP 也非常执著。但仅仅这个执著是不够的，如果再执著下去，只是盯着 GDP 增长是会有大问题的。物质文明和精神文明不结合起来，将来必然产生很大问题。

现代中国的企业人，必须承担人口大国、经济大国的全球责任。所以这次巴厘岛会议上，中国承诺到 2012 年碳排放量减少 20%。国家要进行反思，民族要反思，同样，中国企业和公众人物也要承担社会责任。

——2008 年 3 月，王石在接受《数字商业时代》记者专访时如是说

背景分析

王石一向对中国商业环境的走向持谨慎态度。他在 2008 年的亚布力论坛上，深有感触，他说他非常同意财经作家吴晓波的基本判断，那就是：我们（企业家）过去的 30 年，不像我们想象的那么伟大。我们未来的 30 年，一定不会像我们想象的那么平坦。

虽然仍保留着中国式的克制和低调，但在中国的精英群体中，一种乐观主义情绪显然已经开始蔓延并逐渐上升为主流意识。中国的精英们确信：只要凭借过去 30 年奠定的体制基础，并在这个体制基础上小心翼翼地调整和应对，中国就能像过去的 30 年一样，将经济增长的神话再延续 30 年。然而，这是真的吗？

环球同此凉热。自 2007 年下半年以来，美国人的日子很难过，经济数据很难看。而中国的通货膨胀已经不知不觉高企，物价居高不下。以往的低通胀高增长模式，基本上不可能再维持。"从紧"正常的背景之下，企业的生态环境骤然变化，A 股市场的大幅下落固然挫伤了不少个人投资者的信心，但是大批面临转型的企业的命运，对中国经济的未来影响更大。

中国人民银行行长周小川也在 2008 年 3 月份发出感慨："在全球化深化的局面下，有很多影响是超出我们以往的经验和以往的分析套路的，所以我们需要给予密切关注。"

行动指南

今天的企业家，比起以往 30 年中的企业家，更为任重道远。他们今天行为选择的优劣，将决定他们未来的成就以及对社会的贡献。你做好准备了吗？

二月 ｜ 现代企业制度建设

February 2
2014 CALENDAR

MON	TUE	WED	THU	FRI	SAT	SUN
					1 初二	**2** 初三
3 初四	**4** 立春	**5** 初六	**6** 初七	**7** 初八	**8** 初九	**9** 初十
10 十一	**11** 十二	**12** 十三	**13** 十四	**14** 元宵节	**15** 十六	**16** 十七
17 十八	**18** 十九	**19** 雨水	**20** 廿一	**21** 廿二	**22** 廿三	**23** 廿四
24 廿五	**25** 廿六	**26** 廿七	**27** 廿八	**28** 廿九		

2月1日 东方文化不适合现代企业制度

某种意义上说，东方文化并不适合现代企业制度。现代企业制度更多的是靠制度本身，东方文化讲究的是人的权威和依赖，甚至要靠道德层面的力量。西方企业制度讲究的是大家都可能好也都可能坏，所以一定要有制度性监督。

——2011年，王石在接受《南方人物周刊》专访时说

背景分析

2013年3月，《财富》杂志发布了"2013年中国最具影响力的50位商界领袖"榜单。这50位商界领袖的平均年龄是54岁，年龄最长者已年近70，年过55岁的有24位。这意味着不久之后，中国企业界将出现一场前所未有的大换届局面，新中国第一代企业家将渐渐离开历史舞台。同时这也意味着企业的接班人问题将是一个大问题。

企业中的传位方式主要有两种，一种是家族继承，一种是移交给职业经理人。这两种方式各有利弊，做起来都十分困难。

面对这个问题，王石认为这是由东方的文化特点决定的。东方文化讲究的是人的权威性和依赖性，甚至要靠道德层面的力量，而西方企业制度讲究的是制度性监督，对谁都一样。从某种意义上说，东方文化并不适合现代企业制度。

尽管如此，王石认为，中国企业应该建立完善的现代企业制度。很多第一代企业家退休后，企业便随之衰落了，原因就是企业没有制度化。王石说，现代企业制度更多的是靠制度本身，他举例说，西方人很笨，路上没人，碰上红灯，照样停车，不像我们一看没人就闯过去，明明不能掉头的地方还是掉头。

第一代企业家迟早要离开，而他个人的离开不应该对整个企业有很大影响，能这样离开的企业家才是成功的企业家。

行动指南

公司，尤其是现代企业，都是以前中国乃至东方传统之中没有出现过的组织架构。因此只有彻底地先融入现代企业制度，才能谈到本土化以及改造。

2月4日　不规范的企业没有前途

万科 1984 年成立时候的经营环境，和现在的完全不一样。那时候刚改革开放，深圳又是特区，几乎没什么规范可言。万科在 1984 年到 1987 年的经营当中更多的不是遵守规范，而是打破原来的规范。

如果我们现在不规范，将来我们会被淘汰掉。我们现在规范，可能市场不规范，但我们宁肯被淘汰掉，也不能退出规范之路。因为不规范迟早是要吃大亏的。

——1992 年年底，王石对公司员工的提醒

背景分析

1988 年，万科成了第一批"吃螃蟹"的公司，进行股份制改革。因为当时没有什么先例可循，只有参照香港上市公司的做法，要求透明度，设立董事会，董事会下面有股东大会、管理班子。股份制改革方案是请香港顾问公司做的。

很多年后，企业战略研究者姜汝祥博士在为万科项目合作的时候，谈到这一段万科主动规范的历史时，他很感慨地说，王石这是在赌，把万科的前途都押在中国社会的变化是否进入正轨这一个因素上。今天中国发展稳健，所以万科能够脱颖而出。

行动指南

办企业是为了公司能够持续经营、股东利益最大化。而不规范的短期投机行为，只能痛快一时，迟早会在市场中付出代价，故智者不为也！

2月5日　好的股东对公司很重要

新股东能够从市场经济角度着眼，不像以前的那种上下级关系，对于万科发展也能够更加客观地进行决策。因为衡量标准由原来的对大股东是否有利变为是否对企

业有利。 管理层能够集中精力去想企业发展。

————2003 年，王石在总结华润入主万科得失时如是说

背景分析

2000 年 8 月 10 日，深万科发布公告，其大股东股权转让协议正式生效，中国华润总公司取代深圳经济特区发展(集团)公司，成为万科新的第一大股东。

华润本身虽具国资背景，但其主要管理人员长期受国际市场制度熏陶，熟悉国际大企业的运作，有丰富的市场化运作经验。华润入主万科，除了将打通万科通向国际资本市场的融资渠道，还将带来国际大企业运作的专家经验。与此同时，华润之所以下决心收购万科，除了看中万科地产的品牌，万科成熟的职业经理人团队、优秀的企业文化，也是其中的重要因素。

换言之，股权置换将给万科带来一个更大的发展空间。

"华润入主万科之后，虽然看上去没有直接给多少钱，也没有给土地储备，但是在董事会这个平时大家看不到的层面，其实对于企业经营者来说有很多的改善。"王石很详细地解释了华润入主对万科的革命性意义。在华润入主之后，"三年不到的时间内，万科两次顺利融资，大股东的支持是非常重要的"。王石表示，"同时，华润推荐的独立董事起到了很好的作用。"

行动指南

选择一个好的大股东，对于所有的股份公司管理层来说都是最大的幸福。有时候，如果找不到最理想的大股东，至少要力争找到一个次理想的大股东。

2月6日 没有控股母公司，更能锻炼公司成长

没有绝对控股母公司的支持，万科一切都得靠自己。 所有权和经营权的彻底分离，使得万科的经营管理必须面对更多的监督和压力，同时也更加规范，更加灵活，可以完全按照市场经济规律办事。

————1997 年，王石在接受本书作者采访时如是说

背景分析

股份制改革就是打开鸟笼子的过程。股改前的公司是笼中鸟,被人养着、管着,命运掌握在别人手中。股改后笼子打开了,从此可以"天高任鸟飞",但也要经常面对饥寒交迫的困境,得时刻警惕,以免被猛禽吃掉。从依赖到独立、从稚嫩到成熟都必须经历痛苦。怕苦,就别出来闯荡;想飞,就别在笼子里待着。

万科的股份制改革从一开始就进行得比较彻底,公司股权非常分散。目前公司第一大股东仅持9%的股份,国有股不到10%,法人股仅占11%,是名副其实的公众股份公司。

1998年12月,王石接受《上海证券报》记者采访时说道:"不要说20年前,就是在10年前发行股票的时候,我也绝没想到发展会如此之快。而在其中起关键作用的并不是我们这些人,而是市场这只巨大的无形之手。"

这句话的背后,确实有着王石的切身体验,在一个大时代,很多事情都超出了个人的预期和把握。

行动指南

过去30多年,大多数中国企业的发展都是摸着石头过河,企业家要尽量化不利条件为动力。

2月7日 争取媒体支持是公司变革时的聪明做法

万科在发展过程中,经常得到媒体的支持和帮助。像发行股票的时候,深圳的报纸就起了很大的作用。深圳市委机关报《深圳特区报》免费拿出一个版刊登万科公司的《招股通函》。而在当时,《深圳特区报》每天仅仅出4个版、一张纸。出面支持万科的是深圳特区报副总编辑陈锡添,他说:"支持企业改革,我们责无旁贷。"4年后,他贴身采访南下视察的邓小平,以一篇《东方风来满眼春》名动天下。万科公告刊出后,《深圳特区报》"为了再添一把柴,把大家对股票的热情烧旺起来",又召开了一次"说万科,谈股票"的读者座谈会。座谈会内容刊出后,万科股票开始成为深圳街谈巷议的焦点。

——1994 年，王石在接受本书作者采访时如是说

背景分析

王石对这件事情是这么回忆的："当时的万科在深圳还不是一家很有影响的企业，自身的能量还不足以造出那么大的声势，主要是当时的《深圳特区报》非常敏锐，一捕捉到万科要搞股份制改革的信息，马上意识到这是一个意义重大的社会题材。当时负责头版的 5 个编辑全部投入组稿、选稿的工作。这 5 位编辑号称特区报的'五虎上将'，对一个选题投入这么大的力量是很少见的。我们和编辑聚在一起，通宵讨论宣传策略，直至第二天星期日继续讨论。万科和特区报一起度过了激动人心的日日夜夜。"

在社会上大部分人对股份制还一无所知的情况下，《深圳特区报》用了很多篇幅来介绍股份制，并且及时跟进报道万科的股份制改革进展。主流报纸的大力宣传，不仅直接推动了万科的股份制改革，而且对深圳特区内企业的股份制改革起到了推波助澜的作用。

行动指南

企业在发展过程中，应该争取一切可以争取的因素来支持自己。在中国，赢得媒体的支持和帮助，是非常关键的，有时候甚至能够得到意料之外的好效果。

2月8日 企业高层的沟通效率非常重要

平时，万科经营层已经习惯于通过董事会来进行经营决策和意见交流，也正是因为董事会运转正常，面对突发事件，董事之间的联络非常顺畅。

——1998 年，王石在接受本书作者采访时如是说

背景分析

1994 年的 3 月 30 日，这是万科企业史上著名的"三三零事件"发生的日子。上午 9 点半，王石在水贝工业大厦的办公室得知"君安接到部分股东委托，要在下午 3 点有所

行动"的消息之后,公司相关部门紧密配合,在 30 分钟内与包括远在美国、加拿大、北京、青岛、海口等地的 13 名董事全部取得联系。假如没有平时的正常沟通,是不可能在这么短的时间内做到这一点的。比起其他上市公司来说,1994 年时,已经运作了近 10 年的万科公司制度已经较为成熟。其总部的运作程序由一套比较严密的会议制度构成。也正是由于这套会议制度,使得 1994 年的万科有着很多公司在 2008 年都还达不到的沟通效率。

行动指南

一家公司的成熟和制度的建设与完善密不可分。万科的成功,在于企业在高速发展的同时极为重视制度建设。这不仅能够帮助企业渡过难关,更能促使企业持续成长。

2月11日 公司治理的目标决定公司的前途

现在大家谈到公司的治理结构,有一个问题十分重要,就是你的目标是什么。你的目标不明确,你以后的一切都有可能步入误区。 比如说一个夫妻店,它不需要独立董事,也不需要选什么 CEO,决策是夫妇两个人的事,要开董事会晚上上床后两个人开就是了。

——1994 年,王石在接受本书作者采访时如是说

背景分析

公司治理结构,是投资者在决定投资一家公司前要考虑的重要因素之一。虽然合理的公司治理结构并不能保证公司在本行业一定能竞争得过其他公司,但是大量的证据已经表明,合理的公司治理结构有助于改善公司的财务状况,保障投资者的权益,提升公司的价值。

对于早期创业的公司和成长性的小公司来说,公司治理结构更为重要,股东与股东之间的关系、股东与管理层之间的关系等等问题往往是一家公司一开始最容易出现的问题。从管理层的角度来说,对公司的经营战略希望由自己说了算,但前提是不能

越过公司治理结构强行推行所谓正确的公司战略。

一家希望持续发展的公司,必须要有清晰的公司治理目标,才能完成从权利制衡到决策科学,从治理结构到治理机制的进步。

行动指南

在很多成长性公司之中,股东对于企业经营、投资战略等或许懂得不多,但是作为CEO或管理层没有别的办法,只有靠说服董事会和股东争取大家支持,而不能采取忽悠之道来走捷径。

2月12日 平衡各方利益

我们认为,房地产不仅是国民经济的支柱产业,也是社会保障和长期稳定的基础。 中国房地产行业的目标,应当是让每一个家庭都有适宜居住的住宅。 这一目标意味着,我们发展商要为消费者提供安全、环保、适于居住和交流的优质住宅。 这一目标要求我们做到"三个统一":增长数量与质量的统一,短期利益与长远利益的统一,开发商利益与社会公众利益的统一。

——2004年,王石在万科20周年企业活动上谈及公司未来10年的战略

背景分析

中国正在进行人类历史上前所未有的城市化历程。房地产行业未来的前景是广阔的。在中国经济持续强劲的大背景下,历史赋予了中国房地产行业千载难逢的发展机遇。万科相信,房地产市场的未来10年,将是更加繁荣健康的10年。

而万科对市场的未来如此充满信心,理由还不仅仅在于此。万科认为,房地产开发的市场环境发生了巨大的变化,行业正在从启蒙时代走向理性时代。

走向理性时代的房地产行业面临的将是一个完全不同的竞争环境。首先,行业秩序将越来越理性:土地供应和房地产金融正在一步步规范,政策与法规建设也正在走向健全。其次,消费者将越来越理性:他们的需求将由满足基本生存需要,变为全面追求美满生活;他们的权益诉求将由单一的产品质量,变为对居住体验的整体要求。最

后,市场将越来越理性:企业经营将由粗放走向精细;企业竞争将从主要依赖土地资源,走向依靠综合竞争能力。

行动指南

经济形势一片向好之时,正是企业发展的良机。要把握住这些机会,企业就得平衡长短期利益,注重数量更注重质量,还需要协调好与社会的关系。

2月13日 追求三个层面上的均好

万科追求企业"均好"的三重境界。 财务上的均好只是最基本的,也就是第一重境界。 均好的第二重境界是经营管理上的均好;企业不仅要追求当前的业绩,更要通过有效的制度治理,发现企业内部存在的各方面问题,防范环境变化导致的各种风险,为可持续的发展奠定良好的基础。 均好的第三重境界,是企业与一切相关主体之间的和谐与双赢。

——2004 年,王石在总结万科 20 年发展经验时如是说

背景分析

在中国短暂的市场发展史上,有不少企业在短期内实现了迅猛的发展,甚至在行业内一时独占鳌头。遗憾的是,它们没能经受住时光的考验。因此,评价一个企业,不能看一两个指标,也不能只看一时的表现,而应该有更全面的评价标准。这个标准,就是均好性。

对于"均好",有一个最通俗易懂的比喻,那就是所谓的"木桶原理":一个木桶能装多少水,不取决于最长的那块木板有多长,而取决于最短的那块木板有多短。

从更广泛的意义上来看,企业的均好可以有三重境界。财务上的均好只是最基本的,也就是第一重境界。在这一方面,万科已经凭借其在上市公司中名列前茅的表现,得到了资本市场的广泛认同。

均好的第二重境界是经营管理上的均好。企业不仅要追求当前的业绩,更要通过有效的管理,发现企业内部存在的各方面问题,防范环境变化导致的各种风险,为可持

续的发展奠定良好的基础。

在这一方面,如前所述,万科一直坚持规范与透明的管理机制。而规范与透明,正是企业发现自身缺陷并及时纠正的不二法门。万科 30 年来持续稳定的增长,也以事实证明了这一机制的有效性。

而均好的第三重境界,是企业与一切相关主体之间的和谐与双赢。在谈到自己的企业理想时,万科用了这样的表述:"我们的目标,是成为最受客户、股东、求职者欢迎,最受社会尊敬的企业。"其实这正是我们所说的相关主体利益均好,是均好的最高境界。

行动指南

企业成长的过程如同婴儿长大,仅仅靠一两方面的优势是不足够的。在发展之中保持均好,减少本身的弱点,弥补软肋,才能不断壮大。

2月14日 快速增长的同时注重质量

在未来 10 年,万科的中长期发展规划是:有质量增长。 在进入快速增长期的同时,我们更加追求增长的质量。 有质量增长对我们意味着,要提高资本与人力资源回报率,提升客户忠诚度,加强产品与服务创新。

如何实现有质量的增长? 我们为实现这一目标提出了三大策略:第一是客户细分策略;第二是城市圈聚焦策略;第三是产品创新策略。

——2004 年,王石在万科 20 周年企业活动上谈及公司未来 10 年的战略

背景分析

在一个竞争与开放的市场中,企业竞争优势的保持只有一个来源,就是客户价值。没有对客户价值的精确理解与把握,就不可能真正形成企业的核心竞争力。在客户细分策略下,万科不局限于以职业、收入、年龄等"物理"方式去把握客户,而是从客户的内在价值出发,按客户的不同生命周期,建立梯度产品体系,通过为客户创造价值,实现客户的终身锁定。在变化的市场环境中,从粗放走向精细,走到市场前面去把握客

户价值,建立自己的核心能力,这是万科第二次专业化的关键。

如何在有限的土地上,为消费者提供安全、环保、适于居住和交流的优质住宅,对中国房地产行业来说,既是机会,也是挑战。万科认为,要解决这一问题,必须走产业化的道路。在细分客户价值的基础上,形成住宅产品体系,建立万科住宅标准;通过工厂化生产,提高住宅的品质和性价比;以和谐、自然、生态的标准进行未来可能住宅的研发,为住宅产业贡献更多的自主知识产权。

行动指南

实现有质量的增长,是很多企业都想过的目标。但是如何实现,就需要企业对市场环境的精准分析和正确的路径设置。

2月15日 《万科》周刊的作用是信息沟通、协助管理

为什么办《万科》周刊? 别人都说王石如何重视文化,其实不是这么回事。"周刊"其实就是内部刊物,目的是信息沟通,让不同的声音在这里得以听见……不用担心自己的领导怎么看,一篇稿子、一个化名就解决了;我有什么意思,也可以在周刊上登一登,不用担心下面的人是否传达。

——1999年,王石在北京接受《北京青年报》采访时如是回答

背景分析

在透明度方面,王石也有自己一套独特的沟通方式。他首先澄清了一个外界普遍的误解:创办《万科》周刊不是为了附庸风雅,而是为了协助企业管理。

《万科》周刊1992年创刊时,只是几页纸的内部通讯。虽然是一本不能公开出版的企业内刊,但它一开始就表现出和当时中国传统报纸杂志不同的性格,思想清新、文风生动、专业实用。最初,《万科》周刊的影响只局限在万科内部,每期出刊时从老总到普通司机都人手一本,阅读得津津有味。很快,它从万科员工的手里流传出去,一些新兴企业纷纷仿效,以企业内刊带动企业文化建设成为很多企业的共识。20世纪90年代中期,在财经类专业媒体兴起之前,《万科》周刊几乎成为中国企业界的最佳读物,虽

然它只采取赠阅方式发行。

浏览《万科》周刊的往期刊物,会经常为一些热情洋溢的文章所感染,万科"家事"、经济热点话题、特约作者的"家常话"都非常吸引人。王石希望它除了传播企业文化外,还要表达万科对经济、对社会的认识和看法。

行动指南

一本好的企业刊物,能够起到企业其他行为起不到的作用。能够办好一本企业刊物的企业,也必然能够因此获益良多。

2月18日 只有职业经理人才能解决企业发展瓶颈

职业经理人和企业家绝对不矛盾,不能说职业经理人就不是企业家,我们能说通用前 CEO 韦尔奇不是企业家吗? 那是大企业家,看你从哪一个角度来看。 如果是从部署战略规划的角度上讲,那么我当然是企业家,万科是我一手创建起来的,而且我早已不管具体的事务,万科现在有一个职业经理人队伍在掌管着,我仅通过在公司重大决策上的监控来决策一些事情。

——2006 年 9 月,王石在接受《中外管理》记者采访时如是说

背景分析

不断有评论者指出,身为万科创始人的王石把自己定位为职业经理人的做法,其境界已经远远超过中国大部分的企业家。而万科之所以能够建立职业经理人制度,首先就在于对中国传统文化的超越。王石指出,规范化被万科称为企业的生命线。讲究规范化,就需要冲破传统思维中对个人英雄主义的崇尚,按照现代企业制度的原则,将企业的行为规范化,通过建立一支优秀的职业经理人队伍来实现企业的策略和计划。

有人说,"万科的可怕之处,在于万科有一群思考的脑袋",就是万科重视培养一批职业经理人的结果。

行动指南

一家企业要超越中国式管理的局限,就必须坚定地推行职业经理人制度,让一群能思考的脑袋,取代强人管理,取代能人思维。

2月19日 大师的时代过去了

我们中国企业的老总非常忙,他为什么忙呢? 因为他离不开。 我刚从珠峰下来,一名主持人问我是不是企业的强人? 我说你看我不像强人吗? 我当然非常强,有强人的管理方法,但是显然这个和现代企业制度相违背。 现代企业更需要团队、需要组合,大师的时代早就过去了。

——2004 年 6 月,王石在接受《董事会》采访时如是说

背景分析

万科从创业到现在,王石是灵魂人物。他登山、飞伞和航海等"不务正业"的举动也是名声在外。他认为,企业发展不是靠一两个"能人"保证,而是靠一个品牌、一套制度和一个团队。王石这一代职业经理人是在政策不确定、不明朗的前提下,在传统与市场的夹缝中生存的;而新一代只需面对整体的市场环境。由于受过严格的商业训练,新一代可以把公司做得更精细,取得更好的经营业绩。2004 年 5 月,王石接受中央电视台经济频道的王牌主持人陈伟鸿采访的时候,对于他提出的企业强人问题,王石莞尔一笑,对他来说,在企业之中,做强人和非强人,其实已经区别不大。他已经自觉地把自己约束在制度的范围之内。

行动指南

中国企业的初期成功,总离不开强人和能人。但是企业要进一步发展,就得忍痛改变强人和能人的发展模式,进入团队运作的良性路径。

2月20日　别人投机，不等于你也要投机

在市场环境普遍存在不正之风时，坚持原则显得格格不入。 但万科坚持了。 在 1988 年进行股份制改革时，我们自问：制定的章程是为了做给别人看的，还是自己要执行的？ 如果是为了筹钱，就得写得冠冕堂皇。 如果按照条文规矩，显然与众不同：别人可以做，万科不可以做；别人可以做投机，万科不可以投机。 结果，坚持原则的人往往可能被淘汰掉。 万科选择了危险之路：宁可被淘汰掉，也不要做自己不愿意做的事情。 随着市场经济的深化、市场的成熟，万科遵守的东西成为稀缺资源。 不搞不正之风，恰恰符合了市场经济原则。

——2006 年 9 月，王石在接受《中外管理》记者采访时如是说

背景分析

投机行为也许能够取得一时的成绩,却往往和企业的长远目标背道而驰。企业各层的投机行为,说到底都是希望"走捷径"的表现,希望能够在最短的时间、花费最小的代价见到效果。有些投机行为,实施者明明知道其危害,只是为了自身的利益或者眼前渡过难关不得不进行投机。这种情况的投机往往不是人的素质问题,而是制度导致的。有些投机行为则是因为企业的决策层对企业的优势、市场机会没有准确的把握,以至于无法为企业准确定位,在涉及企业战略的问题上没有清晰的思路。这种情况则是比较危险的,如果不迅速厘清公司的发展方向,则公司不可能再走很远。要避免投机行为,企业需要合理设计各层管理制度、考核体系和激励制度,引导企业的各级人员从长远的角度看问题,作决策。

行动指南

做惯了投机生意的企业,往往很难做回正常的生意。防微杜渐,培养不投机的习惯,持续赢利成长,是非常关键的一步。

2月21日 透明度的价值

红十字会是官方的，但基本是一个国际的非营利的 NGO，和传统的那种完全是官方派生出来的 NGO 有很大不同。它的作用非常大，它的能量、覆盖率、扮演的角色，是没法取代的，而且它还是国际上的联盟。如何取信，很简单，透明度。

——2013 年，王石在接受《南方人物周刊》专访时说

背景分析

2011 年，一个网名叫"郭美美 baby"的年轻女孩在微博上大肆炫耀自己的名车豪宅，这迅速引起广大网友的关注，因为其自称是"中国红十字会商业总经理"，网友们不由得开始猜疑，自己捐的钱去了哪里？随后一场蔓延至全国各类慈善机构的信任危机爆发。"郭美美事件"开始倒逼中国慈善机构公开透明化。

在王石看来，无论是红十字会等慈善机构，还是中小企业，要取信于民最好的做法就是公开透明。近三十年来，万科始终坚持透明化的基本原则，给自己树立了一个透明、规范的企业形象。由于万科集团本身是上市公司，而集团与分公司的关系简单明了，并完全对外公开，一张由上而下的树状图把其关系描述得清清楚楚，没有可供想象和猜测的空间。尤其在资本市场上，万科信息披露的透明程度之高更是广受好评。中国一些企业在国际资本市场上信任度很低，但是万科在美国投资却很容易。万科不是一个在美国上市的公司，但万科每年都会到国际舞台上路演，披露信息，去和华尔街、波士顿的老基金解释，透明度高，信任度自然会很高。

行动指南

做透明的企业，一开始很难。但是坚持下来之后，企业往往能够因为透明而减少负担，约束自我，进入一个和社会互信的良性循环。

2月22日 学习索尼好榜样

索尼是万科的第一个老师。 从索尼，万科学会了"营销"和"售后服务"。 这些在万科的早期房地产业务过程之中起到很大的作用。 万科第一个在国内做样板房，也是受索尼营销手法的启发，再到后来，万科的物业管理赢得了消费者们的一致认可，甚至不少人就是冲着万科的物业管理买的房子。 索尼优秀的售后服务给万科做了一个好榜样。

——2002 年，王石在接受本书作者采访时如是说

背景分析

万科是贩卖日本电器出身的，当时的客户都是日本著名的公司，像索尼和松下等等。其中王石和万科受影响最深的是索尼公司。在 1988 年以后，万科基本上就和索尼公司没有什么业务来往了，但是，即使已很久和它没有业务来往，但万科集团上下仍深受索尼企业文化的影响，其中影响最深的一点就是索尼的售后服务。

最初合作的时候，万科知道索尼的产品在技术上是非常先进的，质量也非常好，当然价格也是非常贵。而在销售索尼设备的时候，发现它建立了一个非常完善的售后服务系统。因为索尼产品质量很好，短时间内一般来说不会坏，但是索尼不仅考虑到产品使用前两年的保修服务，还考虑到产品使用两年后怎么为消费者服务。一提万科的房地产，就说万科的物业管理好，实际上万科的物业管理理念和努力的方向，就来源于索尼的售后服务。

行动指南

向伟大的公司学习，是一家成长性公司走向伟大的必经之途。而学习伟大公司的各种细节，更有助于一家年轻公司的成熟。

2月25日 管理上学惠普

2004 年 12 月，万科联手惠普商学院开办的 "万科高级经理精英训练营" 开幕。作为万科 20 周年的一项重要管理变革，万科为此次培训投资 150 万元。 作为中国企业的标杆性公司，擅长学习的万科在管理理念上也有两个模仿对象，一个是索尼，一个是惠普。 在房产开发的第一个 10 年，万科靠学习索尼树立起服务大旗，在第三个 10 年，万科希望从惠普那里吸取更多的养分。

——2004 年，王石在万科 20 周年企业活动期间如是说

背景分析

惠普公司的文化之中，有个特别的现象，就是惠普的职员在离开惠普之后会以曾为惠普服务为荣、为傲，依然饱含真诚地关注惠普的发展并为之祝福。这是件了不起的事情，试问有多少公司能够做到？除了 "人本"，恐怕再难有更好的解释。惠普不乏将 "人本" 真正落到实处的故事与事例，诸如为员工发展着想，对员工充分信任，公正公平的工作环境，"工作生活两不误"，即使在战略调整需要裁员时依然为员工的未来考虑，请来猎头公司为其作顾问，直接上司亲自带着新员工到各部门引见，"公司可以辞退一个人，但不可以否定一个人"，"员工主动离职不是背叛"，"让每一个离开惠普的员工说惠普好"，等等。相信读到这些生动的故事，每个人都难免受到触动。这也正是惠普自 2001 年开始，一直在 "最受尊敬企业" 评选中榜上有名的原因。

"用心尊重人" 同样是万科的核心理念，对人文精神的追求与弘扬也一直为万科所积极倡导，这与惠普也有类似或相通之处。虽然，万科在这方面也曾取得过一些成绩，比如连续三次获得 "最受尊敬的企业" 称号，2005 年又获得 "CCTV 中国年度最佳雇主" 等，但万科相信，惠普将一直是万科学习的榜样。

行动指南

中国的企业需要不断学习。选择适合自己学习的对象，善用商业社会的宝贵经验教训，将大大有利于企业的成熟。

2月26日 学习大型国企的管理制度

我们不能把国有企业全盘否定。大型国有企业在管理上有许多值得学习的地方，一是管理干部的素质高，二是有一套行之有效的规章制度。中国的大型国有企业如此，外国的大公司也是如此。

后来我发现国企的方法和松下、索尼的方法差不多，都是行之有效的，拿来就行，没有必要再去摸着石头过河。我们的一些新兴企业总想另起炉灶，我说你别忙，我们万科也曾经这样想，但有教训。比如重奖重罚，1992年房子很好卖，傻瓜都可以卖，你是不是要重奖傻瓜？到了1995年、1996年市场不好，专业营销人员很辛苦，加班加点也卖不掉几套房子，难道你要重罚他？

要说抓管理，我看只要挖几个有经验的国有企业人员过来，照他的办法做就行了，非常简单有效。

——2000年，王石在接受本书作者采访时如是说

背景分析

在制度完善方面，一向喜欢"洋玩意儿"的王石却采取了很务实的态度。

万科采取过各种尝试，不少万科管理人也到国外考察过。基于此，王石才有以上一段感慨。他用万科自身生动的例子说明了这个听起来有点拗口的道理。

20世纪60年代初，当时的"鞍钢宪法"非常适合国有企业的管理。其核心内容就是"干部参加劳动，工人参加管理；改革不合理的规章制度；管理者和工人在生产实践和技术革命中相结合"。这个"鞍钢宪法"，后来被美国麻省理工学院一个叫罗伯特·托马斯的管理学教授评价说：这是"全面质量管理"和"团队合作"理论的精髓。而到了70年代，日本的丰田管理方式，日本的全面质量管理和团队精神实际上就是充分发挥劳动者个人主观能动性、创造性的"鞍钢宪法"精神。

国有企业曾经沉淀下来很多管理经验，培养了不少管理人才。能够善用这些人力资源，对很多中国企业来说是事半功倍的选择。

行动指南

企业需要有效管理,不一定动辄聘请世界 500 强企业中的专家。善于本地化、善于结合中国国情选择企业管理人才和管理方式,务实而见效。

2 月 27 日 **忠于制度,严格执行**

国内大部分企业缺的不是制度,而是制度的执行。 万科的人事管理制度,90%是国企那一套,但却取得了在国企中所没有起到的效果。 除了制度的完整与严谨,更重要的是万科有尊重制度和做事按程序的企业文化。

——2004 年 6 月,王石在接受《董事会》采访时如是说

背景分析

为什么万科总部的控制力如此之强? 关键就是公司"忠实于制度"、"忠实于流程"的价值观和企业文化,确保了制度与规范得以自觉和充分落实。

1998 年年初,万科公司发生了这样一件事。1997 年,上海分公司进行大换血,从总部派出新的"三驾马车",分别任命为上海分公司的正副总经理和销售经理。年轻的新领导班子临危受命,重整业务,成绩显著。但,一件意想不到的"小事"发生了。上海分公司一个销售主任,大年三十飞到万科总部讨"说法",投诉上海分公司违反人事制度把他解雇了。原来,这个当地的销售主任与总部刚派过去的销售经理发生了严重的工作冲突,销售经理征得一同派来的正副总经理同意后,解雇了这名销售主任。可是这名被炒的主任认为:上海分公司违反了万科公司的制度。因为万科的人事制度是:基层管理者如果在工作上犯了错误,首先应该是降职,如果降职后仍然表现不好,才能将其辞退。万科总部调查表明,上海分公司高层违反程序。销售经理却要挟:如果总部撤销炒人决定,他就辞职。王石的决定出人意料:上海分公司领导层收回成命,销售主任改为降职降薪;三驾马车变成了两驾,接受销售经理辞职。

在这个问题上,王石选择了一个看似理想主义的解决方案。身为董事长,他实际上拥有审时度势"暂时回避"制度的特权。为了企业的利益,例外一次又何妨? 但是如

果使用这种特权一次,制度的约束力便减弱了三分,严格的"制度"变成了"惯例";例外两次,"惯例"成了"指导性意见";等到第三次例外,制度就一文不值了。王石的远见是长治久安,而这必然有赖于所有人对制度和程序的尊重。

行动指南

外企与国企最大的区别不是管理制度问题,而是对企业管理制度的执行落实力度问题,说到底,就是尊重制度的严肃性,"认真"执行。

2月28日 王石一样受到制度限制

由于1988年万科的股份制改革之后股权极度分散,造成我在万科董事会的决策上有举足轻重的地位。 但2000年万科主动引进大股东华润集团之后,股权分散的状况将过渡到一家独大的局面,我的权力会受到限制。 我愿意接受限制,唯此,才能获得资本市场的认同。

企业的创始人往往具有鲜明的个性和强烈的个人魅力。 由于他在企业生存和发展中起着决定性的作用,因此经常是只要靠威信就能维持企业的正常运作。 但是,作为职业领导者,必须意识到成熟企业强调的是企业文化和机制,而不是领导者个人,因此必须弱化个人的作用。 尤其是对于现阶段的中国企业,这非常必要。 我们可以看到,有的企业领导者本人就是企业制度的化身。 要想更长远地发展,就必须建立和执行成熟的企业运行机制。 在这方面,我认为领导者必须把握三个内容:一是企业理念,也就是企业文化;二是管理队伍,企业应该具备完善和稳定的管理队伍;三是企业制度,这不仅意味着建立一套完整的企业规章制度,更关键的是执行这些制度。

——2000年9月26日,王石在参加管理网站的专题讨论时如是说

背景分析

王石和万科的关系,一直是公众、股东和相关利益各方关注的话题。而王石一直表示自己遵守万科的制度。

现代企业的特征是制度化,个人的意志在制度前显得微不足道。万科股份制改革已经十几年了,形成了制度面前人人平等的氛围,即使是王石也不例外。他自己举例说:"比如,在赋予职委会专员的权利上,我同人事部门有不同的意见,人事部门没有因为我的不同意见而放弃自己的主张,而是引用国家的有关劳动佣工政策据理力争,最终否定了我的意见,制度万岁!"

行动指南

能人创造企业。但是要让能人和企业共存,用其长处、避免弊端,就需要有制度配合,同时坚决执行相关制度,不能有人免于制度束缚。

三月 | 战略成就万科

March 3
2014 CALENDAR

MON	TUE	WED	THU	FRI	SAT	SUN
					1 二月大	**2** 初二
3 初三	**4** 初四	**5** 惊蛰	**6** 初六	**7** 初七	**8** 初八	**9** 初九
10 初十	**11** 十一	**12** 十二	**13** 十三	**14** 十四	**15** 十五	**16** 十六
17 十七	**18** 十八	**19** 十九	**20** 二十	**21** 春分	**22** 廿二	**23** 廿三
24廿四 **31**三月小	**25** 廿五	**26** 廿六	**27** 廿七	**28** 廿八	**29** 廿九	**30** 三十

3月1日 上市公司战略不清会是巨大隐患

早期的上市公司大多战略不清晰，企业规模不大，业务架构也不尽合理。一方面存在这样的先天不足，另一方面股民对投资回报要求的压力，迫使早期的上市公司为每年的利润奔命。市场好的时候，利润尚可；假如市场连续几年出现严峻形势，企业不能积极调整就会陷进困境。

——2001年，王石在接受本书作者采访时如是说

背景分析

2001年的万科，已经得益于房地产市场的回暖。作为专注住宅开发的行业龙头，其执行近10年的企业战略逐渐显露巨大的威力。

2010年，万科维持近30年来蒸蒸日上的局面，以1081.6亿元的销售额规模成为全国第一个年销售额超过千亿的房地产公司。与此形成鲜明对比的是，深圳以及上海最早进行股份制改革的相当多企业普遍呈现老态、疲态，屡屡成为并购重组的主要对象。

回顾这一段"城头变幻大王旗，各领风骚没几年"的上市公司岁月，王石还是比较清醒和理智的："早期上市的一批公司，包括万科在内，有很大的局限性。以万科为例，进行股份制改革的动力是摆脱上级公司的行政干预，为了稀释上级公司的控股比例，最好的方法是到社会上募股。至于怎么运用募股筹集到的资金，想得并不是很清楚。"显然，与前期万科想法一致的上市公司很多。不过，万科很快意识到，没有清晰的战略，不进行业务聚焦，企业是没有前途的。所以，万科专注从事房地产行业，连续9年做减法。

直到今天，王石还是很喜欢跟企业和社会公众人士讲"万科的教训"。他承认，万科在上市的头5年里，走了多元化的道路，投资带有一定的盲目性。等意识到的时候，要作调整已经很不容易了。

行动指南

公司赚点小钱容易,但是要有长远发展,则需要有清晰的战略,更需要有持之以恒的执行。

3月4日 制定发展战略要客观

万科初期不求捷径,不追求超常规发展,现在回头一看反倒是真正的捷径了。比如很多企业在制定5年、10年发展战略时,往往是简单的数据递进占据主导,敢于挑战事物的客观发展规律,俗话说来就是不信邪,而万科在制定发展战略时首先却是对客观规律的畏惧,所以表现出来的多为提出和思考问题,不轻易用数据去指挥发展。

——2001年,王石在接受本书作者采访时如是说

背景分析

1984年至1987年,万科股份制改革前计划经济占据主导地位,当时传递信息的主要方式就是集中开会,因为信息不对称的原因,那时领导的讲话有绝对的号召力。大多数人占有的信息资源十分有限,王石作为公司最大的领导,占有最多的信息资源,如若不听他的讲话自然会带来不可估量的损失。到1988年万科进行股份制改革时,对信息披露的要求提高了,万科加大了对自身信息化的建设,建立了一系列的制度。一直到现在,万科都是深圳、上海两个证券市场上信息披露最充分的公司之一。而从1990年开始实施的联席会议,成为万科总部和子公司信息沟通的基本方式。每周一,各分公司办公室主任或部门经理都要到总部开会,向总部办公室汇报工作情况。而到2001年,《万科》周刊创办网站后,王石自己做版主的"王石Online"论坛吸引了众多关心万科和王石的朋友,王石也是经常深更半夜在论坛上灌水。从万科员工到万科业主,可以随时和王石对话,共享信息。万科还在网站上开设了专门的"投诉万科"站点,所有客户有任何问题都可以在第一时间投诉,而万科在总部和分公司都有专门的人员负责解决客户的投诉。

有着各种各样的信息汇总和分析，正是万科能够制订比其他企业更为务实的战略、少走弯路的关键。

行动指南

企业的决策最忌拍脑袋、一时兴奋。"从群众中来，到群众中去"以及"实事求是"这些工作方法，是中国企业什么时候都需要的。

3月5日 专业化的调整越早越有利

万科在1993年至1997年的5年时间里进行了专业化的调整，付出了相当的代价。一些犯同样错误的公司现在才开始进行调整，就有些为时过晚了，有不少成为资产重组的目标。

从20世纪90年代中期开始，万科开始从多元化向专业化进行调整：以房地产业为主业，以住宅为核心，以调整业务、盘活存量为目标。事后证明，这种大调整带来了翻天覆地的变化，因为定位于专业化的房地产发展，万科从此开始在我国房地产企业中处于领先地位。此外，万科不仅仅从多元化向专业化进行大转变，而且还在专业市场中进行再次细分，选择了以开发城市中、高档民居为主，从而改变了过去公寓、别墅、商场、写字楼等什么都干的做法。

——1998年，王石在接受本书作者采访时如是说

背景分析

1984年成立的万科以做贸易起家，在随后的七八年里，涉足的行业五花八门。按照王石的说法，除了国防部和宣传部的开支之外，其他项目的开支在万科的财务报告中都能找到。公司草创时候，生意为大。各人漫天撒网，遍地捕鱼，为的是多开发赢利机会。这个初衷很好，可是事与愿违。由于多方投资、资源分散、业务结构不合理，即使有再好的管理体制、再高的工作效率，利润的回报率还是十分有限。因此，王石才会痛下决心，割肉断腕，不管赚钱与否，把非主营业务一一剔除。

这么多年来，太多新兴企业的失败例子告诉我们，如果没有王石追求建立现代企

业制度的努力和强势应变的领导能力,好一点的结局就是王石和部分万科高层赚了一大笔钱上岸作鸟兽散,公司从此黯淡;而更可能的就是像那些与万科同时上市的深圳公司一样,陷入投资误区,经营顾此失彼,最后转入困境,重组都是常事,极端一点的,连公司都给除牌了。

3月6日 进入市场时先取高端

1991年6月至8月,我们对上海的房地产市场进行考察,发现上海别墅奇缺,与上海这样一个特大型城市的地位极不相称。 经过分析论证,万科高层领导确定以潜力大、回报高的别墅为突破口,借此打开上海市场。 当时上海市的土地招标对外商优先,万科志在必得,便联合香港仲盛公司绕道香港投标,但是万科地产要先垫付对方投标要出的750万美元,以后再以合作公司的名义贷款冲还。 万科地产调往上海三个人,就开始了整个项目的经营操作,全部业务的技术人员都由深圳地产分阶段派出人员。

——1994年,王石在接受本书作者采访时如是说

背景分析

进入20世纪90年代以后,深圳企业不仅调整了产业结构,而且开始了跨地域发展,上海正是深资企业所要争夺的重要市场。1991年8月,上海市土管局推出古北新区第24号地块进行国际招标时,王石再次飞赴上海,小心翼翼地询问:特区的企业有资格参与吗? 得到土管局一位处长的肯定答复和细心指引。这位官员诚恳的态度和热情的眼光给特区来的投资者留下了难以忘怀的印象。上海在对外开放的同时,也打开了对内开放的大门。

就在这一年,万科联合仲盛公司以高价中标取得"西郊花园"的开发权,在此基础上组建了上海万盛房地产有限公司。"西郊花园"是万科房地产业务跨地域发展的第一个项目,也是新中国成立后上海新建的第一个大型高档别墅区。"西郊花园"的地价为1500万美元,万科仅以400万美元投入就启动了该项目,其余资金就靠抵押贷款和预售房款来支持。通过少量资金启动项目,再以当地资金滚动发展,这成为万科以后

开发物业的重要法宝。1992 年 3 月,"西郊花园"开始发售,同时设立深圳和上海两个销售点,结果连广告都没有做,销售成绩就很不错,别墅第一年就卖完了。深圳方面,只有后来成为万科地产副总的一个女职员在卖别墅,结果就卖出去 27 套,每套售价约40 万美元。"西郊花园"88 幢别墅于 1993 年 6 月基本完工交付使用。"西郊花园"项目的成功,使万科进军上海市场的信心大增,为万科跨地域开发房地产项目积累了经验。

行动指南

进入一个陌生市场的时候,要善于分析形势,发现市场缺口。如果条件成熟,就尽量争取高端切入,这样能够积累品牌势能,起到业务后续开发时事半功倍的作用。

3月7日 10 亿元规模之前勿多元化

企业做到 10 个亿的时候,你再往上做就非常困难了。 你会发现你的资源本身就不多,人力资源、资本资源,实际上你本身就只有这么点儿资源,又被分到十几个行业当中去。 绝对不能一味追求大规模,因为如果一味追求大规模又不能做到,再砍掉,规模不是反而越来越小了吗?

我们慢慢发现,房地产市场在中国刚刚起步,市场非常大,而且能够维持比较长的增长时间。 其次,市场很大,没有垄断,我们就选择了房地产。 我们曾经选择做录像机,但是已经有 9 个国家定点的厂,每年进口的指标都分给这 9 家,所以根本行不通。 已经确定房地产后,万科开始做减法。 因为资源集中了,虽然调整时期恰好是房地产非常不景气的时候,1992 年、1993 年因为宏观调控,很多人不做房地产,但到了 1998 年房地产真正热起来的时候,万科情况很好。

——1999 年,王石在接受本书作者采访时如是说

背景分析

在中国企业界,一度有过专业化还是多元化的争论。不少企业家津津乐道自己的公司业务广泛,"东方不亮西方亮"。从产品多元化到市场多元化甚至再到资本的多元化,让很多企业获得了规模化的快速发展,也将很多企业拖进了泥泞的沼泽地从而难

以自拔。

管理大师德鲁克曾说,一个企业的多元化经营范围越广,协调活动和可能因此造成的决策延误就越多。伴随多元化产生的管理环节的增加、管理通道的不畅、管理信息的不对称等都可能导致企业管理决策的扭曲或管理效率的降低,从而增加企业管理成本。尤其是企业在经营行业特点、关键成功因素不同的多种业务时,这方面的矛盾就会更为突出。

所以,王石回忆起万科创业头十年惊心动魄的多种经营的经历之后,他仍然保持比较清醒的头脑,从来没有过分的乐观,觉得自己做什么都可以。20 世纪 90 年代末,他就多次很谨慎地说:房地产本身的产品也是种类很多的,写字楼、住宅、商场、厂房,有很多品种,我们只做住宅。虽然我们做得很单一,但是正因为很简单,产品选择就非常重要。

行动指南

多元化是韦尔奇的拿手好戏,但是中国企业家,最好不要轻易尝试——尤其是年营业额在 10 亿元之下的时候。

3月8日 要重视竞争对手对你的看法

1992 年对于公司的革命意义在今后几年中将持续不断地体现出来。 在这一年中, 公司做出了两项战略决策:一是将房地产业务作为核心业务发展,并推动该项业务的跨地域投资;二是发行 B 股,引进国际资本和管理经验,建立一个开放的组织架构。 虽然 1993 年国家即进行宏观调控,控制基建规模,卖方市场也向买方市场转化,但在 3 年中, 公司的业务结构趋于明朗,房地产业务成功确立为核心业务,1995 年上半年房地产部门的营业收入和利润分别比上年同期增长了 49%和 43%,外地业务占公司利润的比重已上升到 70%,说明了公司主动变化、调整自己适应市场的努力已初见成效。

——1997 年,王石在接受本书作者采访时如是说

背景分析

"万科的竞争实力在哪儿呢？它的贸易没有国优拳头产品，股权投资本身无法形成竞争优势，工业产品中没有全国名牌，文化经营没有形成规模效益，真正有点优势的是它的物业管理，而物业管理本身是不赚钱的，单独形不成经营气候。能够形成行业竞争优势的只有万科的房地产。"

这是挑战万科的君安证券在 1994 年 3 月 30 日刊登于报纸广告中的郑重其事的"审判"。然后，他们提出倡议：改组公司的产业结构，收缩工业、贸易和股权投资业务，保留已在业内具有较高声誉的文化经营业务，重点发展大中城市住宅开发和写字楼出租等房地产业务。

这些未必很准确的判断，印证了王石当时模糊的担忧，这场争战再次提醒王石和万科：转型已是迫在眉睫。于是，也就有了万科后来长达 9 年的调整期。现在想来，9年对于很多企业来说，已经是一个生命周期了。要坚持这么长时间的调整，可能当时王石自己也没想到。不过，熟悉他的人也能够理解，对于这个意志坚定的人来说，除非他没有想清楚，没有下决心，否则他一旦深思熟虑决定要做一件事情，即使是 10 年、8年，也不会轻易动摇。

行动指南

最了解你的人，可能恰恰就是你的竞争对手。来自竞争对手的意见，哪怕未必准确、未必客观，企业家都需要高度重视，找出其中的有价值之处，促使企业自身转变提高。

3月11日 零售业看上去很美，做起来很难

百货零售业绝非一个暴利行业，万佳的成功，是因为自 1991 年起，万佳就在不停地交学费，积累经验。到了 1994 年后慢慢走上成功之路，绝非侥幸。最重要的是，因为母公司是较为成熟的上市公司，万科包括资金、人才以及其他看不到的大量资源的支持，才使得万佳能够健步如飞，而这是其他对手难以"克隆"的优势。

在 20 世纪 90 年代，每一年，一方面是一些大型商场在紧锣密鼓地开张，争夺零售市场的份额；另一方面，也有些前一年才开张的大型商场在悄悄关闭。由于经营大型零售业一次性投入成本较大，且管理极具专业性，故属经营风险较高的行业之一。一般来说，新介入的零售商的生命周期很难超过 3 年。

——2001 年，王石在出售了万佳百货零售业务之后发出的感慨

背景分析

王石在很多场合介绍万佳成功经验的时候，都很清醒地提到，做零售业，对投资者是要求很高的。

零售业是一个管理难度非常大的行业，行业经营的成功率实际上并不高。根据国外的统计，零售企业开业第一年的破产率为 35％，开业 5 年后的破产率为 92％，可以说是沙里淘金。在中国，由于破产情况没有正常化，再加上企业拆东墙补西墙的做法，所以难以感觉到零售业类似程度的破产率，但相信实际状况并不比国外好。由于社会普遍对零售业的经营管理难度缺乏足够认识，零售业经营出现一个前赴后继的现象：一边有一大批草率进入的经营者陷入经营失败的泥潭之中难以自拔，另一边又有一大批新的经营者不断踌躇满志地开办新的商店。

零售业经营环节众多，管理复杂。试举一例：一个中等规模的商场，经营品种就在一万种以上，一万种商品的订购、进货、储运、分类、上架和销售，其间所涉及的管理问题何其复杂，稍有疏忽，就可能出现漏洞而招致损失。商场客流如云的背后所包含的一系列复杂的管理问题，是从事零售业务的企业所不能不面对的严峻课题。也因此，零售业成为国际上最先进的高科技管理手段的试验场之一。零售业发达的国家，零售业的电脑化管理都非常普遍，辅以其他高科技手段，才能保证庞大物流的井然有序和商场经营的顺利进行。

在今天各类洋商场大举进入内地大中城市，各自分割市场的时候，其实全国的零售业还是处于一个群雄逐鹿的状态。这个时候，重温万佳这样一个曾经辉煌的国产零售业品牌的盛衰故事，相信对于业界和消费者来说，都是有价值的。

行动指南

零售业虽然现金流充沛，能够大量占有供应商资金，但是，这一行业门槛很高，既

需要很强的管理能力,又需要有强大的资源后盾,欲介入者要非常谨慎,谋定而动!

3月12日 领先的产品开发理念能够推动市场

上海"城市花园",卖的就是孟大强先生的规划。

"万科城市花园"的推出,在市场定位、时机把握方面都是恰到好处的,万科打出的"明天,我们住在哪里"的广告语引起了上海市民的共鸣,万科的经营理念、物业管理更是给沉闷的上海房地产市场带来了一股清风。可以说,万科在某种程度上促动了上海房地产市场。

——1998 年,王石在接受本书作者采访时如是说

背景分析

开发"万科城市花园"项目时,王石看到,深圳华侨城的设计规划很好,于是他就有了一个当时很少有开发商想到的主意,就是邀请华侨城的规划者——新加坡的建筑大师孟大强先生到上海进行项目的整体规划。孟先生在整体规划中把人与自然和环境的协调放在首位,在上海首次引入围合及人车分流的概念,为居住者创造一个"共享的空间"。时至今日,"万科城市花园"宽松、悠闲的自由式布局,仍使众多来访者流连忘返。

行动指南

一个好的地产项目,规划、定位和时机需要相辅相成。而领先一步的开发尝试,一定能够得到超额的市场回报。

3月13日 市场细分达到出神入化的程度

市场的细分在台湾已经做得出神入化。我们在台中参观了一家企业,规模不大,它的市场细分到了什么程度呢,也就是开发了几百套房子,它的对象是单亲妈

妈。 这个差点让我们晕倒。

万科也搞产品细分，划分为七条产品线。 从大学生一毕业的大学生公寓一直到最后一次购房。 万科一直在细分，我也振振有词地说我们在细分。 但是到台湾一看，人家细分到单亲妈妈，这么几百套房子仅仅是针对单亲妈妈的。 台湾市场已经饱和，竞争非常激烈。 我们中城联盟的企业在各个城市都是排名前几位的，我们自己想一下，我们的细分做得怎么样。

——2008 年 1 月，王石在昆明举行的"中城联盟"会议上如是说

背景分析

市场细分的概念是美国市场学家温德尔·史密斯于 20 世纪 50 年代中期提出来的。市场细分是指营销者通过市场调研，依据消费者的需要和欲望、购买行为和购买习惯等方面的差异，把某一产品的市场整体划分为若干消费者群的市场分类过程。每一个消费者群就是一个细分市场，每一个细分市场都是具有类似需求倾向的消费者构成的群体。

对于房地产行业来说，购房者关心的是如何买到满意的居所，开发商们关心的则是如何进入购房者的视线，由卖方市场转变为买方市场标志着房地产市场的成熟，而成熟的市场基于更为精确的市场细分。当市场进入更高层次的竞争，市场细分就成为企业进行理性决策的前提。市场细分的关键作用就是让房地产开发商们更准确地锁定目标客户群。

所以，万科对客户细分的掌握，很大程度上将能够决定万科未来对客户的掌握水平和市场收益的多寡。

行动指南

市场细分，对于习惯了粗放式经营的中国企业来说尤其重要。如果一个企业家不能做好客户细分和市场细分，那么就应该赶紧补上这一课了！

3月14日　两个相邻项目为何一成一败？

1992年，上海"万科城市花园"破土动工，同深圳另一家房地产企业开发的住宅小区仅一路之隔。两家企业有很多相同之处：两家企业的领导者都朝气蓬勃，敢作敢为，在企业股份制改革过程中成为第一批"吃螃蟹"的企业家；都是多元化的综合经营企业；都是第一批深圳的上市公司，拥有跨地域的企业知名度和资金优势；在同一城市的同一方位各自挑选了一块土地面积33万平方米的住宅小区。不同之处只有一点："万科城市花园"的位置正好在虹桥机场以南3公里航线下，遭受机场频繁升降航班的噪音干扰，也就是说相邻开发商拥有的地块远优于万科。

10年过去了，上海"万科城市花园"已经成为拥有5400套住宅、1.95万居民的成熟小区。同时，相邻小区当年的开发也完成了，但负责开发的深圳某公司却由盛而衰，上市公司连续几年被ST，2002年竟没落到被摘牌的境地。回想其老总刚进上海时的豪迈气概，不胜唏嘘。而万科继"城市花园"项目之后，一个接着一个开发，正所谓逢山开路、遇水架桥。

——2003年，王石在接受本书作者采访时如是说

背景分析

王石在回忆"城市花园"的第一次亮相时，感慨良多。他念念不忘的是相邻两个项目一生一死的生动对照。深圳市金田房地产开发公司开发的"大上海国际花园"项目可以说是多灾多难。"大上海国际花园"的问题几乎是整个七宝房产开发高峰期遗留问题的总汇，不同的是其他的公司因为滚动式开发或者公司经营状况比较好，问题得以解决，而"大上海国际花园"因为金田的PT使得问题全部暴露出来了。两个项目的生死对照，很大程度上也是企业战略选择的结果。

行动指南

商业的成败就是竞争的结果。而现实的企业竞争，既有战略层面，也有战术层面，两者都不可偏废。

3月15日 头脑发热的俊园案例

　　我们曾经头脑发热,盲目追求建筑的高度,迷信高度会为我们创造荣耀和财富,因此付出了沉重的代价。可叹,这场追逐建设高度的游戏在中国仅仅是拉开了序幕。审视当年万科决定投资"海神广场",根据"聪明人不犯同类错误"的推论,王石只是自以为聪明啊,又有多少自以为聪明的家伙在犯着王石曾经犯过的错误呢?

　　这座超高层建筑记载着万科地产一段特殊而有代表性的经历,一段否定之否定的历程,既在痛苦中否定盲动的过去,同时也诞生了光明的未来。

——王石、缪川,《道路与梦想》,中信出版社,2006年1月

背景分析

　　1993年,经过多番竞标争取,万科与南海石油合资成立海神置业有限公司,万科占30%股份;1988年加盟万科,担任综合开发部经理的郭兆斌亲任公司总经理。在王石心目中,郭兆斌是一位富有激情的完美主义者,他这样看待海神的意义:"海神广场"是南海石油,也是万科介入房地产业之后所开发的第一座集商业、餐饮、娱乐、高档写字楼于一体的超大型综合楼宇。

　　1995年3月23日,"海神广场"正式破土动工,并预计1997年竣工,为香港回归祖国献礼。在轰天的礼炮声中,谁能想到仅仅几个月后,海神就陷入了一潭走不出来的泥泞。

　　"海神广场"动工没多久,受宏观紧缩政策影响,深圳写字楼价格大幅缩水,几乎所有的写字楼都在滞销中煎熬。

　　王石迅即向海神置业有限公司提出停工要求,并建议由写字楼改为高级公寓,大楼高度由180米降低到151米。经过计算,这一更改不但使建筑面积缩水,还得额外增加1.5亿元投入。

　　这个匆忙的决定掀起了轩然大波。合作方南海石油和其他股东同意停工,但不愿追加投资,并表示任何更改不得损害原有利益分配;经过长达半年的谈判,万科就建筑面积分配比例与南海石油达成妥协,但股东们不愿追加投资。不得已,万科提出收购3

名股东 60％的股权,对其中最大的股东,万科以旗下优质资产银都公司的股权进行置换。两年后该公司脱离万科,为了保住"海神广场"这个项目不烂尾,万科付出的代价相当沉重。

1997 年 5 月,沉寂多时高高耸立的塔吊,再次动了起来,"海神广场"更名为"万科俊园",变身为深圳最高的住宅。最后经过艰辛的销售过程,万科虽然在这个项目中没有获利,但总算全身而退,没有被这栋大楼拖垮。

行动指南

在行情火热的时候,要保持清醒的头脑,不能勉强做只能赢得起但是输不起的生意。而遇到麻烦的时候更要有壮士断腕的勇气。

3月18日 规模经营,强中取胜

从行业性质来看,房地产是一个经营高度集中的行业。 由分散走向集中,最终由少数实力雄厚、经营有方的企业分割垄断市场,这是该行业发展的必然趋势。 香港房地产市场可谓活跃,但真正活跃的不外乎长江实业、新鸿基、恒基和新世界发展等少数几家大地产商。 从长远来讲,房地产商要在这个行业中立足,必须走规模经营的道路,靠规模经营降低成本和形成竞争优势。

——1994 年,王石在接受本书作者采访时如是说

背景分析

万科进入房地产领域,是从开发住宅起家的。1989 年在深圳开发"天景花园"、"威登别墅",1991 年在上海开发"西郊花园",万科尝到了不少甜头,在中国地产界声名鹊起。随着 1992 年全国各地经济迅猛提速,万科顺势杀入上海、青岛、天津、北海、武汉等十余个城市,并以写字楼开发为主。到 1993 年,万科房地产业务中,写字楼占的比例达到 75％,住宅仅占 25％。在王石发觉"海神广场"面临危险的同时,也察觉到万科在其他城市大规模开发写字楼存在重重危机。因而,"海神广场"停工后,万科分布在全国各地的写字楼项目也望风而变,不是停工改建,就是转手处理。从此万科视写字

楼、商铺为禁地,近10年来从不涉足。"海神事件"后,万科不再把与其他公司合资、合作开发房地产项目作为一种主动的策略选择。这使万科规避了风险,降低了管理成本,在严重缺乏信誉的市场,万科这样做无疑是正确的。

王石号对了房地产业的脉搏,也为万科找到了一条能够持续发展的生财之道。

行动指南

非常时刻要有非常对策。面对突然变化的形势,企业家要为企业寻找到适合当下形势的出路,而且必须坚决执行,才能扭转颓势,化不利为有利。

3月19日　善意参股,谋求双赢

万科的参股经营行动必须以善意方式进行,否则宁可不做。

据我所掌握的情况,万科的高层管理人员、普通职员及其家属没有一个人在参股期间购买一股申华股票。

——1997年,王石在对本书作者总结"申万事件"得失时如是说

背景分析

万科参股申华是经过深思熟虑的。早在1993年初,万科在派出精兵强将进入上海房地产市场的同时,就由王石的副手——当时掌管投资发展的郁亮亲临上海进行调查研究,对沪市挂牌的公司逐一考察,最终选择了股权清晰的申华公司。当收购开始时,郁亮亲自坐镇,据说整整一周废寝忘食。

1993年11月10日,这是一个在上海股市历史上值得记录的日子。那天中午,王石、瞿建国以及时任上海证券交易所总经理的蔚文渊先生,一起在证交所大厅发布万科已收购135万股申华股票,占申华公司发行在外2700万股普通股5%的消息。当天下午,几十万股民争购申华股票,股价最高达到每股70.99元,并创下了在20分钟内一只股票成交额达6亿元的纪录。当天申华股票交易量为191.5万手,换手率高达41.17%,收盘在每股45.80元,成交9.1025亿元,占当日沪市成交总额的41.4%,这在当时可谓惊心动魄。

在 11 月 14 日的新闻发布会上,有记者问王石,是否有知情者从中炒作以获取不当利益。事实上,此后笔者和万科公司相当多员工接触的时候,都没有发现有谁从中得利。严于律己、恪守游戏规则,是王石一直追求的万科境界。

行动指南

公司运营业务扩大发展的时候,可以利用包括资本市场在内的一切金融工具,但是切记要遵守市场的公序良俗,不能沉溺在股市的操作之中,耽误自身主业,影响团队风气。

3 月 20 日　舍小利以谋远

当初,有很多人认为万科的多元化搞得很成功,但是,当时万科所有的项目规模都很小,市场占有率极低。面对激烈的竞争不得不不惜血本、拼死拼活地做到最好。等到品牌打响了,成本也上去了,这时候想要追加投资、扩大规模,集团的资金和人才储备却捉襟见肘,无法满足各方面的需要,各分公司被迫继续小打小闹。

1993 年至 1998 年,万科逐步走上了专业化的道路,利润稳步增长,净资产收益率逐步下降到 10% 左右的合理水平。

——1999 年,王石在接受本书作者采访时如是说

背景分析

万科自 1992 年起逐步向以房地产为核心业务的专业化方向调整,但在第二年就遇到了宏观调控。房地产业首当其冲受到影响。但是万科硬是在这个行业中坚持了下来,而且还能做好,使得房地产利润在公司利润总额中的比重不断加大,由 1992 年的 44% 上升到 1994 年的 68%,1995 年进一步增长到 75% 以上。

稳步发展的万科,让股东、管理层和员工的心里都有了底。万科没有为难以持久的暴利躁动,而是很可贵地保持了冷静和理智,主动收缩战线,进行专业化的改造。王石曾说过“超过 25% 的利润不赚”。尽管万科的净资产收益率下降到 10% 左右,但是与目前不到 5% 的一年期定期存款利率相比,每年 10% 以上的净资产收益率已是相当可

观了。

业界中有句玩笑话,说万科老是拿高价地,赚辛苦钱。但是,万科上下如今对往昔在房地产业的筚路蓝缕有不同的认识。大多的万科人认为,正是因为当年那么难,所以万科的基础打得好,内功深厚,才能坚持到市场好转的时候脱颖而出,奠定行业龙头地位。

行动指南

不经历风雨怎么见彩虹。只有会做薄利乃至微利生意的团队,才能在大行情来临的时候,跑得更快更稳,赚得更多。

3月21日 总部集权管理模式

万科采取的是一种矩阵式的组织结构,各分公司职能部门受分公司总经理管辖,但同时也受总部职能部门直线管理,统一调配资金、项目定位、规划设计、集中采购、人事、薪酬制度,总部由此对各分公司实现强有力的控制。

——2004年,王石在万科20周年企业活动期间如是说

背景分析

房地产业最大的特点就是区域化属性,这使房地产企业很难做大做强。在世界500强企业名单中,一直鲜有房地产商的影子。万科可以说是中国也是世界上跨区域开发最出色的房地产企业了,但也面临着跨区域开发战略在执行上的难度:如果管得太死,难以适应当地市场;如果放权过多,不但资源分散,成本难以控制,也有各自为政、诸侯割据乃至公司分裂的危险。为此,万科创造了总部集权的管理模式。

万科的总部集权管理模式是不是中国房地产企业跨区域经营的最佳管理模式?这个要看不同开发商自身的情况而定。毕竟,这种模式的负面影响也是比较明显的。最突出的问题是效率问题。按照这一模式,凡是稍微重要的事情,都需要向总部汇报,容易形成官僚作风,加大运营成本。房地产经营毕竟还称不上是一门严谨的科学,也有艺术的成分,例如对项目定位来说,光有市场调查数据是不够的,在某种程度上还要

依赖个人的经验和判断能力。

行动指南

甲之蜜糖,乙之砒霜。房地产行业的管理虽然没有一定之法,但是对于百亿元规模的企业来说,如果没有总部集权的管理模式,那么各地的发展很容易失控。

3月22日 用标准化产品建立消费者信心

现在消费者买家用电器,肯定不会先把后盖打开,看看元件是不是货真价实。因为经过这些年的激烈竞争、淘汰,家电的品牌已经确立,人们只要认准索尼、松下或海尔、长虹这些牌子就行了。

——2001年,王石在接受本书作者采访时如是说

背景分析

显然,现在顾客买房子还做不到像买电器那么舒服,所以有那么多的报纸、杂志都在介绍各种各样的购房知识和要点。为防止受骗上当,购房者都希望把自己训练成房地产专家。尽管如此,北京市民每年对房地产企业和项目的投诉仍是有增无减。

所以万科提出:为了广大消费者的利益,有实力、信誉的开发商应该尽快树立自己的品牌,并通过自身的不懈努力,令消费者真正明白品牌对于房地产项目的内在价值。这才是确保整个房地产行业良性发展的明智选择。那时候,消费者只要认准品牌公司的房子便足以买得安心,住得舒心了。

万科的品牌是一点点雕琢出来的,靠的就是对工作热情执著、对业务精心钻研、不断追求完美。企业创立一个品牌不容易,要保持一个品牌更不容易。品牌不能只留住壳,还要把核心留住。

行动指南

企业发展到一定程度,不管是生产实物还是精神产品,都需要打造品牌。而用标准化产品建立消费者信心,是行之有效的好办法。

3月25日 城市房地产业的主旋律是发展大众住宅

发展大众住宅是万科选定的明智的道路。大众住宅不一定是低层高密度,但在现阶段,它一定不应该是高层。"大规模、低成本、高品位、配套全、好管理"是万科发展万科式大众住宅的经验。

——1999年,王石在接受本书作者采访时如是说

背景分析

1998年,国务院决定取消福利分房政策,实行实物分房货币化。显然,之后的市场将会发生巨大的变化,过去没有纳入商品市场的房子,现在纳入了,市场相当巨大。房改政策的推动直接促进了1998年以来新一轮房地产热潮。

王石意识到,万科以前的策略概念是满足先富起来的一部分人的住宅要求,因为不在原来的福利分房政策范围内,盖的房子都是高档的。现在随着工薪阶层进入商品房市场,万科的策略也要改变,否则就会失去巨大的市场。2000年,万科提出了"关心普通人"的口号。事实上,所谓的"普通人"就是工薪阶层。后来,万科全国主力开发品种——"四季花城"系列主要面向的就是工薪阶层。应该说这个政策对万科经营房地产影响很大,也给万科的大众住宅尝试带来了极大的发展机遇。

行动指南

通过市场细分,选择最大的客户市场介入,这是成为行业龙头的关键一步。

3月26日 跨地域才能寻求稳定的投资回报

房地产不像家电产品或汽车,一个地方火暴,其他地方一样,房地产的特殊性是其他产品没有的,一个城市处在上升周期,在另一个城市可能就恰好是一个下降周期,长春在涨价,大连在降价,北京价格同时可能在微调,而整个深圳就可能在往上

升。 为了寻求稳定的投资回报,万科跨地域是必然的选择。 跨地域的风险显然非常大,但问题不在于是不是有风险,是不是跨地域,而在于如何把握。

——2004 年,王石在万科 20 周年企业活动期间如是说

背景分析

房地产的不可移动性,决定了房地产市场是区域性市场。

例如,目前中国的房地产市场最活跃的是长三角、珠三角和环渤海三大区域。

环渤海经济圈处于日渐活跃的东北亚经济圈的中心地带,不但在中国沿海经济发展的格局中起着举足轻重的作用,在东北亚乃至亚太地区国际分工协作中也占有重要地位。但近年来,与长三角、珠三角地区相比,环渤海地区经济发展速度缓慢,经济实力降低,区域优势没有得到应有的发挥。

长三角核心城市有 15 个,这 15 个城市以上海为龙头,浙江有杭州、宁波、绍兴等 6 个城市,江苏有南京、苏州、无锡等 8 个城市。长三角都市圈以占全国 2.2% 的土地和 10.4% 的人口,创造了 22.1% 的国内生产总值、24.5% 的财政收入、28.5% 的进出口额。强劲的区域经济成为房地产发展的有力支撑,近几年长三角的房地产发展迅猛。

目前珠三角在发展广州—佛山经济圈、深圳—东莞经济圈、中山经济圈,每一个经济圈的经济实力都很强大。反映在房地产市场方面,就是珠三角的区域融合趋势越来越明显。珠三角地区"一小时生活圈"的城际交通,拉近了城市间房地产的距离,也使得珠三角的房地产资源可以在更大范围分配。比如广州人在佛山买房,深圳人在东莞置业,东莞人也可以去广州,香港人甚至可以去珠三角的任何一个地方置业。这种区域融合的趋势将随着土地资源的减少和房价的差异化而更加明显。

步入房地产行业近 30 年,万科业务涉足全国 30 多个大中城市,2012 年万科累计实现销售面积 1295.6 万平方米,销售金额 1412.3 亿元,再度刷新行业纪录。基于合理的战略选择,其市场占有率大大提升。

行动指南

跨地域能够熨平经济波动的冲击。而布点在全国的重要大中型城市,也能够使公司尽可能地分享中国经济增长的成果。

3月27日 咬定专业化方向不改变

万科如果改变专业化策略，我从棺材板里也要伸一只手出来干涉，这就是我坚持的概念。

——2008年，在谈到万科对"不搞多元化"的坚持时，王石如是说

背景分析

走专业化道路还是走多元化道路一直是理论界争论的问题，其实单纯讨论这个问题本身没有意义，因为无论是多元化还是专业化都有不少成功案例，但走多元化道路需要企业具备更深厚的实力和更多的条件。我国的上市公司总体来说规模都不大，走多元化道路往往缺乏资金、人才和管理等方面的支持，成功者寥寥。

公司的经营，其实也并不是为了专业化而专业化，只是统计表明，绝大多数公司的多元化经营是以失败收场的。但是如果公司经营的行业前途暗淡，利用该业务的现金流来实现公司主营业务的转型，到新行业里扎根并做大，也是一个很好的选择。不过，王石认为，在可见之将来，万科还没到可以骄傲的时候，还没有强大到能够实施多元化的时候。

行动指南

在多元化的诱惑和专业化的艰辛之间，企业家要保持清醒，敢于面对专业化的困难，并且克服它，这样才会有超出平均水准的成就。

3月28日 董事长只需要坚持三点

作为董事长，我就坚持三点：第一，搞住宅产业化；第二，精装修；第三，国际化。这么多年过去了，坚持就是我的价值。除此之外基本听他们的，不听他们就证明我是错的。

——2013年，王石在接受《南方人物周刊》专访时说

背景分析

城镇化迅速推进,中国每年有千万人从农村转移到城市,这意味着中国未来需要大量的住宅、建筑,住宅市场前景十分广阔。早在 2003 年,王石就提出了住宅产业化战略,要像造汽车一样造房子。2007 年,万科住宅产业化研究基地落成,进入推广阶段。截至 2012 年年底,万科累计交付工厂化建设住宅 701 万平方米。据王石说,2015 年,万科将全面推行住宅产业化,从 2016 年开始,万科会进入一个新的发展阶段。

目前,国外发达国家的住宅产业化程度已非常高,未来住宅产业化在中国也是必然趋势。万科在中国住宅产业化道路上先走了一步,这也意味着它将走得十分辛苦,遇到重重瓶颈在所难免,比如成本高,对施工设备、工艺及工人的技术要求高。不过,王石和万科认为这个宝是一定要压的,不容置疑。

相对住宅产业化,万科在精装修方面遇到的困境更加棘手,2012 年,万科爆发了一系列装修危机,例如安信地板甲醛超标事件。精装修很容易出质量问题,但王石说,万科不会就此放弃精装修的策略。

在拓展境外市场方面,万科也是先行先试。2013 年 1 月,万科联手香港房地产企业新世界发展斥资 34 亿元在香港拿地,让外界惊呼不已。其实,万科 2012 年就成立了美国业务小组,且公司内部有 30% 的海归人才,这个比例还在不断上涨。另外,王石通过游学哈佛潜移默化地为万科国际化助力。

行动指南:

董事长与总经理最大的区别就是管的东西更少,但是更重要。董事长要管住自己到处伸手的冲动。

3月29日 最谨慎、最努力、最细致务实地度过调整期

目前的房地产行业形势比我们预想的要更复杂,调整时间也会更长。 应对好本次调整是目前首要的任务,万科需要以最谨慎的心态、最大的努力、最细致务实的工

作来确保公司从容度过调整期，并尽可能抓住未来的发展机会。

——2008 年 8 月，王石在香港举行的万科 2008 年度中期业绩报告会上如是说

背景分析

2008 年 7 月,国家宏观调控政策延续,通货膨胀高企,房地产的成交量大幅萎缩。各行各业一片面对过冬的呼喊声。持续数年的地产牛市真正遭遇拐点,房地产开发商面临 5 年来最严峻的局面。

以中国的市场之大,不能一概而论。市场调整必然显现出不同的效果,在不同的区域和不同的城市,调整的时间先后有别、价格上涨幅度和下降幅度的大小有别、各市场成交量和供应量配比等方面都有差异,因此,不能一概而论。房地产市场本轮调整主要有两个因素,一是经过 2007 年偏于亢奋的价格上涨之后,行业需要理性回归的过程;另一方面,经济全球化的背景下,国际油价上涨带来的通胀压力将反映在经济领域的各个方面。受整体经济气候的影响,住宅市场调整的复杂性和不确定性增加。

行动指南

面对盛夏之中的寒冬,各行各业都应该战略上高度重视,战术上积极主动、灵活应变,企业家要做到最谨慎、最努力和最细致务实,才能率领公司度过可见之未来的调整期。

四月 ｜ 行业领跑者应该怎么做

April
2014 CALENDAR

MON	TUE	WED	THU	FRI	SAT	SUN
		1 初二	**2** 初三	**3** 初四	**4** 初五	**5** 清明	**6** 初七
7 初八	**8** 初九	**9** 初十	**10** 十一	**11** 十二	**12** 十三	**13** 十四
14 十五	**15** 十六	**16** 十七	**17** 十八	**18** 十九	**19** 二十	**20** 谷雨
21 廿二	**22** 廿三	**23** 廿四	**24** 廿五	**25** 廿六	**26** 廿七	**27** 廿八
28 廿九	**29** 四月大	**30** 初二				

4月1日 领跑者应该全面领先

万科把自己放在高峰，这样才能有做大事的胸怀。 同时也要把自己放在低谷，这样才能吸收别人的长处。 我理解的"领跑者"，不仅是指观念上领先，更重要的是，在企业规模、品牌竞争、管理水平、赢利能力上，都具有比较优势。

——2004年以来，王石在多个公开场合如此表态

背景分析

2001年，万科集团的销售额在全国的市场份额接近1%，在所有房地产上市公司中排名第一，也是唯一一家以全国数据为基数计算市场占有率的房地产上市公司。但是，只以不足1%的市场占有率就自称是行业龙头老大，多少有点不自然，于是，一贯喜欢新名词、新概念的王石就想到了"行业领跑者"这样一个婉转但是挺抢眼的说法。多年来，这种王石式的概念，为经常充斥着陈词滥调的商业社会提供了一些耐人寻味的思考余地。

2006年，万科成为中国首家销售额突破200亿元的房地产企业，市场份额约为1.25%，至此，其住宅行业的龙头地位已无法撼动。未来，万科集团的发展计划是：进一步扩大市场份额，巩固行业领跑者的地位。

行动指南

办企业不能光靠理念和价值观制胜，还必须有过硬的管理能力和赢利能力。

4月2日 不能仅仅扮演商人角色

一般而言，房地产开发商和其他行业的企业并无不同，目标都是追求利益的最大化。 但房地产开发商还有自身的不同于其他行业的特殊属性。 在城市文明的建设中，开发商还是计划者和组织者。

作为住宅开发商，应该警惕自己不仅仅是扮演商人的角色。在城市住宅规划中，开发商很计较规划住宅用地的容积率，大多数情况下，希望突破规划的容积率，这样，在土地价格不变的情况下，降低了建筑面积的土地成本。仅仅从商人属性角度，突破容积率的冲动没有错；但从城市的理性发展来看，很可能是破坏性的。再以住宅卫生间为例，仅从商人属性考虑，迎合眼前的消费潮流，继续提供多重卫生间的住宅，有助于实现利润最大化；但从有利于城市的健康发展考虑，应该承担一定的经营风险，引导消费者选择单体住宅单卫生间的户型。

——2000年，王石在"中城房网"产业联盟会议上的主题发言

背景分析

一个人生命中有一半左右的时间要在自己的住宅环境中度过，良好的住宅环境对人的重要性已毋庸赘言。在王石看来，开发商除了要在规划、设计、工程方面力争完美之外，还要为住户提供良好的售后服务。

万科早在1988年，在深圳开发"天景花园"和"荔泉别墅"的时候，就以其出色的物业管理水平获得了住户和社会的良好评价，被树为深圳住宅的典范，也成为万科地产的活广告。每当万科在市场上推出新的楼盘时，由老住户介绍而来的新客户总是络绎不绝，形成了良好的连锁反应。王石从那时候起就意识到，当开发商积极承担起其社会责任时，社会也会给予其相应的回报。

事实上，面对利润的诱惑，能够控制自己的欲望，能够为客户利益，为社会长远利益考量的公司，是少之又少的。能够做到一般企业做不到的东西，这就是长期以来，万科能够保有较好公众形象的重要原因。

行动指南

老话说"上半夜想想自己，下半夜想想别人"。在21世纪，企业家自然有更加先进的企业理念，但是对于领跑者来说，有一点是不变的，那就是：考虑企业利益之外，更要考虑社会的利益。

4月3日 高于 25％利润的生意不做

我在深圳房地产的行业协会上说，万科的策略是房地产利润高于 25％的不做。当时的政府官员、同行、媒体记者都听不懂。人家低于 40％的不做，我们高于 25％的不做。80 年代搞贸易，经历了暴利，我们也有尝到暴利之后赔钱的时候，暴利的获得最后一定会失去，并不是我们的商业道德好，并不是我们有先见之明，而是我们经历了惨痛教训。

——1997 年，王石在接受本书作者采访时如是说

不要说在 1992 年的时候这句话不被人理解，即使到了今天，到了 2003 年，还是有很多人不能理解。

——2003 年，王石在接受《中国经营报》采访时如是说

背景分析

第一句话几乎是王石最为公众熟知的几句名言之一。在 20 世纪 90 年代，万科淹没在一大批野蛮生长的企业之中，王石的这句话，往往被人视作是搏出位，故作惊人之语。不过，当我们还原当时的情况，就更加能够理解王石式的商业思维。

1992 年的房地产行业热得烫手。当时有一句行话，叫房地产项目利润低于 40％的不用考虑。在这种情况下，王石在深圳房地产的行业协会上，公开说万科的策略是房地产利润高于 25％的项目不做。这是 1992 年 12 月份的事情。半年之后，1993 年的 6 月份，宏观调控，整个价格下跌。原来是不计成本的，因为还没盖，地皮已以翻番的价格转手了，谁也没有心思真的盖房子了。按照万科制定的平均利润率，房地产市场宏观调控对万科的影响有限，利润高于 25％的项目不做的战略可以说是成功了。

行动指南

过高利润率的生意，往往是偶发的小概率事件。企业家不能将这种偶然当做必然。

4月4日 面向新经济，关注普通人

我们提出面向新经济、关注普通人，主要是从房地产方面来看的。因为住宅商品化，原来是对一小群先富的人说的。但是，随着转制，大部分人都纳入到房地产商品化市场。所以，原来对少部分人的服务现在面临着转型。在这个转型当中，当然要把从关注一部分先富起来的人，转向开始关注老百姓。而且，在互联网时代，可以为消费者提供比以前更多的可能。所以，关注普通人的新经济时代，最关键的特点就在于我们以消费者、以客户为中心，只有在互联网时代才成为可能。如果没有互联网，消费者始终是弱势群体，而发展商、开发商始终是强势群体。

发展商面对网络经济，也同样必须由营销型向以客户为中心的服务型转变。

——2000年，王石在"中城房网"产业联盟会议上的主题发言

背景分析

以零售业巨头沃尔玛为例，基于互联网的供应链管理系统，它不再仅仅是一家等待上游厂商供货、组织配送的纯粹的商业企业，它还可以根据客户的需要，与上游厂商共同商讨和制订产品计划、供货周期，甚至帮助上游厂商进行新产品研发和质量控制方面的工作。同时，供货商们也可以随时登录、远程了解销售情况，对货物的需求量进行预测。传统的零售—供给关系就这样被打破了，互联网技术和模式改写了传统零售业的游戏规则。同样，网络时代的电子消费产业也是容易变化的。接下来，较为传统的房地产业的行业规则被颠覆，也只是时间问题。早有准备的企业，才能抢得先机。

行动指南

在互联网时代，消费者的知情权和话语权空前扩大，任何企业家都要高度注意，了解网络，熟悉网络，方能趋利避害。

4月5日　不能什么好卖就卖什么

万科在这几年地产形势非常好的时候，走了三步棋。第一步是精装修。万科要在2009年做到没有毛坯房，都是精装修，或者叫成品房。

这是3年前我下的死命令。我对企业的一些技术层面的事情基本不管了，但对这个要管，因为他们（管理团队）有惯性。万科在2006年的时候，半成品房卖得非常好。我提出用3年时间，到2009年必须实现100%的成品房。

为什么这样呢，因为万科走的是差异化路线。我们不能什么好卖就卖什么，我们要把握发展的趋势。这个趋势是毛坯房还是成品房呢？显然工业发达国家已经给出了答案，就是成品房。

——2008年1月20日，王石在"中城联盟"2008年房地产企业战略研讨会上的发言

背景分析

股市中有一句俗语：当擦鞋的小厮都在讨论股票的时候，就得坚决抛出了。

在房地产行业，20世纪90年代就有人叹息，当傻子都能卖房子的时候，这个好日子就可能到头了。

其实从经济学的角度来讲这个道理非常简单：社会上各行各业都有一个相对固定的平均利润率。任何一个行业，只要它的利润率偏高，自然会有很多的资本进去，如果投资者一窝蜂地都拥进去，在这个过程中，这个行业很快会从超额利润向平均利润过渡，甚至出现全行业亏损。

行动指南

人无远虑必有近忧。企业也一样，切忌一窝蜂随大流，必须要有独立的观察和判断，领先一步进行改变，才能持续发展。

4月8日 企业的利益可以和节能环保等国策相结合

　　节能、环保是政府主导的国策，过去更多的是提口号、喊口号，因为大家都做得很一般。 但是技术真正达到的时候，政府将会把它纳入土地投标的程序之中。

　　我们发现为了追求差异化和企业的竞争力，突然走到了一条和国家的节能环保政策不谋而合的路上。 我认为只有和国家的未来融在一起的愿景才能走得长远，所以万科才会这样做。 当然不可能说每块地的开发都必须做到住宅产业化，但是推行住宅产业化的公司会发现自己到了一个排他的、优越的竞争形势下。

　　跟各位董事长说住宅产业化，并不是说让大家都来搞，而是说在市场的竞争中，一定要找到自己的差异性，找到自己与其他公司的不同。

　　——2008年1月，王石在昆明举行的"中城联盟"会议上如是说

背景分析

　　据万科的统计,中国目前搞房地产开发的公司数量大约是7万多家。而美国市场是比较成熟的,那里的房地产开发和相关企业是20多万家。

　　住宅产业化的真正节能环保前景还是很乐观的。万科做了测算,假如某一年,房地产行业中,只需要10%的企业能够实现50%的部品化,那就意味着那一年,全行业一年施工节约的用电量相当于葛洲坝一个月的发电量;全行业采取工厂施工,减少的污水排放量相当于10个西湖的水量;而由于采用钢模,全行业减少的木材使用量相当于6000公顷森林。

　　在住宅产业化的过程中,也能减少水泥的损耗,减少钢材的损耗,减少的水泥损耗可以建造1万套廉租房。

行动指南

　　节能环保,已经不是口号。房地产行业实现产业化可以为社会创造贡献,其他行业有志于成为领跑者的企业家,也应该在企业战略之中,寻找到节能环保的方案。

4月9日 用5秒钟介绍万科

我到哈佛去讲演，很多老外教授不知道万科是干什么的，我说我用5秒钟来介绍万科，就是城市住宅开发商。我的专业是房地产，但房地产当中只搞住宅；第二我是一个上市蓝筹股，是上市公司，而且在权重股；第三是受尊敬的企业。5秒钟的介绍，就把自己做什么的、社会地位以及在社会上的责任确定下来了。

——2006年，王石在百度公司演讲时如是说

背景分析

万科对于住宅专业化可以说有着狂热的追求，在这样的定位之下，万科很希望能够成为中国的帕尔迪。

在过去十几年的美国房地产热潮之中，帕尔迪是一帆风顺的。2004年5月，帕尔迪入选"2004年《商业周刊》50强"，居第11位。《商业周刊》对它的评价如下：帕尔迪就像一个没有耐心的少年一样豪情万丈地要主宰退而不休者的住房市场。在过去3年内，这家位于密歇根州布卢姆菲尔德山的公司在瞄准了大批婴儿潮时期出生的行将退休的富裕人士的同时，还实现了销售额年均增长29.7%的成绩。由于利率有望上调，小理查德·杜格斯(2002年起担任首席执行官)已找出了减少资金占用的方法——例如，建设最多只有2500套房子的小型项目，不再建设拥有多于8000套房子的项目。由于采取了成本控制措施，帕尔迪公司的利润增长超过了其销售额增长，3年的平均增长率达到41.9%。

万科对帕尔迪，大有他乡遇知音之感，号召公司上下要以行业高度和全球化视角学习，并制定5到10年中长期战略发展规划。这种规划是万科，也是中国房地产企业的第一次。

行动指南

越大的企业，业务越要简单、专注，同时还需要深入理解市场，把握顾客，这是成为伟大公司的必由之路。

4月10日　万科如何学习帕尔迪

对世界住宅产业来说,一直存在着一个有些尴尬的怪圈。众所周知,在任何一个市场经济社会,住宅基本上都属于最昂贵的单件商品,也是大部分人一生中最大的一笔支出。但是这个行业中却似乎从来没有诞生过伟大的公司。甚至有人断言,因为房地产特殊的地域性和非同质性,这个行业没有其他行业那种显著的规模效应;也就是说,房地产公司是无法做大的。

但2006年,美国的前四大住宅企业,联袂进入了财富500强名单。帕尔迪住宅公司就是其中之一。

——2007年,王石在接受媒体采访时如是说

背景分析

帕尔迪之所以能够成为美国最大的房地产开发商,是因为有着一套适合自身的战法。这套战略和战术,其他行业也可以借鉴。

帕尔迪的横向扩张策略之一,是实施流水化组织施工过程。帕尔迪希望能发展出一套一体化流水线式生产的房屋建设体系,来缩短每套住宅的建设周期。

策略之二,在工厂流水线上生产住宅。其实美国很早就开始使用预制构件,但因为美国个性化的住宅特点,预制构件的使用一直算不上很普遍。帕尔迪公司就是极力推行使用预制构件的少数开发商之一,并且取得了相当的效果。这一点正是万科着力学习的。

策略之三,则是紧密供应链组织。为了降低成本,除了尽量多地使用预制构件外,帕尔迪公司还认为,在配送和安装方面还有很大的成本压缩空间。帕尔迪采用了即时生产和即时运输的理念,提高运输和安装效率。在与其他供应商紧密合作方面,帕尔迪公司也一直是积极的推动者。

在中国,万科一方面自己尝试整合,一方面正在说服合作伙伴。或许,这些努力的见效,还需要相当长的一段时间。

行动指南

标杆企业的经验是有用的。但是,如何学习以及什么时候学习,都需要企业家把控节奏、掌握分寸。

4月11日 万科要学丰田和耐克

从汽车行业来看,我认为万科应该做丰田而不是本田;从体育用品行业来看,我认为万科应该做耐克,而不是做阿迪达斯。原因是:本田的核心竞争力不是汽车,而是发动机。所以,本田借助它的发动机的核心技术,做摩托车、汽车、小型飞机业务,只要是跟发动机相关的产品,本田都会做。而丰田的策略是做客户,做产品线。丰田汽车从高档到低档,通过品牌策略来区分。万科只做住宅,因此,必须学习丰田,进一步延展我们产品线。过去,万科产品主要在中档和中高档,因此,我们需要把产品延伸到更高档,同时,也延伸到低端产品。目前万科产品有7个系列,我们要将产品类型增加到至少11个系列。另外,我们要学习丰田以客户为中心的工作方法,不断在产品上和服务上创新。

为什么要学习耐克,而不是阿迪达斯。因为耐克只拥有品牌,而产品生产是完全的外包。所以,这就很考验它的社会资源的整合能力。过去,在万科的管理文化中没有妥协二字,但未来,可能应该学会妥协,协同合作伙伴,整合社会资源。

——2007年7月24日,王石参加J.P.摩根CEO论坛时如是说

背景分析

实际上,越来越多人觉得,王石选择丰田作为目标是非常明智的。丰田创造出5S准则,并使这个准则推广到日本80%的企业中,逐渐成为企业管理的准则之一。如果是没有管理经验的人,学习5S准则的时候会觉得真的很无聊,但是后来实际运用的时候会越来越感觉到丰田在企业管理和行业规范化方面起到的重要作用。

同样,耐克更进一步,打造强大的品牌,积极成为产业链的组织者,而万科对于房地产行业的上下游一直都有着强大的影响,所以在这个基础上,巩固自身品牌,再进一

步成为房地产业的"耐克"是完全有可能的。

行动指南

产业链也是价值链。一流企业必须有整合产业链的雄心,使得行业和自身的价值最大化。

4月12日 产业化、工厂化是方向

当前的市场不仅具备住宅工厂化的需求,也提供了工厂化的机会。

在住宅产业化的楼盘规模没有达到 10 万平方米之前,建工成本将超过传统成本的 40%;而达到 10 万平方米以后,超过的成本可降低到传统建工成本的 25%。

根据权威调查结果,采用工厂化的施工方法,施工失误率可以降低到 0.01%,外墙渗漏率水平降低到 0.01%,精度偏差以毫米计,小于 0.1%。 同时,工厂化的方式使建造过程和住宅产品更环保,资源利用更合理。

——2008 年 1 月,王石在昆明举行的 "中城联盟" 会议上如是说

背景分析

2004 年之后,王石接受媒体采访时不断强调:创业这么多年,无论公司总资产、建设规模,还是技术发展程度等方面,万科在国内房地产企业中都处于领先水平。同时,作为在中国率先进行住宅产业化探索的开发商,万科在这个领域积聚了相当的优势。

万科已经投入大量资金对墙体和屋顶进行产业化研究,并已经与日本大成建设、东京建屋、丰田建设等建立合作关系。万科的理念是与住宅产业化相呼应的,它们共同指向一个全新的住宅生产模式——定制式、产业化。

王石常说目前最关注住宅产业化。住宅产业化的优势在哪里呢? 用王石的话来说,"对比以前一周建一层楼,实施产业化后就是三天一层。"

规模化生产可以摊薄因此而增加的成本,能保证住宅产业化进行的可能。因此,有房地产专家认为,住宅产业化是必然趋势,只有当类似万科这样的开发商每年开发量达到一定规模,才有能力去进行住宅产业化的尝试。

万科的产业化研究始自 2000 年,当时万科成立了专门的研究中心进行住宅产业化的研究。万科在深圳的试验表明,工业化生产将施工时间缩短了一半,节约了 80％的劳动力,并大大缩短了项目的设计规划时间。

采用工厂化生产方式后,施工失误率降低,外墙渗漏率降低,精度偏差以毫米计算。这还仅仅是外墙结构采取工厂化生产方式。

王石曾经计算过,考虑到建设周期的缩短,住宅产业化显然可提高资金周转速度及利用率。

行动指南

行业的领跑者,必然要做出大动作的创新。而这种创新,常常需要比较大的投入,且短期未必能够见效。企业家要有远见和魄力才能实行之。

4月15日 万科的对手只有自己

我们相信,从国际化的全新视角出发,以优秀的企业为标杆,审视自身存在的种种问题,能够使万科清楚地认识到,我们最大的对手不是别人,而是我们自己。 我们只有超越今天的成功,才能拥有未来的辉煌。

——2004 年,王石在万科 20 周年企业活动上谈及公司未来 10 年的战略

背景分析

在早期的业务往来中,万科学习日本索尼,培养了自己的营销能力,并受到索尼售后服务的启发,从物业管理入手建立自己的品牌。在发展地产业务的过程中,万科学习香港新鸿基地产,提高了产品质量,加深了对客户关系的理解。

在全球化的时代,万科管理层认识到,不能满足于在一个刚刚起步的市场上小有成绩。只有把视角放到未来,放到与世界级优秀企业的对比上,才能真正懂得公司持续增长的内在逻辑。

而王石一再强调,万科的对手只有自己,这是一种自信,也是一种隐约的骄傲。当然,也是一种压力。

行动指南

王阳明先生有云"破山中贼易,破心中贼难"。企业战胜一两个具体的竞争对手容易,但是要取得更大的成就,就必须持续地超越自我。

4月16日 领跑者必须坚持价值观

回顾已经过去的时代,万科最值得骄傲的事情,就是在行业还有待成熟的时候,明确并一直坚持着自己的价值观,在任何利益诱惑的面前,万科守住了职业化的底线。 万科的底线包括:对人永远尊重、追求公平回报和开放透明的体制。

——2004 年,王石在万科 20 周年特刊上的文章中这么写道

背景分析

"不行贿"——这仅仅是一个企业必须遵守的准则,是最基本的底线。但在中国企业中,这几乎是不可逾越的。2000 年,王石在北京大学光华管理学院给 MBA 学生作讲座。王石认真地告诉学生:"万科不行贿",引来学生的一阵哂笑。在座的北大光华管理学院副院长张维迎马上提议:不相信王石的话是真话的请举手。结果,举手的学生超过 50%。这几乎给了王石一个黑色幽默:在同样的地方,同样的讲座,有不少企业家在演讲时公开承认自己行贿过,反而赢得学生们的阵阵掌声。公开自己的丑事,反而掌声一片,这说明,在目前我们这个社会中,许多人对企业行贿是习以为常的,对万科这样誓不行贿的企业反而以怀疑和猜忌的眼光看待。在相当长的时间里,万科就处于这样的生存环境中,其中滋味,不言而喻。

行动指南

领跑者领先于其他人,往往是孤独的,要坚守底线也很不容易。而这个时候,榜样的力量是无穷的。提供鲜活的企业价值观事例,更有利于观念传播和员工坚守。

4月17日 万科贡献教训

人家千里迢迢地到深圳来向你学习，其实就是想了解一下什么该做，什么不该做，万科自己犯过很多错误，总结过很多经验，凡是来万科学习的公司，万科要毫无保留地将自己犯过的错误以及纠正错误的过程，统统告诉它们，以引起它们的关注，不要再犯同样的错误，减少损失。

——1997年，王石在接受本书作者采访时如是说

背景分析

万科希望将自己所走过的路，所犯过的错误以及纠正错误的过程，统统毫无保留地总结出来，成为人们浏览的案例，引起同行或者非同行的关注，使整个社会避免再犯同样的错误，减少全社会的损失。

例如，地产商吴亚军是重庆龙湖的大股东和创办人，她在1997年的时候曾经专程去深圳拜访过万科，虚心地向王石讨教做房地产的门门道道。当时，内地的房地产公司到深圳向万科学习的很多，王石也因此将很多精力放到接待这些来客身上。后来，万科内部有人给王石提意见，说来万科参观的都是些小公司，对万科本身并没有什么大的价值，作为董事长的王石将很多时间和精力花在这上面有些不值得，对万科而言是一种资源的浪费。但是王石不赞同同行是冤家的说法，强调房地产企业之间要交流、要合作。在王石的倡导下，2004年6月12日，由中城联盟的12家核心成员组成的中城投资，开始在郑州等地开发"联盟新城"项目。

行动指南

人人为我，我为人人。向社会贡献自己的教训和经验，是企业的一大责任和荣耀。

4月18日 接班人可以不懂地产

我选接班人有三个标准，第一是这个人一定在公司里做过相当长的时间，对公司很了解；二是他有某些方面的专长；三是这个人要有很强的包容性。他可以不懂地产，但必须懂如何带一个团队。

——2004年，王石在接受本书作者采访时如是说

背景分析

进入21世纪，对中国的大多数企业来讲，都面临新旧领导层更换交接的现实问题。以二次创业为主要特征的企业战略转型和组织变革常常与企业交接班过程融为一体。无论是对企业还是对交接前后的两代企业家而言，都构成了巨大的挑战。企业在交接班操作过程中所面临的问题反映了中国企业的深层矛盾，它在形式上表现为企业高层领导职位任职者的更替，但在本质上却触及企业的治理结构、战略转型、组织与文化再造、企业家个人转型等问题。而在众多著名企业之中，万科的交班，被认为是迄今为止最为平稳，也是最为成功的一个案例。

郁亮1999年开始任常务副总经理，他自称："5年了，我才想明白我这个总经理职位可以做什么，我要做什么。"郁亮这个寻找感觉的过程是从2000年到2002年前后，大约3年的时间。在这3年的时间里，他所做的就是团结大家，和他的团队相互熟悉乃至建立信任。

行动指南

设定一个有效的候选人甄别条件，并且积极培养人才，才能为企业找到合适的第二代领导人。

4月19日 理想的董事长和总经理分工

董事长和总经理的分工是非常明确的。我主要行使三种权力，一是把握公司未来的决策，二是对现在决策的执行情况进行监督，三是在人事培训管理上身体力行负一定的责任。

——2004年，王石在万科20周年企业活动期间接受采访时如是说

背景分析

用郁亮的话来说，王石管不确定的事，而他们要管确定的事。董事长和总经理之间即使分工明确也未必能做到界限分明，他觉得默契比制度更重要。

在绝大多数的中国企业中，处理董事长和总经理的关系非常需要中国式的智慧，难以言传。他们常常被比做古代皇朝之中的皇帝和丞相，这两位主要人物经常处于一种微妙的权力平衡游戏中。权力场上，需要参与者有敏锐机变、进退得当的生存能力。历史经验证明：管理高层合作愉快的前提是最高管理者能够在自己与属下之间寻找平衡（包括事务的平衡和心理的平衡）；总经理方面，则要求既能保持适当的独立（包括职权的独立与人格的独立），又不威胁董事长的地位与尊严。

行动指南

在21世纪的全球化竞争中，企业家必须主动地营造像万科那样正常的董事长和总经理关系，减少内耗，聚焦工作。

4月22日 交接班的硬道理

有些企业家交班之后又回来了，我没有。有人问如果是这种情况，我会不会回去，我说不会，我不是说万科一定能渡过难关，我的逻辑是我接手一两年有什么意义呢？没有意义。

如果他不行,我再维持两年,他将来还是不行。 如果他行,我接手只能证明我很成功,但是没证明我不接手他一定是失败的。

——2013 年,王石在接受《南方人物周刊》专访时说

背景分析

2011 年王石去哈佛游学之后,万科爆发了一系列危机,"毒地板门"、"纸板门"、"设计门"等让万科深陷信任危机。外界纷纷猜测王石会不会像柳传志一样重新出山,力挽狂澜,而王石却反问,如果他不在哈佛,这些事就不会发生了吗? 他说,万科是他的一个作品,而不是他的儿子,万科发生的这些事与他求不求学、登不登山没有关系,万科的大政方针已经确定,只要按部就班往前走就行了。

虽然王石是万科的创始人,他历尽艰辛才将万科打造成全世界最大的房地产开发商,但王石认为,万科不属于他一个人,万科是万科团队的,万科未来如何发展,需要一个团队去打造,而不是仅凭一个创始人或者一个接班人的力量。这就像小孩子总要经历过风雨才能长大,不可能永远生活在父母的翅膀下。万科要成为伟大的公司,未来要面临的考验还有很多,万科团队必须妥善应对。

目前中国知名的企业大部分都有 20 年以上的历史,很多公司都面临交班的考验。

行动指南

一代人做一代人的事情,放手交班,尽力支持下一代领导人,是企业健康发展的必经之路。

4 月 23 日 一二把手的矛盾

哪个公司的一把手和二把手之间没有矛盾? 都有。 只不过你承认不承认,掩饰不掩饰。 有矛盾掩盖着,等接了班之后再把前面的全部否定,中国不都是这样吗? 干嘛等你不当董事长的时候让人家否定你? 我的道理很简单,阳谋。 他有他的道理,最后能说服我,我很欣慰看到这一点。 很多事实证明他们是对的,当然也不是全部对,如果全对的话,那我作为董事长也没有价值了。 我当董事长就是来证明他

们是对的？

——2013 年，王石在接受《南方人物周刊》专访时说

背景分析

2011 年 6 月，万科上海区域总经理刘爱明离职。刘爱明 2002 年加入万科，任集团执行副总裁，2005 年 11 月起兼任上海区域总经理，是万科从中国海外建筑有限公司挖来的优秀人才。几年后，在刘爱明的工作调动问题上，王石和郁亮产生了分歧。郁亮希望把刘爱明调到总部做首席运营官，但王石担心该调动会影响上海的业务，反对调动刘爱明。在王石的坚持下，刘爱明留在了上海分公司，不过遗憾的是，没过多久，刘爱明就辞职了。王石后来得知刘爱明当时是希望调回总部的，如果当时把他调回来，他不会离开万科的。

王石与郁亮或万科团队的分歧时有发生，比如在万科美国分公司的老总人选上，王石坚持从公司选有海外留学背景，受过公司训练，语言上没问题，又了解外国文化的人才，但万科团队认为应该从海外直接招聘。结果，万科在美国的老总一直都是从海外直接招聘的。王石后来反思说这件事证明郁亮他们的坚持是对的。

行动指南

企业中的一号人物定位好自己，不错位，不越位，下面的管理者才能放手发展。

---

4 月 24 日　主动缴税和被迫缴税不一样

这里面就有一个经营理念的问题，你的道德标准、你的职业操守、你的社会责任感等等，实际上都包含在里面。拿缴税问题来说，国家现在开始要抓税，抓所谓的首富、抓大腕。有没有发现，原来很活跃的首富，现在都不怎么活跃了。我们在这里既然谈到理念，就不得不对企业做一个正确的判断：一个企业，你的发展存在的价值在哪里？如果你想要形成核心竞争力，要在行业中处在领先的位置上，就一定要清楚，你的社会价值中一个不可忽略的部分就是向政府缴税。万科在这点上可以说是非常明确的。

因为市场经济到了最后，更多的资源是在民营企业、在个人之间运转，那么国家的税收靠谁？ 自然而然要靠民营企业。 如果你把资源占有了，赢利了，却不愿意缴税，那这个社会发展会有问题。 再者，对企业而言，在市场转型的时候，你多缴点少缴点别人看不出来，但是你不能因为别人看不出来，就失去了你的责任感。 等到社会处于一种有序状态的时候，你就会处于一种被动的局面。 因为你已经习惯不缴税，让你缴税你就会非常难受，被迫缴税和主动缴税感觉是不一样的。

——2001 年，王石在接受《中国经营报》记者采访时如是说

背景分析

王石一直认为，分税制在中国的改革当中是一座里程碑。他的理由就是，这样明确了中央和地方的利益。有这个前提，才能明确地方政府与企业之间的利益。

虽然实行分税制之后，万科缴税缴多了，但是王石却很高兴。他认为理由很简单："过去承包，我一年就缴 500 万，无论赚 3000 万还是赚 3 个亿我都只缴 500 万。现在就不是了。属于中央税种的，该缴多少缴多少；属于地方税种的，地方为了鼓励你，它可以返还给你，但是它是非常清楚的。中央、地方、企业关系明确了，当然企业和个人的关系也就明确了。"正常纳税，能够换来一个有效的市场机制，对于企业来说，就能有长期发展的合理空间，是很划算的事情。

行动指南

做行业的领跑者，一定要主动缴税、积极缴税。这样在员工中也能够形成正确的风气。

4 月 25 日 **理解政府，改革不是一个人的事**

企业家要理解政府，改革难度很大。

——2013 年，王石在亚布力中国企业家论坛第十三届年会上发言

背景分析

这两年,北京的雾霾天气成了街头巷尾的热议话题。尤其是到了冬天,大量取暖设施启动,北京一个冬天很少能见到几次蓝天,有网友调侃,北京人是"厚德载雾,自强不吸"。

据说,有人检测过,同一时间段,北京PM2.5浓度最低的地方是地铁,一个原因是地下比较封闭,更重要的原因是那里人多,每个人的肺都是一台过滤器。

治理空气污染靠什么? 靠每一个人,而不是仅仅靠政府。北京雾霾严重了,很多网友抱怨政府,或编歌曲讽刺社会,可是如果你让他因此少开一天车,少开几个小时空调,他是极其不愿意的。"天下兴亡,匹夫有责",北京的空气污染不是靠政府一己之力能治理的,还需要每一个民众肩负起相应的责任。

同样,改革也不是政府能独立完成的。在亚布力中国企业家论坛2013年夏季高峰会上,王石说,企业家要理解政府,一个大型机构的每一次大改革,例如公司重组、战略方向转移等,都非常艰难,更何况政府是一个比企业大得多的机构,其改革更是难上加难。企业家们要做的不是一味地抱怨,而是做好自己能做的事情,多参与公众事业,为社会创造价值,与政府同心同德,促进改革。

行动指南

学习与身处的这个环境和解,理解政府,同时保证企业的持续发展,是企业家必须做的功课。

4月26日 企业公民是万科始终的追求

最近几年万科在一些评比当中获得了"最受尊敬的企业"、"优秀企业公民"等称号,我记得第一次领奖的时候,我就有感而发,我说"企业公民"这个词对我来讲挺陌生的,尽管我站在"最佳企业公民"的领奖台上领奖,但是为什么万科获奖呢?只是万科的行为和大家对"企业公民"的要求是一种暗合。 我们并不知道有"企业公民"这回事,我们一直关注的只是,做人怎么做,做企业怎么做。 最后这些做法和"企业公民"要求相符合了。

从广义的角度来讲，你可以不从你的产品推销上考虑问题，但是要从广义的社会责任上考虑问题。换句话说，你可以不去赚他们的钱，但是你一定要从赚的钱当中拿出一部分来考虑社会责任的问题，这是从企业公民的角度来考虑的，对我个人、对万科都是一个新的认识。

——2006年4月，王石在南开大学就社会责任发表演讲时如是说

背景分析

中国的房地产企业，近些年来饱受争议。房地产企业如何在获取丰厚利润的同时承担起应有的社会责任？而"企业公民"的概念对中国房地产企业又有着怎样的启示作用？作为"企业公民"，中国房地产企业究竟还有多远的路程要走？万科的积极探索，值得这个行业的从业者参考借鉴。

2005年，国务院关于健康发展房地产的"国八条"里面，有一条提到"中国目前很多中低收入者住房困难的问题"，其中，有一个原因是土地供应结构不合理，因为高档住宅土地供应较多。于是国务院要求各地政府多提供一些适合廉租房、福利房开发的土地。所以万科2007年连续在上海投标，拿了两块开发廉租房的土地，又拿出钱和建设部联合起来，征集中低收入住宅设计方案。显然这个举动更多的是向社会和同行表明，从社会责任层面上开始要拿出自身的一部分钱，拿出精力和时间对低收入者住宅的解决方案进行投入。

行动指南

勿以恶小而为之，勿以善小而不为。企业在回馈社会从而营造良性循环的过程中，要摆脱"钱公关"的思维方式，享受更长久的发展回报。

4月29日 最受社会尊敬是万科企业的重要目标

再一个，是全国一批重点商学院、管理学院的老师和同学把万科评选为最受尊敬企业公民的，万科今年最受尊敬，明年还要最受尊敬，这就是社会的期盼和引导。

万科的住宅到目前为止质量上还有很多问题，但为什么万科市场上销售和口碑这么好，被评为最受尊敬企业，被评为优秀企业公民？ 因为万科最起码讲诚信。 当然也有消费者扎着白布条来冲现场，有人说我不能去，但是我必须要面对，不是说讲诚信你就很好了，因为这个质量分很多种，如施工质量，中国的施工质量存在很多问题，就是要通过产业化来解决。

——2006 年 4 月，王石在南开大学就社会责任发表演讲时如是说

背景分析

把最受社会尊敬列为企业经营管理的目标之一，这在国内企业中是少见的，也是领先的。很多企业对社会责任的承诺，更多的是停留在口头上，而万科不是这样。当拖欠民工工资成为政府部门重视、媒体关注的热点话题时，万科这套系统又开始运转了。早在 2003 年 12 月 18 日，万科集团工程管理部和财务部就向自己的一线公司发出通知，要求防止拖欠民工工资的事件在万科的项目中发生。2004 年 1 月 8 日，万科集团工程管理部、财务部、审计法务部等四部门又制订出防止拖欠民工工资的具体措施，从而实现了未雨绸缪。在解决拖欠民工工资这一社会问题上，万科承担社会责任的主要方式是把必须按时支付民工工资的约定以及拖欠民工工资的违约责任写进合同中。这时，万科这套系统就不仅仅是人们想象的只对"利润"、"经济效益"敏感的冷血的赚钱机器了，而更像是对社会充满关爱的企业公民。

行动指南

关注农民工群体并且在业务相关范畴积极主动地替他们考虑，保障他们的利益，是一家成熟企业，或者说是大公司应该有的作为。

4月30日 请企业家不要移民

我们正在经历同样的道路，不要抱怨！不要因为对这个担心而移民。 企业家最重要是就是冒险精神。

——2013 年，王石在亚布力中国企业家论坛第十三届年会上发言

背景分析

《中国国际移民报告（2012）》中显示，2010 年，中国海外华人华侨数量超过 4500 万，2011 年，中国对世界几个主要的移民国家永久性移民数量超过 15 万人。报告还指出，中国正在经历第三次大规模的"海外移民潮"，富裕阶层和知识精英正成为新一轮移民的主力军。

2011 年 4 月招商银行发布的《2011 中国私人财富报告》显示，个人资产超过一亿元人民币的企业主中，27％已经移民，47％正在考虑移民。

为什么这么多企业主和富裕阶层倾向移民？王石认为，原因很多，其中之一是一些中国企业家觉得不被认可。他拿自己 2008 年的"捐款门"事件举例说，当时他的言论"万科捐 200 万元是合适的，内部员工捐款不能超过 10 元"引发网友一片声讨，后来"郭美美事件"爆发，网友态度大逆转。其实，2008 年王石根本不知道红十字会有没有问题，不过从这件事他看出，中国企业家还有不被认可之处。

不过，每个国家的企业家阶层都会经历这个阶段。19 世纪末，洛克菲勒建立了石油帝国，赚得盆满钵盈，富可敌国。20 世纪初，美国资本家大量涌现，财富大量涌入了资本家的口袋，于是资本家和民众的社会矛盾越发尖锐，拥有巨大财富的洛克菲勒便成了众矢之的。为了化解这一矛盾，洛克菲勒创立了世界上最有影响力的基金会之一——洛克菲勒基金会。多年后，洛克菲勒和他的家族得到了正面的评价，美国的企业家阶层也得到了公正的待遇。

所以，王石呼吁企业家不要抱怨，不要移民，中国未来的发展大方向是更民主、更公平，而企业家是中国的希望。

行动指南

理解政府，不等于不对政府提出意见，企业家利用自己的身份与资源进行发言，推动社会正向发展，责无旁贷。

五月 ｜ 客户关系管理

May 5
2014 CALENDAR

MON	TUE	WED	THU	FRI	SAT	SUN
			1 劳动节	**2** 初四	**3** 初五	**4** 青年节
5 立夏	**6** 初八	**7** 初九	**8** 初十	**9** 十一	**10** 十二	**11** 十三
12 十四	**13** 十五	**14** 十六	**15** 十七	**16** 十八	**17** 十九	**18** 二十
19 廿一	**20** 廿二	**21** 小满	**22** 廿四	**23** 廿五	**24** 廿六	**25** 廿七
26 廿八	**27** 廿九	**28** 三十	**29** 五月小	**30** 初二	**31** 初三	

5月1日 客户是万科存在的全部理由

"客户是万科存在的全部理由","衡量我们成功与否的最重要的标准,是我们让客户满意的程度",已经成为万科企业核心价值观的重要组成部分。

——王石、缪川,《道路与梦想》,中信出版社,2006年1月

背景分析

2002年底的时候,万科对它在全国10个城市的42000名客户进行了调查,万科老业主整体满意度为78%,忠诚度为56%,新业主满意度为77%,忠诚度为50%。

除了这些数字之外,更多的客户满意体现在点滴的生活细节中。从网上可以看到这些片断:"有时候自己睡觉,衣服晾在外面,下雨了也不知道。万科物业的工作人员会敲门说,下雨了,你们家的衣服没有收进来。能做到这样细,我觉得蛮好的。"

"去年国庆节我自己粗心大意,把车停在停车场,车窗都没有关就去了上海。第二天就有管理处的人通知我说车窗没有关,我也没办法,就请他们关照一下。没想到他们真的把闭路镜头对着我的车,还派了个保安守在车旁。让我非常感动!"

行动指南

每家公司,都应该更多地为客户着想,鼓励这种行为,对于企业、员工和客户都是多赢。

5月2日 掌握客户才有前景

据统计,21世纪的20年内,世界上最大的公司不是石油公司、钢铁公司或汽车公司,而是沃尔玛这种面对客户做零售服务的公司。这给我们一个启发:谁掌握了客户,谁就有广阔的发展前景。只有善待客户、把握市场、有全面质量管理的能力,才能成为中国内地市场有分量的房地产开发公司之一。

——王石、缪川,《道路与梦想》,中信出版社,2006年1月

背景分析

美国《财富》杂志公布的 2008 年美国 500 强企业排行榜,排名依据是 2007 财年各企业的营业收入。美国 500 强企业总销售额为 10.6 万亿美元,比 2006 年增长了 7.1％,净利润为 6452 亿美元,同比下滑了 17.8％。其中,零售巨头沃尔玛销售额为 3788 亿美元,比前一年增加了 7.9％,超越埃克森美孚位居榜首。

沃尔玛创始人山姆·沃尔顿的理念是,如果我以单价 80 美分买进东西,以 1 美元的价格出售,其销量是以 1.2 美元出售的 3 倍!单从一件商品上看,少赚了一半的钱,但卖出了 3 倍的商品,总利润实际上大多了。

通过降低商品价格推动销售,从而获得比高价销售更高的利润。这就是沃尔玛坚持平价背后的哲学。为了达到这一目标,沃尔玛采用的方法不是降低商品质量,而是在保证质量的情况下,努力从其他方面节省开支,从进货渠道到分销方式再到营销费用、行政开支等,这家公司精打细算。

而万科在其发展的第三个十年之中,与沃尔玛不谋而合地采取了同样的薄利多销、掌握更多客户的策略。

行动指南

尽最大可能地给予客户实惠,从而牢牢地掌握客户,决胜未来。

5月3日 客户关系管理是第五大专业

我们认为,关于客户和客户需求的知识,是企业各方面知识中最重要的一种。在万科,客户关系管理是与工程、设计、营销和物业并列的五大专业领域之一。 率先建立中国房地产行业客户关系管理的专业体系,并使之成为行业标准,是万科客户关系管理团队奋斗的目标。

——2004 年,万科集团客户关系中心在王石 online 论坛上发表的帖子

背景分析

客户关系管理,是现代管理科学与先进信息技术结合的产物,是企业树立"以客户为中心"的发展战略,并在此基础上开展的包括判断、选择、争取、发展和保持客户所实施的全部商业过程;是企业以客户关系为重点,通过再造企业组织体系和优化业务流程,展开系统的客户研究,提高客户满意度和忠诚度,提高运营效率和利润收益的工作实践;也是企业为最终实现信息化、运营目标所创造和使用的软硬件系统及集成的管理方法、解决方案的总和。

行动指南

注重客户关系管理,更需要注重客户关系处理的本土化应用。

5月6日 切实了解客户体验

9点出发,10点抵达奈良积水纳得工房。 旧地重游,第三次参观。 虽缺少了新鲜感,仍参加人性化的住宅现场体验:系上使腿脚不灵活的负重绑带,感受老年人的状态;坐上轮椅感受残疾人士的轮椅路径;肚子上绑上5公斤铅块体会孕妇的特殊状况,以此来考虑房屋设计和建造。

——2004年11月10日,王石在其博客文章中如是说

背景分析

尽管客户体验已经变成一个时髦的用语,几乎所有的企业都在强调它。但是,对客户体验进行管理,在中国还是一门新兴课题。

纳得工房的客户体验大约有16个方面的内容:餐厅、宠物、花卉、入住者、储物、锅碗瓢盆、美容美发、厕所、照明、洗涤、沐浴、用餐、会客、学习、清洁。简简单单列出这么16项来很容易,困难的是,每一项的客户体验到底意味着什么,你根本弄不清楚。例如餐厅,纳得工房的数据告诉我们,在平日里,家庭成员能够全部坐在餐厅里吃饭的比例只有50.1%,也就是说有将近50%的人是不在家中吃饭的。那么,在这样一种情况下,

餐厅的大小和功能就要根据客户体验在设计上作出相应的调整。其功能发生了何种变化呢？除吃饭之外，66.3％的人选择在餐厅阅读报纸和杂志，53.7％的人会在餐厅里看书。可见，在日本，餐厅的功能已经发生了很大的变化。再来看看洗脸池的客户体验，67％的人希望洗脸池旁边能够增加搓洗衣物的地方。尽管洗衣机已经成为一个家庭的必备用品，但是，内衣、袜子、毛巾等小物件一定是需要用手来搓才能洗干净。预留一个用于搓洗衣物的地方，就是满足客户的这种需求。

客户细分也好，客户体验也好，都是软件系统无法解决的问题，而这些问题对企业而言是迫切需要和至关重要的。

行动指南

了解并且管理好客户体验，这是企业在可见未来的重要竞争力之一。

5月7日 怎么样才能终身锁定10万客户

传统上，房地产公司都是按照你是做高档房，还是中档房，或者是低档房来定位的。受这种影响，客户和社会也是按照这种习惯来看待你。你一提万科，人们就会说："噢，万科，知道，专门做城乡结合部的中高档房。"没错，中国的房地产企业都是这么定位的，以往的万科也不例外。但是，现在万科开始改变了。万科的定位是客户的终身锁定，从他大学刚刚毕业开始工作时的小户型公寓，到他娶妻生子的三居室，再到他事业有成时的独立别墅，最后一直到他退休入住的老年住宅，万科都要做，万科已经有了10万客户，这将是一笔巨大的财富。

——2004年，王石在总结万科的客户关系管理经验时如是说

背景分析

地产客户关系咨询专家田同生先生曾经写过一篇上海通用汽车的案例。通用刚进入中国市场的时候，只做别克这款中档车。后来通用对客户进行了研究，发现中国的年轻客户对车的需求非常强烈，但是别克的档次太高了，不适合他们，他们需要一种价格在10万元以下的车。同时在北美的市场研究结果告诉通用，客户每隔7年就会换

一部新车,而通用每卖掉 100 辆新车,其中有 65 辆是老客户买走的。于是,通用推出了价位在 10 万元左右的赛欧,目的就是想在客户首次购车时将他锁定,然后,通过后续的不断服务和客户关怀,使其成为终身客户。

而王石也指出,房地产行业的情况也差不多,深圳的客户每隔 6 年半就会换一次房。

万科的建筑设计师,已经从马斯洛的需求层次出发分析客户行为,然后将客户行为解析为居住要求,其中包括:空间尺度、组织功能、部品性能、物理指标、设备要求,再转化为技术标准和设计模块,最终形成标准化产品体系。

王石所说的客户终身锁定,换一句话而言就是客户的生命周期最大化。这也正是客户关系管理强调的客户价值所在,终身锁定,从销售的角度来看就是能够实现交叉销售和向上销售。

行动指南

让你的产品和服务占领客户的生命周期,这才是真正的双赢。

5月8日 给予客户更多的附加价值

目前的房地产是有泡沫的,有泡沫,就有破的一天,但什么时候会破,不知道,可能是 2 年,也可能是 5 年。 万科作为一个开发商,我们要做的是随时应对可能的市场变化。 在涨价的过程中,我们不能只是单纯地涨价,还要给客户带来附加值,比如给客户附赠一些有价值的东西,比如居住品质的提升等等,让客户感到不仅仅是涨价,而且还获得了价值。

——2007 年 7 月 24 日,王石参加 J.P. 摩根 CEO 论坛时如是说

背景分析

随着经济的发展和人们精神层面需求的提高,越来越多的人不满足于住在一个方盒子里,对自己的居住环境的要求开始无限扩张。不过,建筑形态是确定的。要提升房子的价值和价格的话,只有提升房子的附加价值,发展建筑的所谓第三产业。

有专家指出,所谓建筑的第三产业不是把建筑的墙壁做得更厚或者把房间做得更大。为什么同样一条鱼在五星级宾馆的餐厅和路边大排档的价格完全不同呢,就是因为五星级宾馆里的餐厅在卖这条鱼的时候把服务和环境也一起卖掉了,而服务和环境是肉眼看不到的,也可以说是无限的。住宅也是这样,好的周边环境和好的户型可以大幅提升住宅的价值,更高层次则是把文化也做进住宅里,让人不光生活在建筑里,也住在文化里。典型的项目例如万科的"第五园"和上海的"九间堂",这都是把文化做进了住宅的典型例子。

行动指南

为客户提供附加价值,不能拘泥于旧模式,而应该与时俱进,更重要的是融入文化元素。

5月9日　打动客户内心的软实力

不要只比硬实力,还要比软实力,比如,1999年的万科已经是上市公司了,具有直接融资的渠道,××(公司)却没有,这就是差距。 如果要比较的话,我建议你更多的要从软实力方面去比,可能才有意义,否则的话,比来比去没有意义。

——2008年1月,在海拔3800米营地的帐篷中,王石对一家房地产的老板这么忠告

背景分析

从实战中我们看到,相当多的中国企业几乎谈不上建设"软实力",即便是有一点软实力的公司,其软实力也是处于混乱和不自觉的状态之中,起不到应该有的作用。

硬实力和软实力指的是一家企业同它的利益相关者(stakeholder)打交道的手段。企业的"硬实力"就是"推动和支配"利益相关者的能力。企业"软实力"的作用则是"吸引和影响"。

企业可以在四个方面努力培育自己的软实力——

一是成为技术和创新的领导者,并让这一点广为人知。

二是建立独具魅力的管理和领导体制。丰田公司的"丰田模式"就是这方面的

范例。

三是成为有责任感和影响力的优秀企业公民。比如说,公众对环境问题的关注与日俱增,于是通用电气启动了"绿色创想"计划。

四是抓住客户在物质和精神上的渴望,同全世界的客户建立感情,让他们渴望拥有自己的产品。在这一点上,苹果公司算是个中好手。

行动指南

攻城为下,攻心为上。不战而屈人之兵,善之善者也。及时构建企业的软实力,才是真正把握客户之道。

5月10日 4个阶段的家庭生命周期的对应产品

行业不同,生命周期也不一样。 但是就客户导向来说,越是发展成熟的市场越需要这种研究。

如今万科的产品品类划分为8大块,其中绝大部分是针对市场的刚性需求。 而通过对刚性市场的客户研究,万科发现,其购买房屋的核心驱动力是基本划分为4个阶段的家庭生命周期:结婚带来的首次置业;孩子出生后的首次居住改善;多代同居带来的再次改善;老人"空巢期"的更换需求。 这4个典型的阶段会带来多种不同的产品出现,同时其中具有很多共性的需求,这种归类构成万科新的产品品类架构,并由此放弃了此前的很多产品。

——2007年1月,王石在接受《21世纪经济报道》采访时如是说

背景分析

从2004年起,万科的一个重点工作是进行客户研究和细分,研究不同人群的共性需求,为大规模的标准化工厂生产做准备——显然,这个工业产品的思路,将完全改变万科原有的产品理念。为此,万科拿出了大量的资源和足够的耐心,在过去的数年里,整个营销系统大概1/3的员工在专门做客户研究工作,然后完成集团的品类管理。并成为国内房地产企业中,第一家用完整的、系统性的方式去做企业的产品架构研究的

开发商。

现在,万科还希望通过研究定型产品,与正在推行的装修房策略结合起来,以产生放大效果。深圳"万科产品体验馆",展示着其住宅功能、客户服务等方面的研究和运用成果,比如有专门为老年人设计的厨房、为行动不便人士设计的卫生间。这种为满足大规模工业化生产的标准化个性需求,是传统思路提供不了的,也正是其价值所在。

产品线的巨大变化,必然带来营销观念和策略的变革。国内开发商往往是针对单个项目和自身企业做营销推广,万科以前也是如此。而现在,万科营销部门的观念,正转为针对客户的需求来做市场,即非常清晰地针对特定的客户做特定渠道的营销。

行动指南

细分客户,满足不同客户的真正需求。

5月13日 客户与万科开发周期同步

我们反思一下非常有意思,因为万科从 1988 年开始开发房地产,已经有十六七年的历史了,我们算了一下,消费者买万科房子的换手率是 7 年半,也就是说 7 年半他就换房子了,而基本上相当一批人和万科一起成长,就是万科盖了新房子就买,不是说盖新房子买,就是只要能提供,他一定能买你的房子,这不仅仅是万科的现象,包括有一定的开发经历的房地产商都有这方面的问题。

——2006 年 4 月,王石在南开大学回答学生提问时如是说

背景分析

客户生命周期指一个客户对企业而言是有类似生命一样的诞生、成长、成熟、衰老、死亡的过程。具体到不同的行业,对此有不同的详细定义,如在电信行业,所谓的客户生命周期,指的就是电信客户从成为电信公司的客户并开始产生业务消费开始、消费成长、消费稳定、消费下降,最后离网的过程。

根据深圳开发商的经验,"深圳的客户大约每隔六七年左右就会换一次房"。这个周期未必在全国通用,但是房地产的梯级消费却是普遍存在的。随着市场的发展,梯级消费将愈加明显。人们在不同阶段有不同需求,这正是房地产企业在客户管理方面需要关心的。

行动指南

不同行业的客户有不同的"生命周期",管理好自己行业的客户生命周期,把握好价值创造环节。

5月14日 大学生一毕业就需要房子

按照帕尔迪的逻辑,大学生一毕业就要给他们盖房子,我们在上海开发的"蚂蚁公房",基本上就是这样的概念,"公房"是对公寓的叫法。我们请日本的建筑事务所来设计,"蚂蚁公房"已经盖了七八栋了,市场反应非常好。它是三四十平方米一套,住三四个人的房子,提供公共洗浴设施等等,以租为主的住宅。

——2006年4月,王石在南开大学回答学生提问时如是说

背景分析

在万科看来,消费者的有效需求才是一个市场存在的理由。万科掌握了一组值得关注的数字:2005年,全国高校应届毕业生将达338万人。根据中国人才热线的调查,其中91%的毕业生选择到江苏、浙江、北京、上海、广州、深圳等省市求职;此外,中国目前尚有52万出国留学者,其中80%表示希望学成后回国发展。单是这部分人员,将带来每年超过200万的新增高学历家庭和超过1.5亿平方米的住宅需求,其中大部分需要通过商品住宅市场来满足。

麦当劳把中国儿童作为它的消费者开发目标,因为这些小孩会长大,他们还会有小孩,把这些小孩培养成忠实的消费者,那么他们的小孩就有相当大的可能性会继续成为麦当劳的忠实消费者。麦当劳在中国已经20多年了,人们发现,现在麦当劳店里坐着的,不只是三口之家或是小孩子们,还有大量的学生和年轻人,他们虽已长大,但一如既往地喜欢麦当劳。而我们看到,万科的"青年置业计划"与麦当劳瞄准儿童的思路有异曲同工之妙。

万科从 2007 年开始全国性地推出"青年置业计划",主要推出总价较低的小户型住宅,目标消费群是年轻人之中的首次置业者。作为一家大型上市开发公司,万科同样具备长远的视野,现在及今后一段较长的时间内,"80 后"的年轻人将成为中国购房者中的主力军。如果抓住了这一群人,毫无疑问,就抓住了房地产市场的主力消费者,这一群人将来还要生子,也要孝老,当他们创业成功或成为企事业单位的中坚力量,他们的消费能力就一定会支撑他们选择换房和进行住房升级,而根据他们对万科品牌的忠诚度来看,他们很可能会选择买万科的产品,继续享受万科的物业服务和品牌价值。因此,我们有理由相信万科推出"青年置业计划"是其"忠诚消费培养计划"的一项长期布局。

行动指南

年轻人市场是兵家必争之地。企业应该及早培养他们对自己产品和服务的认同感。

5 月 15 日 为客户 20 年后着想

现在万科在做多层住宅的时候,要有意识地预留下将来安装电梯的位置。由于购买力的原因,如果你现在往多层住宅里安装电梯无疑会增加房价,客户可能就承受不了这个价格。但是,过了十几年、二十年,客户的年龄大了以后,腿脚不利索了,他就需要电梯了。十几年、二十年之后,客户有了使用电梯的需求,而且也有了较强的支付能力,每个客户分摊一点钱就可以安装电梯了,假如当初并没有设计电梯的位置,就是你有钱也装不上。

——2006 年,王石对友人田同生如是说

背景分析

为客户着想,客户才会为你着想。相信很多从事市场营销的人员看到这个观点都会深有感触。

首先,为客户着想,必须有长期的观念。所谓长期,指的是房地产行业的发展是长期的,客户对产品的消费过程是长期的,公司为客户提供的服务也是长期的。

其次,万科强调客户理念。重视客户不仅成为绝大多数企业的信条,也早已成为万科的核心价值观之一。万科管理层提醒职员们,不是仅仅成立一个客户服务部门就万事大吉,要努力把重视客户的想法落到实处。概括起来说就是:为客户创造价值;在和客户的交往过程中保持人格的平等和信息的对称;为客户提供有价值的服务。

万科认为,事先想清楚我们要做什么,然后才是怎样去做,这应该是万科要一贯坚持的做事方法。优质的客户服务一直是万科赖以生存的法宝,客户需要的不仅仅是微笑,解决问题的效率才是第一位的。

行动指南

客户期待公司提供有价值的产品和服务,也期待解决问题时的好态度和高效率。

5月16日 诚信面对客户

诚信会成为你经营当中的亮点,比如说万科的住宅到目前为止质量还有很多问题,但为什么万科在市场上销售和口碑都这么好,被评为最受尊敬企业,被评为企业公民,因为它最起码讲诚信,当然也会有消费者扎着白布条来冲现场,有人说我不能去,但是我必须要面对,不是说讲诚信就很好了,因为就质量来说有很多问题,如施工质量,中国的施工质量存在很多问题,就是要通过产业化来解决。

——2006年4月,王石在南开大学回答学生提问时如是说

背景分析

住宅是老百姓最重要的财产,客户对开发商的要求已经从早年对质量的关注、对服务的关注,拓展到对开发商诚信问题的关注。开发商重视销售前的宣传,轻视售后服务,已经成为影响开发商与客户关系的主要矛盾。

例如,万科给客户“三天无理由退房”,因为现在很多买房者都很冲动,买了以后回去可能会后悔,万科给客户三天的冷静思考期,三天无理由退房,除了深圳、杭州几个城市市政府不同意万科这样做之外,其他的20多个城市都已经推行了“三天无理由退房”的做法,这样收到了比较好的效果,也减少了客户买房之后造成的家庭矛盾。

有记者到万科城参观时,其高层公寓刚好开盘,现场来选房的人实在不少。在售楼部的显著位置有块公示牌,上面注明了周边规划有垃圾站。

"项目外一公里范围内有可能影响业主生活的问题,我们都必须明确公示。"万科集团客户关系中心经理这么介绍。

"房产公司最直接的目的就是卖房,这么做不怕把客户吓跑吗?"有记者问。

"可能会流失一些客户,但公示规划可以减少后期的很多纠纷。从长期来看,万科的诚信度提高了,有利于多个楼盘销售的良性循环。"客户关系中心的万科职员这样回答。

行动指南

对客户诚实守信,对于企业来说是好事,因为能够化解很多隐患。

5月17日 万科提供一个展现自我的理想生活

"在当今消费者的心目中,住宅不仅是遮风避雨的场所,或是与亲戚好友欢聚的乐园,它更是一个充满生活情趣、能让他们尽情展现自我的理想生活空间。"基于这样的理解、尊重和认同,万科提出"万科提供一个展现自我的理想生活"的品牌主张,并进而推出"建筑无限生活"的品牌口号。

——王石、缪川,《道路与梦想》,中信出版社,2006 年 1 月

背景分析

近 20 年来,人们对"品牌"的认识有了很大提高。20 世纪 80 年代,人们认为"品牌"只是知名度,媒体广告宣传成为品牌推广的主导手段。90 年代,商家们为了在琳琅满目的商品和浩瀚的广告中突围而出,开始在命名的基础上增加对产品利益点的描述,品牌演变成一种承诺,产品本身的特性成为品牌的主导因素。进入 21 世纪,品牌的概念又上升了一层,人们发现,消费者根据品牌承诺购买产品之后,品牌推广过程还没有完成,而是要等消费者对产品和承诺有了切身的感受后,进行重复购买或其他反馈行为,才算进入另一轮品牌强化的过程。也就是说,品牌概念从"承诺"上升到"体验"，消费者成为品牌推广的主导。

而对于企业而言，一个强有力的品牌可以为企业带来更高的消费者忠诚度，减轻竞争对手价格下降或新品上市带来的压力，以此带来更高的利润，支持产品延伸，同时使产品占据市场优势。

行动指南

企业成长需要建设品牌。而建设品牌，需要企业对客户持续的投入和诚意。

5月20日 万客会应运而生

在第二个10年里（1992年底到2001年），万科从香港新鸿基地产的客户关系管理模式中获得了不少启示，比如1998年成立的"万客会"，便是仿照前者的客户组织"新地会"成立的。而1997年和2002年分别被万科定为公司的"客户年"和"客户微笑年"，万科对客户的关注，由此可见一斑。

——王石、缪川，《道路与梦想》，中信出版社，2006年1月

背景分析

中国房地产行业的第一个客户俱乐部组织——"万客会"，是万科学习新鸿基"新地会"而创建的一个客户组织。在全国的房地产开发企业都在创建客户会的背景下，所有的客户会都把重点放在拉拢客户上。但是关于这一点，"万客会"有自身的原则，笼络客户并不是"万客会"存在的全部理由。

成立于1998年的深圳"万客会"，全称为深圳万科地产客户俱乐部。"万客会"致力于加强万科地产与关心万科、关注万科的客户及社会各界的沟通联系，理解客户对理想家园的需求，为客户实现置业梦想提供全程支持，并与客户携手共创精彩、广阔的生活空间。

2013年，"万客会"15周年了，深圳"万客会"已经成为一个运作成熟、会员众多的客户俱乐部组织，会员人数达到10万余名，囊括了万科在深圳20个社区的业主，并吸引了众多关心万科、喜爱万科的非业主会员朋友，建立起一个忠诚、稳固的客户网络，

"万客会"希望通过客户网、互联网、商家网三大网络的互通联动,使组织发展的前景更趋广阔。

通过"万客会"这个组织,万科也方便地了解到许多客户对公司产品的意见和建议,从而使万科产品的户型、结构、环境规划乃至物业管理有了不同程度的改进。

行动指南

建立客户组织,有序地组织资源与客户互动。

5月21日 开发商自身问题不能回避

开发商施工和管理方面的问题,对于万科这样的企业来说也是不可回避的,我们也一定会去面对。 并且如果一些客户采取法律途径,哪怕结果宣判企业没有错,对企业形象也会造成一定的"杀伤力",但到目前为止,针对万科所发生的客户群诉事件并未成为我们企业品牌的"要害"。

——2006年2月,王石在接受《上海证券报》采访时如是说

背景分析

中国的房地产业,一直"名声"不好,社会舆论口碑较差。房地产开发违法违规行为、商品房销售"短斤少两"、房地产中介违法违规、房地产广告虚假、物业管理违法违规以及建筑质量低劣等六大问题,更是让消费者怨声载道。

国家为此多次组织房地产市场秩序专项整治行动。建设部、国土资源部、财政部、审计署、监察部、国家税务总局、国家发展和改革委员会、工商总局已完成相关分工部署,全面展开重点打击房地产领域涉及的违法违规、权钱交易行为。

此类整治行动将对在建并已进入商品房预售环节的房地产开发项目进行全面清理。检查房地产领域涉及的有关部门及工作人员在项目立项、土地取得、规划审批、预售许可等环节违规审批、滥用权力等行为和房地产税收政策执行情况。

与此同时,房地产企业发布违法广告、囤房惜售、哄抬房价、合同欺诈、偷税漏税以及违规强制拆迁等行为也均在检查之列。对在检查中发现问题的房地产开发企业将

依法进行审计和检查。

身处这样一个行业,王石要求万科洁身自好,尊重客户,尤其是要负起自身的责任,确实是煞费苦心的一件事情。

行动指南

企业家任何时候,都要有带领企业走正道,为客户服务的意识。

5月22日 注意客户投诉的升级

万科有一句口号:万科在投诉中完善、成长。 过去投诉大都集中在质量、交房日期等合同规定内的纠葛,按行话属红线以内的事,现在投诉的重点却是小区周边的交通噪音、环境污染、学校教育收费过高等红线外问题。 因为投诉在红线外,法律上同开发商的责任关系不大,一段时间重视不够,引起业主对万科的不满。 万科正在全面检讨,形成新的认识:只要业主感到不适,即使法律上与万科没有关系也要积极协调解决,因为会间接影响万科的品牌形象。 三天前我还专门去武汉"四季花城",就垃圾场搬迁问题同业主代表对话。

——王石、缪川,《道路与梦想》,中信出版社,2006 年 1 月

背景分析

2002 年初,武汉"四季花城"在一期规划设计时与垃圾场的最近距离在 800 米以内,最远为 1100 米。不久,"四季花城"项目开始销售。2002 年 6 月,部分业主开始关注垃圾场问题并在"万客会"论坛上公开讨论。一期工程 2002 年 8 月底正式交付,入住业主因垃圾场臭味和蚊蝇问题向万科投诉。

万科武汉分公司在当时作为新公司,面对经营压力和周边环境的不利因素本能地选择趋利避害,自觉不自觉地回避垃圾场信息,并怀有侥幸心理:一方面认为这属于红线外的问题,相信政府会履行承诺按期关闭;另一方面,由于客户入住率不高,投诉声音并不是很大,对垃圾场问题的发展趋势没有进行充分预计。

其后问题一直延续到 2003 年年底,业主情绪越发激烈。危机已经爆发,万科一边

进行应对,控制负面影响,一边从尽社会责任的角度出发,动用更多资源寻求转运站另外选址的可能,加大对垃圾场治理的投入,主动运用媒体表达"同在一方热土,共建美好家园"的愿望,引起社会各方关注。

公司与政府方面频繁接触,希望尽早关闭垃圾场、转运站易址。

2004 年 6 月 30 日,垃圾场准时关闭,同时场内所有垃圾全部覆盖完毕。随后,武汉"万客会"同业主委员会代表及约 70 名业主,在已关闭的垃圾场种植了约 5 亩的"万科林",并随后在一期牡丹苑、二期丁香苑、三期紫罗兰苑分别种植栀子花树苗。历时两年的投诉事件终于告一段落。

行动指南

客户的投诉一旦发生,公司就必须调动资源全力以赴去解决。切忌掉以轻心,更别幻想问题能够不了了之。

5月23日 我们 1% 的失误,对于客户而言,就是 100% 的损失

中国有句老话,"千里之堤,溃于蚁穴",小小的疏忽就有可能让万科品牌严重受损。 在万科不断发展的过程中,要时刻在适应不断变化的市场环境的同时,将自己的优良传统传承下去。 "一事惊醒梦中人",我们今天检讨自身,不免发觉精益求精的传统正面临退化的危险。 如果我们再深入一步反省自己,这是否是万科一向秉承的"专业精神、精品意识"在弱化的表现? 我们是否只是满足于以往的成绩? 是否需要以更为挑剔和专业的眼光审视自己?

亡羊补牢,为时未晚。 在一个组织中,正是深植于每个成员的文化意识构成了企业发展的内在动力。 我们 1% 的失误,对于客户而言,就是 100% 的损失,衡量我们成功与否的最重要的标准,就是我们让客户满意的程度。 这一点,我坚信不疑。

——王石、缪川,《道路与梦想》,中信出版社,2006 年 1 月

背景分析

2000 年,万科成立客户服务中心,提出全员参与的概念。客户服务中心将各方面

反馈的问题,派发成具体的任务交由专业部门来处理,同时引入顾客关系管理系统(CRM)来保障服务工作的高效率和宽幅度。

在接受和处理投诉方面,万科推出客户服务热线,率先在行业内采用网络手段——"投诉万科"论坛受理投诉。客户服务中心通过接受业主投诉、建议、咨询,全程跟踪服务、调查分析顾客意见及反馈等手段,实现策划、实施、调度监控相结合的一体化服务。另外,万科内部制定有《客户投诉处理程序》、《违反投诉处理要求的处罚办法》等,规定任何部门和个人,在接到客户的直接投诉后,必须在工作日8小时、非工作日24小内回应网上的投诉,责任部门必须在1个工作日内提供处理意见,由客户服务中心统一回复等等。这些制度的建立和执行,在规范上保障了客户服务的有效性。

行动指南

对于客户,任何公司的职员都有可能出现懈怠,这个时候,就需要用制度来保证客户关系工作的持续性和有效性。

5月24日 网上的透明投诉渠道

万科有一个投诉论坛,客户可以在上面匿名发帖,而公司必须正面作出答复。这个论坛任何人都可以访问,所以我们和客户之间的全部细节都是暴露在公众面前的。 我们有同事对国内和国际著名公司进行了查找,一共找了300多家,结论是没有任何一家公司用这种方式受理投诉。 这个论坛的存在,对于规范我们一线公司的行为,比100套管理制度更加有效。

但是这样的管理工具,那些有很多秘密的公司就不可能采用。 我想,这种规范透明的文化,也是我们在未来非常需要的。 这样的企业文化在国内的企业也是不多见的。

——2004年,王石在万科20周年企业活动期间如是说

背景分析

网络是把双刃剑,在以往的情况下,假设某个楼盘有10个问题,即便是有1000个

人知道也没有关系,因为并不是每一个人都知道所有这 10 个问题,而是有人知道这个问题,有人知道那个问题;在有网络的状态下,这 1000 个人很快就会在很短的时间之内知道这 10 个问题,而且还会发表自己的意见,信息量会成倍增长,力量非常巨大。

网上建立客户投诉渠道在万科内部是有不同看法的,有的人认为:通过网上投诉会让网上读者感到万科问题多多,影响万科形象,因为万科做得好的方面,客户不会特别上网表扬;有的人还提出可能存在被竞争对手利用的风险。这些担心不是没有道理,但权衡之下,万科最终坚持了开放网站的做法。既然确定了"万科在投诉中完美",就要敢于承担风险。

行动指南

透明地处理客户投诉需要勇气,更需要一个完善的公司制度作为支持。

5月27日 董事长亲自面对客户

从 1992 年开始,万科在地产行业中进行跨地域的快速拓展,由于资金和人力资源的紧张,出现建设改工、工程延期、房屋质量良莠不齐、配套设施没有解决等大量的问题。并且,因为种种质量问题,造成与客户之间的大量矛盾。在这种情况下,万科上海公司的管理者和员工都面临着巨大的心理压力。天天投诉、周周投诉、月月投诉、年年投诉……很多优秀的职员因为同客户之间的沟通持久战和公司不确定的因素离开了公司,但也有更多的职员选择与公司同甘共苦,留了下来。

我也在过去很长一段时间内,亲力参与到与客户谈判的过程中。每次我到达上海,上海公司的管理层都非常担心客户的剧烈举动会引起董事长的反感,避免安排我去投诉多的"城市花园"项目。我却觉得应该站在第一线,面对万科的业主,积极协商解决遗留问题,同客户进行对话。有时候,同业主的代表谈判到半夜两三点钟。问题还不能解决就第二天继续谈,绝不回避。

——王石、缪川,《道路与梦想》,中信出版社,2006 年 1 月

背景分析

在中国的公司之中,一把手向客户道歉的事例一般不多,而且也大多是对着媒体道歉。由负责人亲自面对客户做出交代的事情是极为罕见的。

笔者在 1994 年的夏天,就见证了王石在深圳的威登别墅与投诉的客户代表对话并且道歉的事例。其后的十几年,他多次亲临一线,与愤怒的客户面对面。

其后,在上海、北京、沈阳、南京,王石常常亲临第一线,小到班车问题,大到儿童溺水身亡,这些现实问题,有时候又不是那么容易协调解决的。

由于房地产行业的特殊属性,业主与开发商对话很多,有时候不乏激烈的冲突局面。因此,像王石这样和业主就现实问题进行面对面讨论的开发商,还是少之又少的。

行动指南

企业一把手亲临第一线与客户对话,直面客户的投诉,是赢得客户的有力一着。

5月28日 住户是最有力的推销员

在集团内部会议上,我曾经说过,万科开发的物业要在市场好的时候抢手,在市场不景气的时候好卖。 其含义就是万科地产不仅要生产适销对路的产品,而且还要提供给购买万科住宅的客户以满意周到的服务,使万科物业成为市场的优质选择。在深圳,万科地产的第一批客户中,有很多人继续购买了万科第二个、第三个物业的住宅。 上海"城市花园"在 1995 年做的一个关于购房客户的问卷调查中有这样一个问题:"您是根据什么渠道知道'城市花园'的?"回答通过万科"城市花园"居民介绍的人数超过回答问题人数的 50%。 万科"城市花园"的住户是万科地产最有力的地产推销员。

——王石、缪川,《道路与梦想》,中信出版社,2006 年 1 月

背景分析

早在 20 世纪 80 年代末,万科物业管理就将酒店式管理引入普通居民住宅,虽然没

有大堂、前台,但其对所管理物业的维护以及为住户提供的服务却在很大程度上满足了住户几个层面上的需求。

为了满足住户更高层面的需求,王石要求万科物业公司要做得更好,所以物业管理人员就要付出更多。譬如住户家里进行正常维修,他们除了第一时间赶到,按科学规程完成维修工程,还要将维修现场彻底清扫干净。住户地板打蜡的,物业公司要对维修现场重新打蜡,并且抛光至与周围地板色泽一致,告辞时,对打扰住户致歉。类似的服务还有很多。可以想象,住户对这种服务的反应不仅仅是"满意"两个字能够描述的。因此,在万科物业公司的管理处,常有住户跑来与管理员聊天,逢年过节,管理处会收到很多住户主动赠送的礼品。另外,业主委员会的委员们也都热心参加定期的活动,人们相互沟通的氛围基本形成。

行动指南

打动你的老顾客,让他们成为你的推销员。

5月29日 万科的服务精神

最近我到物业公司汽车美容中心第三分店去转了一次,恰好有一部轿车在冲洗。4个穿着物业公司制服的汽车工围着那部车,认真而起劲地擦拭内外。车主坐在一旁,像欣赏什么似的看着这一幕,一副悠然满足的神情。看到这幕场景,我感到这就是我们要提倡的服务精神。

——王石、缪川,《道路与梦想》,中信出版社,2006年1月

背景分析

既然是服务性质的行业,工作中就得有服务的精神,不仅把工作做了,还要使服务对象享受到超值的满足感。

自1991年在上海推出第一个合资地产项目"西郊花园"之后,经过3年的发展,东北、京津、华北、西南等地都有了万科开发的物业,其规模之大、地域之广使得房地产的售后服务成了亟待解决的问题。万科实行本地化策略,在当地招聘具有从业经验的人

员,然后以同样的理念和方法展开独立经营。物业管理的日常工作比较烦琐,往往会有不少突发性事件,比如晚上停水、停电,这些问题需要马上处理,能否做好主要看是否有责任心。当地的物业管理人员更了解住户的心理需求和习惯,对接起来会更加顺利。

行动指南

21 世纪,客户需要的不仅仅是特色的产品,还需要优质的服务。

5月30日　避免过激事件发生

金色家园的矛盾起因在于规划变更。 万科在没有征求业主意见的情况下, 将原规划中设在地面的 700 平方米绿地改成位于三楼的 2000 平方米的空中花园。 尽管万科认为这样的变更或许对业主是有利的, 但显然, 万科这么做是不合适的, 因为没有征求业主意见。 业主作为消费者对此提出异议是合理的。

后来事情演变成业主认为万科盖第三期楼盘是不合法和"黑心"的。 万科则对此有不同看法。 为了解决矛盾, 万科曾主动找到消委会, 希望他们能以"第三方"身份予以协调。

万科在金色家园这件事上开始认识不足、处理得不够及时, 这需要好好总结, 以避免过激事件再度发生。

——2002 年 3 月, 王石在接受《深圳商报》记者采访时如是说

背景分析

2001 年年底到 2002 年的一段时期,位于深圳景田莲花路一侧的万科金色家园,临街 4 栋 30 多层高的联体建筑,几乎所有的阳台和窗户玻璃上都贴着 4 个大字:买房受骗。场面罕见。是什么让数百名业主集体向万科这一中国房地产第一品牌发难?

金色家园建于 2001 年,是万科在深圳少有的拥有好地段的楼盘。在一期、二期迅速售罄后,业主对小区东侧动工兴建的新楼,提出强烈抗议。业主认为,在买楼的时候,万科的售楼书和小区规划模型都没有所谓的三期,万科的行为违反了售楼时的承

诺,将严重影响自己未来的生活环境及生活质量,并拉低"金色家园"的价位,侵犯了业主的权益。

对业主的激烈反应,万科最初并没有太当回事,因为握在万科手中的规划修改图,已经得到深圳市规划与国土资源管理局的批准。以证券、IT 行业及法律专业人士和北上置业的香港人组成的业主,终于被激怒了。2001 年年底,业主们集体封锁了金色家园三期施工场地,与保安人员发生冲突。随后,30 多位业主举着"买房受骗"的横幅堵断了马路,在交警干预劝导下才散去。另外 28 户业主,则以"销售欺诈"为由将万科告上公堂。

2002 年 1 月 29 日,深圳福田区法院公开审理了此案,出于方方面面的考虑,没有当庭宣判,而最后的判决是 500 余户金色花园业主集体败诉。然而,"买房受骗"的标语依然贴满了"金色家园"几乎所有临街的窗户……

一年多来,起而抗争的业主们以及关心万科的人们都在期待王石的声音。直到 2002 年 3 月 15 日"消费者权益日"这一天,王石才打破沉默向业主公开道歉:"万科在没有征求业主意见的情况下,将金色家园原规划中设在地面的 700 平方米绿地改成位于三楼的 2000 平方米的空中花园,这样做是不合适的,万科在这件事上认识不足,处理得不够及时。"

行动指南

与客户对簿公堂,无论胜负,对于企业来说都是一种伤害。

六月 | 人才战略

June **6**
2014 CALENDAR

MON	TUE	WED	THU	FRI	SAT	SUN
						1 儿童节
2 端午节	**3** 初六	**4** 初七	**5** 初八	**6** 芒种	**7** 初十	**8** 十一
9 十二	**10** 十三	**11** 十四	**12** 十五	**13** 十六	**14** 十七	**15** 十八
16 十九	**17** 二十	**18** 廿一	**19** 廿二	**20** 廿三	**21** 夏至	**22** 廿五
23廿六 / **30**初四	**24** 廿七	**25** 廿八	**26** 廿九	**27** 六月大	**28** 初二	**29** 初三

6月1日 万科最大的资本是人才

人才是万科的资本。

人才是一条理性的河流，哪里有谷地，就向哪里汇聚。

——万科在1994年的年报之中如是说

背景分析

早在2001年，王石就透露过一个令他备感自豪的数字，万科总部及其直属企业员工学历在大专以上的占77%，平均32岁左右。万科已经形成了一个让人羡慕的职业经理人团队，从万科集团总经理郁亮，到全国各大城市下属分公司的总经理，平均年龄不到35岁，却拥有10多年的万科职业生涯，围绕万科的房地产主业，每个人都有自己的专长。有了这样的管理团队，无论是作为创业者的王石，还是别的某个主要管理者离开，都不会影响万科的前进。万科早已不是一个人的万科。

在国内房地产行业，大家经常说的所谓三大专业是指设计规划、建筑施工和营销，很少有企业像万科一样在人力资源建设中有如此大的投入，并获得如此高的权限与重视程度。这种对人力资源以及企业价值观的重视，就使得万科与其他企业相比，多了一层理想主义的色彩。

行动指南

人才，是中国企业发展的第一关键要素，得人才者得市场，得人才者得未来。

6月3日 万科是黄埔军校

很多人不理解万科，把万科比做黄埔军校，我们知道这是个既褒又贬的形容。褒义就是万科培养了不少的人才，贬义则是很多的人才流失了，要不然为什么说你是一个学校呢？

实际上我们现在的社会的确是很浮躁的，年轻人创业很浮躁，行业当中变化起伏也很大，很多企业为了招揽人才又不惜重金。在这种情况下，有很多万科原先的骨干，禁不住诱惑，离开了万科。作为万科来讲，不能说为了保留人才而保留人才。人才的重要，一定要在合理范围之内。如果不在合理范围之内，就会失去企业的竞争力。一个企业的发展应该是长期的、持续性的，也就是说你的工资是可以逐步提高的，但这个提高不是随着你的工龄的增加，而是随着企业整体运作效率的提高而提高，这样的发展才是稳定的。

——2001 年，王石接受《中国经营报》记者采访时如是说

背景分析

曾几何时，万科有地产界的"黄埔军校"之称。对这个称呼，万科人可谓百感交集，有自豪，又多少有点遗憾。

在创业之初，王石就着力提倡并且不断推进的万科特有的企业思维和理念，对于万科职员来说，是一种影响深远的洗礼和熏陶。

王石希望万科人能够始终保持开放的心态，这是指看待事情的态度、做人的态度、对新鲜事物的态度以及对于批评的接受和改正态度；对于公司而言，开放的心态有助于保持竞争力。在万科，学习的精神与方式是始终贯穿于员工的整个职业生涯与生活中的，在工作中不断学习，讲究方法地学习。万科的人文氛围也是其商业精神中的突出部分，团队中每一个人之所以能够对事业抱以执著的态度，更深层次的原因就在于企业的根本情怀，即万科希望成为一家创造价值的企业，一家能够让员工获得丰盛人生的企业。

万科鼓励正常的人才流动，并且创建了相应的机制。

行动指南

发掘人才、培养人才和留住人才，是每个企业家都需要练就的本领。而让企业的氛围留人、企业的愿景留人，才是真正见效的。

6月4日 人才流动是社会进步的标志之一

人才流动是社会进步的标志之一。 社会上的猎头公司就是专门为需要人才的公司和有跳槽意愿的专业人士提供咨询服务的。 企业经营不善，优秀员工必然流失，"择良木而栖"嘛。 如果挖墙脚把一个企业挖倒闭了，只能说明这家企业不堪一击。

——2006 年 11 月，王石在其博客文章中如是说

背景分析

有网友在博客上给王石留言：

有一个问题我很早就想问像你们这样的人了，别生气啊。为什么你们要到别人的公司去挖人啊，你把别的公司里的人给挖来了，那以后那家公司怎么办啊，你不觉得这多少有点卑鄙吗？……为什么你们不自己培养人才或者招纳贤士……

对此提问，王石肯定是忍俊不禁。因为，中国改革开放 30 多年，社会最大的进步之一，就是人才能够进行自由流动和配置。而万科的成长，正是得益于此。至于那些人才被其他企业一挖就走、不能够留住关键职员的公司，可能首先要考虑的是自己的企业存在什么问题，为什么如此缺乏凝聚力和吸引力。

行动指南

企业为了更好的发展，将要时刻注意吸纳公司之外的优秀人才，不能太多顾忌。

6月5日 裁员不是解决问题的手段

郁亮他们考虑 10 年内的事情，我考虑下一个 10 年的问题。 很多优秀的跨国企业在遇到瓶颈时最直接的解决手段就是裁员，难道万科遇到瓶颈也必须如此？ 我希望能通过提高效率提高竞争力，控制人员的增长而避免裁员带来的伤害。

——2004 年，王石在接受《IT 经理世界》采访时如是说

背景分析

2004 年,当总经理郁亮告诉王石,万科 10 年后的营业规模是 1000 亿元人民币的时候,王石还是跳了起来,他对这个数字很难接受,第一反应就是"浮夸、大跃进"!

对王石的反应,郁亮早有了心理准备,他坐下来和王石算了一笔账:王石曾预料,中国的住宅产业在未来 10 年里,会以前 5 年 20%、后 5 年 15%的速度发展,在这种情况下,万科只要保证每年平均 34%的递增,10 年后的收入就是 1000 亿元。一看账是这么算出来的,王石对 1000 亿元这个数字也就没什么好说的,但他转念一想,公司要发展到 1000 亿元规模,需要多少人? 于是给当时主管人力资源的解冻发了一个短信息:"你告诉我,按这样一个规划,10 年之后万科会有多少人?"

当时解冻正在出差,王石要的数字人力资源部门还没有得出结果。但王石催得急,解冻随即估计了一下就发了过去:1.3 万到 2.3 万。这个短信一发出去,解冻就后悔了,肯定得挨骂。果然,那头的王石一看就急了,怎么中间差着 1 万人呢? 凭他的感觉,那时的人数应在 8000~13000。

以上这个故事,经过《IT 经理世界》杂志记者妙笔撰写,成为描述万科第三个 10 年发展的生动文本。

而到底年销售额达 1000 亿元的房地产公司应该有多少员工? 现在还没有人能准确回答。但是,王石提醒下属,一定要做好这方面的人力规划工作,更要考虑到未来职员的利益和感受。

行动指南

公司日渐壮大,是每个企业家都乐于见到的,但是如何驾驭一家庞大的公司,就需要企业家更新思维,引进更先进的管理方法,绝不能心存侥幸。

6月6日 从"鲨鱼模式"到"海豚模式"

"鲨鱼模式"的管理,是指职员层是被管理阶层,完全服从并服务于其上级。而"海豚模式"强调的是团队精神,把每一个成员都视为一个大家庭的成员,每个人都是重要的，不能让任何一个人出问题；不会再说我无足轻重，而是说我是重要的，我是集体中的一个重要成员。

——2003年，王石在接受本书作者采访时如是说

背景分析

　　管理模式有许多不同的划分标准，以"人性假设"为前提划分的管理模式被很多人接受。著名学者道格拉斯·麦格雷格曾在其《企业的人的方面》一书中断言，企业必须在两种不同的人员管理方式之间作出选择，这两种方式即"X理论"和"Y理论"。前者假定人们不希望工作，因此必须受强制和控制；后者假定人们本来希望工作，只是需要适宜的环境。

　　海豚模式是相对以"X理论"为思想基础的鲨鱼模式和以"Y理论"为思想基础的鲤鱼模式来说的。海豚模式是由美国科学家杜勒博士提出的，他认为：海豚式管理者是未来成功的领航员，而我们现在已经进入了一个充满智慧而美好的时代——"海豚"的时代。鲨鱼式管理者嗜好权力，严厉无情，强调竞争、效率和成绩高于一切；鲤鱼式管理者表现为所谓的仁慈权威者，他们回避竞争、人情至上，只想获得普遍的好评，无个性、不自信；而海豚式管理者则是信念坚定、追求公平，关心工作成果，更关心员工成长，是刚柔结合，有血有肉的管理者形象。

　　万科的管理模式在进步，正在从"鲨鱼模式"向"海豚模式"的转变。

　　这几种管理模式在王石的思维之中，也是不断变化完善的。

行动指南

　　为了企业的将来，请尽可能地在你的企业之中引入、保护和激励海豚式管理者。

6月7日　万科人才资质模型

　　"职业经理"概念应是"以管理为生，精于管理"。

　　1998年底，万科总部曾经对公司的职业经理阶层进行了一次调查。调查显示：几乎所有被调查者都具有很好的团队意识。这主要反映在当个人掌握外部资源时，

都倾向于把资源拿出来团体共享,尽管这么做有可能会降低其本人的工作业绩,但职业经理们都能理解并接受这一事实。

可以说,经过这些年的努力,万科的职业经理队伍已经称得上是一支较为成功的团队,他们专业的素质及才干,他们在资源共享、互相协作中表现出的默契与大度,都在公司的发展中起着重要的作用。

然而这还远远不够,在激烈的市场竞争面前,万科需要的是众志成城,需要的是每一个职员、每一个主管、每一个高层管理人员,都能够发挥合作、进取、创新的精神,只有这样,万科才称得上是一支胜利的团队,一支充满希望的团队。

——2001 年,王石在接受本书作者采访时如是说

背景分析

2001 年,万科和上海交通大学管理学院合作开发万科人才资质模型,将万科对员工和经理进行资格认证的过程标准化、模型化。经过几年时间的调整,简化为 36 个指标的资质模型于 2004 年在万科集团内正式推行。模型分为 7 个,包括"万科通用资质模型"、"万科领导力资质模型",以及"销售"、"设计"、"工程"、"客户服务"等 5 个分专业的资质模型。

资质模型可以理解为万科的文化价值观和战略的载体。有些销售业绩高的人并不一定就适合做领导者,单纯依靠绩效考核很可能将人安排到不合适的位置上,这种错位对个人、对公司都是一种损失。而资质模型的作用正是避免这种情况的出现。

资质模型不是考核工具,而是从具体的指标出发,告诉你哪些地方做得好,哪些地方做得不好,而你本人的资质更适合做哪一类事情,帮助你描绘职业前景。

行动指南

每一家企业都需要建立自己的人才资质模型,虽然投入未必要像万科那么大,但是朝这个方向持续努力是必不可少的。

6月10日 精准的"海盗行动"

2000 年，万科制定了命名为"海盗"的挖人行动。中海成为"海盗行动"的对象：中海有着严密的人才培养体系，它的许多优秀员工都是从最基层的工作做起，经过系列精细的产品制造培训，对成本和流程有非常深的了解。在中海成长为中高级职员的，几乎都是业内的佼佼者。万科完全有理由对中海内地公司及香港公司的人才青睐有加。

——王石、缪川，《道路与梦想》，中信出版社，2006 年 1 月

背景分析

万科的企业文化是强势的，万科在进行跨地域扩张时，首先考虑的是企业文化的移植和复制，如果企业文化不能得到保证，那干脆就不做了。

一种单纯的企业文化能够吸引具有相同理念的人，对员工形成强大的凝聚力，并且通过人来传承公司的理念。据吉姆·柯林斯对高瞻远瞩型企业的观察，那些最成功的企业往往都拥有"教派般的企业文化"。

但任何事物都有两面性，企业文化也并非越单纯越好，单一的企业文化可能会扼杀一些基于环境变化而生的组织变异，可能会对来自外部的异质文化具有排斥作用，而这些由企业内部或者外部而派生的变化，在一个企业的进化过程中是至关重要的。

万科的"海盗行动"正是在这种背景下出台的。它既有从其他公司引入人才从而弥补万科人员组成所形成的短板的作用，更重要的是，它还能够从其他公司引入异质文化，对万科的文化形成冲击，在这个碰撞与交融的过程中，形成改良的万科文化。

异质文化的碰撞和冲击会给万科带来更多活力。因为"透明总是比封闭要好"，万科的企业文化，如果足够强大，可以对不良的入侵形成抗体，在改良的同时不失去自己的特质。

行动指南

无论是最尊敬的竞争对手还是最值得合作的商业伙伴，在条件成熟的情况下，及

时吸纳相关的高级人才,才能满足企业成倍速发展的人力资源需要。

6月11日 人才组合多元化

在一家企业,物种多样性很重要。 不同的人才组合,才能发挥最好的效果。

深圳是一座奇怪的城市,也是中国传统与现代碰撞中"病症"最明显的地方。在这里,如果到一个单位、一个企业去看一看,很容易辨别出企业管理团队是上海人、湖南人,还是四川人。 这种自然而然以区域形成的公司管理、治理团队,有团结精诚的优点,但更多的是相互的排斥。

——1994年,王石在接受本书作者采访时如是说

背景分析

优生学原理认为杂交可以形成遗传优势,这个原理应用到企业的人才组合中也很有实际意义。深圳不少企业的人才组合带有明显的地域特征,而万科则从一开始就提倡人才构成的"五湖四海"。"东北虎"的大刀阔斧,陕西人的儒雅深沉,北京人的胸怀宽广,上海人的精打细算,"九头鸟"的足智多谋,潮州人的经营才干,客家人的吃苦耐劳等等,使万科形成了不同地域和人文背景的多元化人才组合优势。

万科有一手绝招,在吸收毕业生上,万科最中意的是南方生长再到北方上学或者北方生长再到南方上学的学生,认为这种不同地域和文化的汇聚有助于人才素质的优化培养。

在人才的类型上,万科也提倡兼容并蓄,政府官员、大学教授、科技工作者、企业管理人员、推销员、工人、编辑、导演、艺员、大学生、留学生……各行各业、各种类型的人才都汇聚到了万科,使万科的人才结构超过了任何一所大学所能提供的种类。这样的人才组合,对于万科跨地域、综合性业务的发展是非常有帮助的。

行动指南

及时吸纳不同背景、不同特点的人才,是企业能够避免小圈子,打造混合竞争力的最优解决方案。

6月12日 举贤避亲、任人唯贤

中国传统强调"举贤不避亲",但在万科,始终提倡的却是"举贤避亲"。

公司老总带头这样做,同时也要求下属遵照执行。为了避免造成裙带关系,公司不提倡夫妇双方同时在万科工作。由于最大限度地削弱了血缘、宗亲关系的影响,因此,在万科公司内部,人际关系相对而言比较简单,为公司的规范化管理创造了一个良好的环境。

——1994年,王石在接受本书作者采访时如是说

背景分析

在深圳,20多年来,不时还可以听到这样的故事——就是王石如何拒绝亲戚和同学到万科以及下属公司就职。其中,还包括拒绝了他的亲姐姐。

与"举贤避亲"相对应,万科把"任人唯贤"做到了更彻底的地步。万科强调能力主义,以能力、作用、表现作为对职员定级的主要标准,不分年龄、性别、学历和资历。职员进万科前的经历全部被冻结在档案里,以往的成绩和地位只作为定级的参考,进公司之后则更主要考察的是实际工作能力。在这种原则下,出现了一批资历虽浅,但实际工作能力强的年轻中层管理人员和一批自学成才的经营管理骨干,为公司发展发挥了重要作用。

行动指南

"举贤避亲"和"任人唯贤",真正认识到这8个字的价值,还能身体力行的企业家,自然能够带领出一支优秀的团队。

6月13日 观察部属要观其言、查其行

有的人习惯表现自己,有的人不动声色,但后者并不意味着就是踏实肯干的。

不同的人会有不同的表达方式，本身并不说明什么问题。观察一个部属的工作态度和能力要观其言、查其行。我的观察方法比较简单：判断你的行政管理能力，去看办公室的卫生间就可以了。设想一下：卫生间都打理不好，其他免谈。

——2003年，王石在某人才论坛上如是说

背景分析

美国企业家安德鲁·卡内基曾经有一句非常煽情的话：带走我的员工，把我的工厂留下，不久后工厂就会长满杂草；拿走我的工厂，把我的员工留下，不久后我们还会有个更好的工厂。

尤其对于年轻的中国企业来说，最重要的是公司的员工。既然把员工看成是人力资源，就应该把他们看做是公司的财富。

员工的重要性不需要一再强调。但是，如何判断一个下属的工作水平，就需要管理者有足够的阅历和眼光了。

王石在商界江湖，一向以有阅历和老练著称，所以他看人这个路数，是更符合中国企业的现状的。

行动指南

一个好的企业家，除了自己会做生意之外，还要有观察判断下属的能力。是否能够从一众员工中发现真正的人才，直接决定这个企业家的成就大小。

6月14日 制定合理的薪酬制度

2000年万科的发展整体上是不错的，但在总结一年的得失时，我们发现中层管理干部的流失率偏高。基于这样的认识，我们提出了三个善待：善待股东、善待客户、善待职员。因此，2001年万科对外签订的第一个顾问合同就是制定新的薪酬管理制度，创造更好的环境，使职员能够安心地长期在万科服务。

——王石在万科2001年的年报业绩网络推介会上如是说

背景分析

2001年,曾经有媒体当面对王石提出颇具挑衅意味的问题:每年离开万科的人多吗?如果一家企业的管理者不能给优秀的人才提供一个发挥的舞台,不能得到相应的提拔,而导致大批优秀员工离他而去,您认为管理者应承担什么样的责任?

王石对这个问题其实一直很重视。

就是在2001年,万科集团人力资源部经过多月的调研和谈判,最终选择了美国的翰威特咨询公司。双方拟定的合作项目为:薪酬状况评估并提出改进建议;绩效管理方案设计并培训内部培训师;期权方案的评估、设计。

上述项目的顺利实施,帮助万科提升了管理水平,保持和提高公司对人才的吸引力,有助于万科建设阳光照亮的体制。所有这些既是职员所广泛关注的,也是管理上的现实要求。

2001年3月底,万科完成了薪酬评估工作,5月底完成期权计划和绩效管理的方案设计,绩效管理从该年6月起在集团内进行培训和推广。直接的结果是,很多万科的职员获得了加薪,当然,更多的是明确了更为清晰的职业发展层次,简单来说就是有了奔头。

著名的华为公司,早就在20世纪末制定的《基本法》第5条之中,主张在顾客、员工与合作者之间结成利益共同体。努力探索合理的内部动力机制。绝不让雷锋吃亏,奉献者应当得到合理的报酬。

行动指南

好公司,应该像华为和万科一样,给予员工合理的薪酬回报以及清晰的职业发展层次。

6月17日 王石的管理三原则

作为管理者来讲,我把握三个原则。 第一个,决策,就是事做不做,这是王石来决定的,否则当董事长、总经理就失职。 第二个,要谁去做,就是用人的问题。

第三个，他一旦做错了，得承担责任，无论他是什么原因做错了，都得承担责任。这是我作为管理者的原则。

很简单，你重用他，他做错了，他已经诚惶诚恐了。你可以有两种态度：他辜负了我的信任，我信任他，他把事情做砸了。这是一种态度，但不是我的态度。我的态度是他做错了，不是他的责任，而是我的责任。因为首先他不适合做的事情，我信任他让他去做，这是我用人的问题，责任在于我，而不在于他。

——2003 年，王石在接受新浪在线访谈时如是说

背景分析

管理就是"管"人、"理"事；领导就是领着人干事。管理和领导艺术，是一门研究管人管事的学问，是指通过优化整合人力资源，科学配置社会资源，调动一切积极因素，让人、财、物充分发挥作用，朝着组织的预期目标顺利进行，并实现目标价值的最大化。

大到国家，小到企事业单位、家庭和个人，时时处处，事事物物，都离不开管理，都需要管理。人人需要管理艺术。管理好自己，可以自食其力；管理好员工，可以提高效率；管理好自己的事业，可以有所作为。

在创业几年之后，王石就很少亲历亲为开发项目，也很少亲自去跑贷款，更没有见到他去推销住宅。而他就是任用适合的人才，并且创造一个适合人才发挥的环境，

行动指南

大企业家的管理原则往往与众不同。能够在管理之中参考王石三原则者，一定能有相应的收益！

6月18日　调整期，自己培养人才

1999 年以前，万科是综合性地招收人员，我个人喜欢用北大毕业生。目前，万科作为专业的房地产公司，重点是招收房地产方面的人才，主要从清华、同济、哈工大、东南大、西安冶金、重庆建筑、天大等 8 所建筑类重点院校招收人才。此外，公司也积极吸收外部专业人才。根据万科的发展，今后不仅仅需要房地产专业人

才，也需要各种综合性的人才，例如 MBA 及其他管理人才。

如果说 90 年代万科以索尼、新鸿基为学习的榜样，那么新的世纪，从 2003 年开始，万科在经营管理方面追求的目标就是"西点模式"。所谓西点模式，简单来说就是斯巴达（严格治理军队）＋雅典（艺术、灵活）：严格纪律下的艺术。万科一直强调企业文化、人文情怀，但缺少像斯巴达那样的东西。

——王石在万科 2003 年年底的内部讲话上如是说

背景分析

在万科的历史上，最让外界津津乐道的事情，莫过于其善于培养新人，喜欢重用名校毕业生。

事实上，在万科长达 9 年的调整期间，从学校进入万科的毕业生，经过一两年的锻炼，普遍能找到合适的位置并发挥作用。王石曾形象地说，万科要吸收一些没经过社会磨炼的毕业生，与其让社会来"磨炼"，还不如我们来"磨炼"他们。

行动指南

年轻人可塑性强，有锐气，如果能够适时引导，给予合理培训，那将是企业未来的生力军。

6月19日 给年轻人机会

1999 年我主动辞去总经理的职务不是个人的行为，而是万科第一代管理层向第二代过渡的前奏。在辞去总经理职务之前，万科高层行政班子的平均年龄是 43 岁。经过 1999 年、2000 年两年的有序调整，到 2001 年，万科管理层的平均年龄下降到了 33.5 岁。1983 年，我到深圳已经是 33 岁；18 年之后，万科高层的平均年龄降低到了 33.5 岁。

这些意味着什么？意味着万科是万科人的，是万科年轻人的。

——2003 年，王石在接受本书作者采访时如是说

背景分析

在不断丰富人才理念的同时,万科在人事管理上也越来越多地引进科学化、规范化的手段,使现代化管理思想与公司人才理念有机融合。2003 年以来,公司开始将电脑测评和心理量表测评的办法引入人事考核当中,通过人机对话和量表的方式对管理人员的素质、能力及个性类型进行客观评价。在人事培训中,公司创立了以自我设计、自我培训、自我考核为核心的"3S 培训模式"。各种科学化管理手段的应用对万科人事管理水平的提高,起到了积极的作用。

1995 年初,一位万科总部财务部资金组的职员这么说:"我是 1994 年分配来万科总部的 5 个硕士生之一,总体感觉,公司对我们这批硕士生还挺重视的,不到半年的工夫,都摆上了位置,有事做,并非只从事简单劳动⋯⋯万科公司有一种昂扬向上的气氛以及非常艺术性的经营手法,对于刚走出校门的学生来说,是一个不可多得的再学习的课堂。"

今天,说这番话的王文金已经是万科集团的财务负责人。王石善于用人,能够不断给年轻人机会,这并非空言。

行动指南

发掘年轻人的潜力,给他们机会充分发展,这才是企业能够可持续发展的动力来源。

6月20日 注重年长职员的培训

万科本身就是一所大学校,从员工入职一直到退休都在对他们进行培训,对员工的培训是贯穿始终的。 但是,从员工退休角度来考虑,现在的培训系统是存在问题的,员工退休之后,不是不干了,而是要做很多事情的,对于要干的新事情而言,原来在万科的储备就显得不够了,随着社会和行业的进步,需要不断地进行充电。

现在,万科的员工到了退休年龄不仅是要身体很好,而且对于将来退休之后做什么也要有准备,到了 60~65 岁,万科的职员仍然还是有价值的,除了从万科领取退休金外，还应该从社会上得到合适的收入。从 2004 年开始，就要把这些学习的东西具体化。

——2004 年 7 月，王石在万科 20 周年企业活动期间如是说

背景分析

20 世纪 90 年代的时候，一批日本退休专家到中国受聘，引起很多社会关注。这是以供需双方互有所求为条件的。中国正需要大量技术专才，而 20 世纪三四十年代出生的日本技术专才正迎来退休高峰。这批人是日本经济奇迹的缔造细胞。现在，这批专才按规定要退休了，把他们招聘来，无疑是又好、又快的技术引进。

"老龄化"是中日乃至国际社会共同关注的课题，日本退休专家受聘于中国企业，不单是人才跨国流动的问题，也是每个国家、每个人都应关注的社会问题。日本在这方面有很多耐人寻味的现象。在东京等大城市乘坐出租车，你会看到年过花甲的老龄司机比例非常高。他们一身制服，手戴白手套，神情既沉稳又洒脱，驾驶技术熟练稳健，见顾客有大件行李就会下车麻利地抬进后备箱。

让老龄人才发挥余热，不仅需要全社会观念与意识的转变，更要创造出与之匹配的体制条件和制度环境。如日本大学教授可以多次"跳槽"，工作到 70 岁。这靠的是宽松的人才流动机制和肯定老教授价值的制度安排。

中国也在快速走向老龄化社会。然而，社会保障、公园绿地、养老设施都太缺乏，特别是鼓励再就业的社会意识和制度改革更是严重跟不上需求。所以，万科有意识地培养年长职员，尤其是为那些即将退休的职员，提供更有针对性的退休之后的培训，这对于社会来说是很有用的帮助。

行动指南

年长职员曾经为公司建立功业，如何善用他们的经验，使之小为企业、大为社会服务，使他们不感到空虚和失落，是成功企业家需要回答的现实问题。

6月21日　公司不能破例，董事长可以

　　这件事公司有公司的规定，不能赔钱，作为董事长也不能开这个先例。 但是你们的儿子没了，我也很痛心。 这样，我以后供养你们，每个月私人拿出 1000 块钱给你们。 如果万一我在你们前面去了（那两口子的年纪比王石还小），我就让我女儿继续给你们寄钱，保证供养你们到天年。

　　　　　　　　——1998 年，王石对肇事身亡的万科北京分公司员工的父母如是说

背景分析

　　1998 年，万科北京分公司的一个员工下班后，偷开公司的车与女朋友外出，因为酒后驾车，车毁人亡。交通部门判定驾驶员是违章开车，与公司无关，而且严格意义上来说他还毁坏了公司的车辆，开会讨论后，公司决定不予追究也不予任何赔偿。可是死者的父母很激动，觉得不公平，干脆从外地到北京住下，天天到万科公司申诉和哭闹，一时万科北京分公司尴尬无比。不巧的是，王石正好在那个时间到北京参加一个活动，死者的父母直接就奔到活动现场给王石跪下了。

　　王石第二天就拿出了自己的解决办法，从他的个人工资里每月拿出 1000 元给死者的父母，他很动情地对那对父母说：如果万一我在你们前面去了，我就让我女儿继续给你们寄钱。

　　在企业组织中，没有制度是万万不能的，但制度确实不是万能的。在冷漠严峻的制度背后，必须是以人本为核心的文化为支撑。

　　在理想与现实、理智与情感之间，王石，给万科员工带来的是一份生动的记忆。

行动指南

　　做一个老板容易，做一个尊重制度又有人情味的老板，那就非常不容易。

6月24日 摆正公司和个人之间的关系

　　万科的人才理念，核心的表现是尊重人、尊重个性。具体而言，就是尊重人的选择权和隐私权，摆正公司和个人之间的关系。

——1997年，王石在接受本书作者采访时如是说

背景分析

　　要摆正公司与个人之间的关系，首先应尊重个人的选择权。对职员的去留，万科从来不设障碍。对新进的员工，万科着重了解他们的个性、能力和潜质，充分尊重职员自己的择业意愿。由于能够把公司目标和职员个人的发展目标紧密结合起来，结果使万科和其职员都得到了长远发展的动力。

　　要摆正公司与个人之间的关系，还应尊重个人的隐私权，使职员的独立人格得以健康发展。万科的管理层意识到，没有职员健全的独立人格，就没有充满创造力和进取精神的群体活力。因此，万科在公司内倡导一种健康、向上的生活方式，鼓励职员做一个正直和有益于社会的人，同时，公司领导不做"父母官"，不干涉职员的私生活，把公事和私事做了严格的区分。通过一系列具体的措施，使职员感到自己的权利和自由受到充分尊重，公司里形成了一种新型的人际关系。

行动指南

　　尊重职员的选择权和隐私权，说起来容易做起来很难。企业家能够在这个方面有所坚持、有所落实的话，对于企业、员工和企业家来说，将是多赢的选择。

6月25日 学习西点模式

　　从2003年开始，万科在经营管理方面追求的目标就是"西点模式"。所谓西点模式，简单来说就是斯巴达（严格治理军队）＋雅典（艺术、灵活）：严格纪律下的

艺术。 万科一直强调企业文化、人文情怀，但缺少像斯巴达那样的东西。

现代企业制度就是制度化、规范化、模数化、技术化。 西点军校早期实际上是培养军事工程师的，建造桥梁、城堡。 在战争时代建造城堡，在和平时代建造美好家园，无论是前者还是后者，都强调规范化、数字化、成本管理。 西点的成员不仅在军队中表现非常优秀，在美国商界也非常受欢迎。 万科推广品牌形象，更加需要一套制度化的东西去推进。 品牌靠制度支撑。

——2002 年 5 月，王石在其博客文章《万科要学西点模式》中如是说

背景分析

在中国，最有魅力的企业家几乎都是军人出身——联想的柳传志、海尔的张瑞敏、华为的任正非、三九的赵新先、华远地产的任志强以及万科的王石。5 年军龄的柳传志脱下军装，成就了联想霸业；11 年军龄的任志强脱下军装，华远地产几经波折屹然不倒；而王石的军旅生涯却打造了 20 多年持续增长的万科。

军队和很多成功的企业看起来确实有很多相同点：第一，有一个明确的目标，不达到目标绝不罢休。第二，执行能力强，这个恰恰是很多企业做得不好的，部队的执行能力强是因为用的是行政命令体系，这一点企业不同，但企业同样需要强大的执行能力。第三，思想政治工作，或者说是企业文化，中国的军队里是很注意思想政治工作的，而在企业里，企业文化是基础。这个概述也非常适用于万科。

行动指南

虽然万科后来未应用军人领导，更多是采取工程师专家管治公司，但是，在一家企业之中，引入优秀军人出身的管理者，有助于公司成熟，提升管理水平。

6 月 26 日 不提倡为公司牺牲个人利益

万科提倡健康丰盛的人生，强调工作与生活的平衡，从不干涉员工工作以外的生活，也不主张员工带病上班或在家人患重病时上班。

我们的职业化训练，从不提倡你为了公司利益牺牲个人利益，不会要你拿将来的

职业生涯做赌注。 这在不少公司很难做到。

——2001 年，王石在接受本书作者采访时如是说

背景分析

在中国的大多数企业中,轻伤不下火线、带病坚持工作,似乎成了衡量一个人是否努力工作的标准。但是,在人本主义色彩浓厚的万科,如果你冒险抢救公司财产,或者带病工作、家里人病危不去照顾,肯定不会得到表扬,可能还会因此遭到批评。万科希望员工平衡工作与生活,并不提倡员工为了公司利益牺牲个人利益。

行动指南

职员也有独立人格和个人生活,企业占用的是他们的工作时间,没有必要让他们透支健康和家庭生活来为公司奉献。而让职员有自己的时间和生活,其实更能提高他们的工作效率,做出工作业绩。

6月27日 如何减少贪污腐败?

以一批人进监狱为代价,换来三五千万、一个亿的利润,这个代价是不是太大了! 人的毁灭、家庭的灾难,这是无法用金钱来衡量的损失。 项目不成功,甚至做砸了,都可以重来,而人一旦失足,不但自己终生悔恨,对公司的影响也是非常长远的。 毫无疑问,如果上一个项目要付出如此沉痛的代价,那我们宁可不上这个项目! 以牺牲人为代价换取利润,是不可取的。

——1997 年,王石在接受本书作者采访时如是说

背景分析

万科在业内是出了名的奉公守法,这是通过早年间的巨大代价换来的。

不止一个人很好奇地追问过王石:作为中国房地产业龙头的万科是如何杜绝贪污和浪费、降低成本和提高效率的?

王石还是用制度说话。出身军队、抡过大锤又经常琢磨外国事物的王石,在管理

问题上摸索出来了一条中西结合的实用路子。

万科一直提倡透明度的原则,在员工手册中,关于职务行为有严格的规定。万科另外还有审计法务部,定期和不定期地进行审计和稽查。这是其杜绝贪污和浪费的主要手段。为完善万科的激励机制,万科又推行了试点。希望能够有一个机制,将管理层利益和股东利益结合在一起。

这一切,至少在目前来说,还是行之有效的。

行动指南

企业对员工也应该负责,除了不能鼓励职员为了商业利益行贿之外,更需要控制职员自身的受贿。用制度创造一个透明和人性化的环境,才是发挥人才潜力的根本做法。

6月28日 中国的 CEO 需要在实践中打拼出来

CEO 是不能培养出来的,但不是说 CEO 不能被培养。 不被培养的皇帝不是好皇帝,但是皇帝是培养不出来的。 无论是作为管理者还是被管理者,学习都是很重要的,不仅仅停留在大学、MBA 的学习,学习是一个过程。

——2003 年 1 月,王石在第 5 届北大光华新年论坛上如是说

背景分析

王石的好朋友,曾任华润创业总经理的黄铁鹰总结过,企业间的竞争比的就是出类拔萃,不是所有违反常规的商业模式和管理模式都能创造出竞争优势;但能使企业处于行业领导者地位的竞争优势,一定是有别于常规的。能领导企业创造出这种竞争优势的 CEO,一定是敢为天下先和坚韧的人。只有不惧权威和传统,才可能有创新;只有顶住压力,创新才可能成功。难怪优秀的 CEO 在性格上或多或少都有偏执的一面。不信你们看:从外国的松下幸之助到韦尔奇,从中国的张瑞敏到王石,他们身上都有一种与常人不同的执著。因此,一个好的 CEO,必须同时是一个好的领导者。一个四平八稳和经常想到"退一步海阔天空"的 CEO,一个不敢承担风险和责任的 CEO,一个没

有远见左右摇摆的 CEO,不可能有真心的追随者,不可能打造出一个争奇斗艳的企业。

行动指南

中国企业的 CEO,不能由书本上研究出来,也不能是学者转型而来,而应该是在实践之中真刀真枪打拼出来的。

6月30日 人力资源系统的特殊地位

万科集团人力资源总监有一项特殊的权力——新项目发展中的一票否决权。 在项目发展过程中,人力资源总监如果认为人力资源跟不上就有权否决这个项目。 HR能得到高层如此的信任和认可,在国内企业中十分少有。

——2004 年,王石在接受本书作者采访时如是说

背景分析

万科人力资源系统有着非常特殊的角色定位:一是人力资源部是集团公司管理者的战略合作伙伴;二是人力资源部是企业内部变革的推动者;三是人力资源部是方法论的专家。这在国内企业中,是很少听到的。

当 HR 业界不断抱怨平台、环境无法支持 HR 在企业内部成就更高层次战略地位的时候,解冻和他的团队已经真正做到了"急企业短期之需、供企业长期发展之力"。解冻说:"没有任何老板是不重视人力资源的。老板重视人力资源和重视做人力资源管理工作的人是两码事。HR 的战略地位不是自己呼吁来的,更不是老板给的,而是自己踏踏实实做出来的。"

万科一度实行 9 年的减法,从业务架构、管理框架和地域分布等不同角度进行调整,先后剥离了包括万佳商场在内的多项非房地产业务。这时,升任人事部经理的解冻,首先面临着如何处理万科朝房地产专业化公司转型过程中的人员分流与安置问题。

解冻和同事们缜密地将各种问题考虑在前,既站在公司的立场上坚定地执行业务剥离中的人力资源政策,又切实为员工着想,力求避免出现较大的士气波动。解冻主

持了一系列大规模的技能培训,然后再对员工加以考核,留下那些适合做房地产业务的员工。紧接着,就开始处理不适应万科要求的老员工的安置问题。对此,解冻带领人力资源部做员工的思想工作,给他们解释公司的战略转型,并将经济补偿等工作做到实处,争取让每一位员工离开万科时,虽然不舍,却都能面带笑容。至于那些工作在被剥离项目中的员工,解冻则主张采取"员工跟着项目走"的策略,这有效减轻了万科的转型压力。

行动指南

打造一支有着变革动力和管理方法的人力资源系统团队,对于企业的未来成长将起到决定性的作用。

七月 │ 管理投资者关系

July **7**
2014 CALENDAR

MON	TUE	WED	THU	FRI	SAT	SUN
		1 建党节	**2** 初六	**3** 初七	**4** 初八	**5** 初九	**6** 初十
7 小暑	**8** 十二	**9** 十三	**10** 十四	**11** 十五	**12** 十六	**13** 十七
14 十八	**15** 十九	**16** 二十	**17** 廿一	**18** 廿二	**19** 廿三	**20** 廿四
21 廿五	**22** 廿六	**23** 大暑	**24** 廿八	**25** 廿九	**26** 三十	**27** 七月小
28 初二	**29** 初三	**30** 初四	**31** 初五			

7月1日　国企的最佳持股比例

一家上市公司国企的最佳持股比例不要超过30%，这是从管理架构、管理体系、激励薪酬、市场化程度等等角度来考虑的。

华润一直是支持万科发展的。但是如果华润希望未来将华润置地的资产并入万科的话，我们还是建议华润对万科的持股比例不超过30%。华润置地有商业物业，有人觉得这是强强联手，万科可以同时拥有住宅和出租物业，业务可以更全面，抗风险能力更强，但我不这样认为，我们的想法很明确，即使华润置地要跟万科合并，我们也会建议在合并后把这块出租资产卖掉，因为，万科只是一家专注做住宅的公司。

——2007年7月24日，王石在J.P.摩根CEO论坛上如是说

背景分析

万科和控股股东华润之间的关系，外人看，总是有点微妙。

2001年5月底，宁高宁宣布收购万科的新方案：华润将持有北京置地44.2%的股份注入万科，由万科向华润按比例增发A股，这样就形成了华润控股万科，万科控股北置，北置控股华远地产的股权架构。按照这个方案，宁高宁实现了绝对控股万科的心愿，王石不但保住了万科这块金字招牌，而且还能一举将华润在内地的全部地产业务收入囊中。这个方案与4个月前的方案相比，最大的变化是：一直处于被收购地位的万科变为真正的主角，北京置地和北京华远地产则成为下家。导致这一变化的主要原因是"业绩"：2000年，北京置地赢利仅9700万港币，万科赢利则高达3.09亿元。面对万科这个中国房地产第一品牌，华润终于不再执拗于自己的地产帝国梦。

这深深地刺激了被晾在一边的任志强。2001年7月，个性偏强的任志强亮出了自己的底牌——不玩了。他宣布卖掉自己所持有华远地产18%的股份，从华润手里收回华远地产品牌，成立新的华远地产。任志强的这个决定对京城地产界来说，不亚于一场地震。

2001年11月，原来被华润控股的华远改名为华润置地。华润"赔了夫人又折

兵"——不但惊醒了地产帝国梦,连在北京的老本都得重整山河。

2002 年 3 月,华润万科事件中春风得意的郭均辞去华润置地总经理一职。2002 年 10 月,华润独自投资 40 亿元港币开工建设深圳最大的商业地产项目华润中心。假如当初华润整合万科成功,也许此项目会由万科来开发了。

行动指南

对于一家上市公司来说,有国企股东作为较大股东当然是好事。但是这类股东的持股比例不宜绝对控股,也不宜相对控股。

7月2日 股份制公司是什么性质?

万科股份制改革后,企业就由原来的国有企业变成了股份制企业,性质变了,自然营业执照也要变。这次万科又给工商局出难题了:当时营业执照上的性质这一栏,工商局的选项没有"股份制"这个词。最后,想了个万全之策:把全民、外资、集体、个人等性质全写上,好让人挑不出毛病来——恐怕这本营业执照在中国是绝无仅有的了。

——1994 年,王石在接受本书作者采访时如是说

背景分析

当年,万科提出的股份制改革方案是扩股 2800 万。万科原来为百分之百国有,净资产 1300 万元。扩股之后,深圳经济特区发展(集团)公司的持股比例一下子降到 30%出头,但还是第一大股东。

1991 年 1 月万科股票在深交所上市交易,1993 年 4 月又发行 4500 万 B 股。此后万科多次扩股融资,深圳经济特区发展(集团)公司所占股份一降再降。王石就曾戏言,股份制改革上市的过程,就是给万科松绑起飞的过程。当然,真正脱离上级主管公司,那还得到上市 10 年之后华润入主成为大股东才完成这一转化,这恐怕是当初参与这事情的各方都没有想到的。对于换了几任老总的主管公司来说,没想到王石毅力这么顽强,在公司做大之余,终于能够完成这样一个几乎不可能完成的任务。而对于王

石来说,恐怕也没有想到,这一场股权拉锯战,竟然成为他生命的黄金 10 年中经常挥之不去的阴影。

行动指南

几乎所有伟大的行动,都有一个可笑的开始。而对于企业发展方向的选择,哪怕一开始显得多么荒诞不经,只要坚持做好,结果往往是令人宽慰的。

7月3日 朱大户与万科的亲密接触

在中科创系崩盘的故事中,朱焕良扮演了出卖者的角色。 为了迅速地发财致富,不择手段,欺骗善良的人们,欺骗所谓的盟友,甚至不惜以身试法。

历史何其相似,只是时间、地点在变换。 尽管如此,我有理由对老朱表示最底线的尊重:在 1990 年初的股东大会上,朱焕良公开表示了对万科股票的信心,稳定了中小股民的情绪;1998 年,一起前往青海可可西里,朱(焕良)为保护藏羚羊捐赠 30 万元;而如今,为躲避法律制裁,老朱跑了,公布的资料显示,朱焕良没有欠银行一分钱,也没欠哪家机构的钱。

——王石、缪川,《道路与梦想》,中信出版社,2006 年 1 月

背景分析

朱焕良,绰号"朱大户",是 20 世纪 90 年代,证券市场上活跃的大户之一。

1988 年 12 月万科发行股票,在深圳证券公司进行柜台交易,1990 年万科开股东大会时,股价早已跌破面值,公司很害怕小股民闹事。这时,朱焕良要求发言,积极肯定万科的基本面,赢得了会场的热烈掌声。后来王石与他见面后,邀请他作为小股东代表加入万科董事会。

1988 年底,万科净资产产值只有 4100 万元,其中募集资金为 2800 万元,股票面值是 1 元,当时股价还没跌破面值,只要谁手中有几百万元,谁就对万科股价有相当的影响力。

在 1992 年,朱焕良也表现出同样的清醒。当时,朱焕良已成为股市上呼风唤雨的

人物,据说可随时调动资金两三千万元。当时有一位股民竟贴出对联,上联是翻身不忘毛主席,下联是致富感谢朱焕良。但这时的朱焕良却把70％的股票卖掉,与王石一起从事股权投资,不久之后,深圳发生"8·10"股灾,朱焕良逃过一劫。其后,万科与朱焕良有过几次合作,甚至在万科收缩战线时,还抽出几位骨干支援朱焕良的公司。

行动指南

企业家要有和三教九流打交道的能力,但是也要有不与其同流合污的原则。当然,还要有对人一分为二的判断。

7月4日 沉着应对股东的发难

我欢迎一切股东提出的意见,但是这次君安的行为不属于收购,也不属于控股。而且倡议提出的改革建议和万科29日召开的董事会决议有80％是相符的。 深圳公司有95％以上都是综合类型,既是特点,也可以说是弱点,像万科本身的许多先有行业并非是说压就压、讲减就减得掉的。 万科的股权投资产业回报率很高,本身价值不能轻易否定,其优劣可以从实际角度去理解。

——1994年3月31日,王石在万科总部召开的新闻发布会上如是说

背景分析

1994年3月30日下午的新闻发布会上,王石所代表的万科企业股份有限公司,正遭到当时在股市上大出风头的君安证券公司的责难。

王石率领万科,通过股份制改革融资上市,1994年初,再发行B股顺利筹集4亿港元资金之后,万科上下正是踌躇满志感觉良好之际,而来自自己往日盟友猝然发难的"三三〇事件",给年轻的王石和万科管理层都带来了沉重的一击,博弈稍有失当,万科就有易主的危险。在整个事件中,王石沉着应对,沟通上下左右,步步为营,最后能够化险为夷,显示出他在商业社会强大的适应能力和生存能力。难得的是,万科保卫战成功后,他能抛开成见,一分为二地去考虑对手质疑的价值,从而使得万科利用这一次重大危机,逐步进行脱胎换骨的改革,走上了可持续发展的正确轨道。

行动指南

股东的意见,不一定都是对的。对于股东不善意的发难,企业家要沉着应对,耐心团结更多股东,从而化解危机。

7月5日 ## 王石笑言欢迎买入万科股票

万科对君安在多份报刊上刊登《告股东书》和《改革倡议》的做法感到很迷惑。由万科了解所得,深圳新一代公司已经于30日发表退出声明,今日又发表了取消授权声明,而海南证券公司也从未书面正式委托君安为财务顾问进行类似活动,君安在倡议中的几个发起人股东委托有不实之处。同时,万科董事会只有14名成员,倡议书中一下子就推举8~10名董事,无疑已经超出建议范围,实质上是想不用代价就全面接管万科。

为保障广大股东不被误导招致损失,万科已经在今日停牌基础上向深交所申请明日继续停牌一天。

——1994年3月31日,王石在万科总部召开的新闻发布会上如是说

背景分析

公司一旦上市,只要股东有钱,就能买卖股票,这点公司无法挑选。

3月30日的君安新闻发布会上,王石是被动迎战。到了3月31日,经过精心准备,王石在万科总部开始反击,直接点破君安的目的。

31日,在回答记者的众多提问时,王石称万科目前只是与有关法律顾问联系,并不是说要和君安打官司。万科已经将此事的感受汇报给深圳的证券管理部门。对于万科B股价格长期套现不佳、处于发行价之下,王石解释固然和整个股市走势有关,客观上而言,由于万科是综合性公司,一般海外资金判断起来比较吃力,但这并不是说明综合经营的方式不好。万科B股不受追捧不在于综合经营,而在于没有形成非常有实力的地位,要达到目标大约还要10年的发展时间。按照倡议所提的做法单纯发展房地产是行不通的,更容易带来风险。

万科股票继续停牌。这一招是最为厉害的,因为参与提出改革倡议的某主要人物事前买了 200 多万股万科股票,其他一些关联方也有增仓行为。当时还没有《证券法》,一些管理条例也不无空子可钻,因此,王石虽然第一时间发现了这些特殊仓位,但也还未能技术性击倒对方。但是这样连续停牌,使得市场冷静下来,特别是王石多次重申这既不是参股也不是收购,更加令万科股票炒风渐息。

行动指南

企业遭遇敌意阻击的时候,首先要分析清楚对方的目的,找出对方的软肋,然后有针对性地予以防守反击,才能保障公司利益。

7月8日 避免中小股东受到损失

整件事情是有些人的善良愿望被利用,有些人有心活跃股市但具体措施出现出入。 万科本身很希望看到由于与万科有关的事件而带动深圳股市走出低谷,活跃市场气氛,但不愿意看到某些人操纵股市而导致中小股东受到损失。 据登记公司的材料,在事件前一周内,有许多未曾持有万科股票的股东突然大量购入万科股票。

——1994 年 4 月 1 日,王石在新闻发布会上的发言

背景分析

改组万科事件中占有重要影响的万科第一大股东——深圳新一代企业有限公司 4月 1 日下午在深圳阳光酒店举行新闻发布会,向公众解释其授权君安为财务顾问后又取消一事的始末。

王石强调,由于大陆证券市场发展仅是初步,因此在处理股权等范畴的工作方面,上市公司内部确实存在一些不尽如人意,甚至令公众觉得不合理的情况,但希望大家能够谅解。万科同仁也很希望看到一段时间之后,大陆出现与香港类似的有序和合理的兼并、收购或者其他合乎国际惯例的做法。万科也随时欢迎海内外人士对万科内部情况进行建议和查询,万科将全力协助。

实际上,万科将股票一再停牌,确实避免了股票市场之中的中小散户被误导、被庄

家操纵内幕交易图利的厄运,也算是为中国股市做了一件好事。

行动指南

　　上市公司有责任保护中小股东利益。尤其是发现有人内幕交易,试图从中操纵股价获利的时候,应该立即上报证券监管部门,采取包括停牌在内的一系列措施制止。

7月9日　要兼顾不同股东利益

　　君安发出改组倡议,举起代表股东权益的旗帜。 事实上,上市公司的股权结构呈多样化状态,国有股、法人股、社会公众股、A股、B股,不同股东有不同的角度,相互之间在利益动机上存在明显的分歧,有的重视企业的长远发展,如国有股,有的重视短期回报,如社会公众股和部分法人股。 对利润分配方案,不同类型股东有不同的偏好,公众股东喜欢多送红股,国有股和B股股东喜欢送现金。 对公司产业架构,各类股东也有不同看法,境外股东喜欢业务比较专业化的公司,特别是基础产业和工业企业;境内股东则多数喜欢经营范围灵活的企业,尤其是房地产公司。所以泛泛而论代表股东并没有任何实际意义。 当然不同类型的股东都有权发表自己的意见和建议,关键是要按照合乎规范的方式行事,否则必将对上市公司的运作造成干扰并损及其他股东的利益。

　　　　　　　　　　　　——1994年,《万科》周刊上刊登的文章如是说

背景分析

　　根据国际惯例,提出对一家公司进行重大改组,一般只发生在以下两种情况下:一是股权结构发生重大变化,绝对控股方可以按照有关规定提出对原公司进行重大改组;二是公司因经营不善面临严重财务困难,甚至濒临倒闭,由债权人提出,经法院裁决,可以对原公司进行重大改组。此惯例的目的无非是保证公司经营运作的正常化和连续性。君安显然没有获得对万科的绝对控股权,在其倡议书中又称万科是一家优秀的上市公司,却又提出对万科进行重大改组,实在令人迷惑不解。众所周知,即使对一家经营运作尚属正常的公司进行重大改组,其破坏性和后果都将是非常严重的,何况

是对一家优秀的公司?

现代商场的台前幕后,鸿门宴式的、重庆谈判式的有理、有利、有节地掌握节奏进而掌握主动权较为可取,这才是力量型的智斗。在"一个个像乌眼鸡似的,恨不得你吃了我,我吃了你"的情势氛围下,不轻易说对方"违法非法"而说"没有法律依据",即使在今天看来也恰如其分,这便给有思想的人们以"毕竟是万科、到底是万科"的感觉。

行动指南

对于合作伙伴或者相关主体的不正常行为,要及时发现其问题所在,然后向公众公开,有理、有利、有节地博弈,找到解决问题的路径,避免纠缠于人身攻击或者流于道德谴责。

7月10日 把复杂的人事纠纷变为简单的股权买卖

万科不同意你们的做法,既然大家意见与万科有分歧,要么万科将你们的股票买回来,要么由你们将万科的股票买过去。

三家联手的目的是为了争夺万佳的控股权,既然如此,还是把复杂的人事纠纷变成简单的股权买卖关系。

——1997 年,王石在回忆万佳股权争夺战时如是说

背景分析

1994 年初,曾经在全国多个城市扩展受挫的万佳百货痛定思痛,把主战场集中在了深圳,完成了股份制改革,万科占新扩股融资后的万佳百货公司 35% 的股份,万科依旧作为万佳的第一大股东,广东省核电投资公司占 25%,华西建筑占 20%,天安占 12.58%,还有 7.42% 的职工股。据说,当初就是有投资方担心其中任何一个股东独大,所以才有了相互持股都不是很多的股份分布。

1994 年 10 月,其他三家股东联合起来,集体反对万科的人事安排,要改组公司管理层,让万科交出管理权。

对于上半年刚刚遭遇君安改组倡议事件的万科来说,显然是对万佳股东可能的发

难没有太多的心理准备。

本来,这一场争战,万科本身股份居于下方,以48%对垒对方的52%,再加上有两名大将"阵前倒戈",所以如何化解对方咄咄逼人的攻势并维持万佳商场正常的营业运作,这一切确实极为考验王石和万科的智慧及应变能力。

最后,王石选择了各个击破的战略。先收购了其中的广东省核电投资公司股份,巩固了自己对万佳的管理权。然后再把万佳做大,成为内地零售业数一数二的品牌。

行动指南

公司之中,各个股东经常有意见不一致的时候,如果确实牵涉较多的恩怨纠缠,那么及时用股权买卖作为处理办法,是最有效率和最公平的。

7月11日 最理想的财务投资

2000年8月10日,深特发终于签署股权转让协议,将其持有的深万科国有法人股51155599股全部转让给中国华润总公司。股权转让后,华润集团及其关联企业以15.08%的股权份额成为万科第一大股东,Charm Yield Investment Ltd.、同盛证券投资基金、君安代理有限公司、陕西证券有限公司等机构投资者的股权比例约占10%。在公司的股本结构中,流通股(包括A股和B股)占82.49%。

华润是万科最理想的财务投资人,既能够维护万科经营团队运作的独立性,同时又尽到股东能够做到的对万科最大的支持。

——2008年8月7日,王石在"2008中期业绩网上交流会"上如是说

背景分析

2000年8月,中国华润总公司受让深圳经济特区发展(集团)公司所持有的8.11%的万科国有法人股,成为万科第一大股东。当时万科的总市值只有16亿元。

脱离一直不支持万科计划的深圳经济特区发展(集团)公司,王石的轻松是可想而知的。

2006年7月,万科7月18日公告称,万科董事会以全票通过了向特定对象非公开

发行 A 股股票的议案,定向增发股份定价以公告日前 20 个交易日万科 A 股收盘价的算术平均值为基础,即不低于每股 5.67 元,且第一大股东华润将认购不少于1.1亿股。

华润在增持万科的同时,还将与万科在全国共同投资开发住宅房地产项目。

按照双方协议,如果只有双方合作,万科持有项目的权益将等于或大于 50%;在多方参与合作的前提下,万科将成为住宅项目权益的第一大权益持有人。

显然,万科与华润的合作模式主要是华润集团出地,万科出人、出钱。

万科和华润的合作是一种双赢,可以改变万科拿不到好地的局面。不过,华润自身也在发展房地产业,而且还有几次与万科看中同一块土地。华润与万科的故事到底会有什么样的结局,将是房地产行业一个颇为有趣的 MBA 案例。

行动指南

商场上没有永远的"敌人",只有永远的利益。企业与大股东之间的合作,永远需要技巧和智慧,继续寻找最大的双赢可能。

7月12日 职业经理层作用越来越大

在传统公司治理结构理论中,往往是大股东同小股东进行博弈,管理层通常不参与博弈,只负责忠实地执行博弈结果。 这样的过程中,大股东更容易处于优势地位。 但在现代企业制度下,企业的所有权与管理权处于分离状态,在公司的日常运作中,职业经理往往具有更大的声音。 尤其在股权分散的情况下,经理层拥有很大的发言权。

——王石、缪川,《道路与梦想》,中信出版社,2006 年 1 月

背景分析

作为中国内地首批上市企业之一,万科成功建立了一条"公司治理良好—品牌溢价—持续发展"的成长模式,公司与投资者的良性互动赢得了资本市场的有力支持。

王石的老朋友、万通地产的董事长冯仑对万科的评价是极高的,他赞美说:万科的治理结构是有优势的。由于最早一批股份制改革和上市,加之股权相当分散,股东、董

事会和管理层的职责和权利界定得比较清楚。更重要的是,万科创业者很早就完成了转化为职业经理人的定位,从而避免了许多民营企业创始合伙人之间的冲突和震荡,使管理团队得以长期稳定,并且养成了系统的经理人文化,理性的创业者和优秀的职业经理团队使万科在管理上能够集中精力,做细做透,不仅积聚本地(深圳)优势,而且建成了跨地区管理的高效体系……万科的进步恰恰表现为80%是管理性决策,20%是投资性决策。好公司管理多、投资慢,坏公司投资快、无管理。

行动指南

未来的成熟公司之中,职业经理人会担当更加重要的角色。股东需要选择更加优秀和更加职业的经理人团队。

7月15日 不捂盘、不囤地正是为了股东利益

股东既需要短期利益,也需要长期利益。 股东分为不同种类投资者,有的机构长期持股,这么多年时间不改变。 所以,我们短期和长期都需要稳定的增长。 增长速度太快,长期无法维系;太慢会伤及短期利益。 我们通过倍速于大市的弹性增长方式,根据市场情况确定增长目标,30%~60%的增长速度是较为合理的。

我们走快速开发的路子,不能捂盘、不能囤地。 我们还需要留下一部分钱做售后服务。

——2007年10月29日,王石在北京举办的"人居建筑与可持续发展论坛"上如是说

背景分析

目前房地产行业的资源,无论是资金还是土地,向上市公司集中是一个事实,也是未来的趋势。王石认为这既符合国家利益,也符合公众利益。

近年来随着房价上涨,房地产企业获利甚丰,但有观点认为,大部分利润落入了少数人之手。王石却认为,类似万科这样的公众上市公司,为普通老百姓分享房地产行业的红利提供了机会。万科现在有70多万股东,中小投资者直接或通过基金等机构间接持有约80%的万科股票,剩下主要为国家股和法人股。万科管理层占的股份很

小,2006 年之前只有万分之三,2006 年之后有了股权激励,但还是不到1%。公司是在为中小投资者赚钱。因此,万科这样的公司资本规模扩大、占有率上升,其实是将更多的行业利润分配给中小投资者。

王石还解释了万科的快速开发策略。他说,万科一直坚决反对囤地、反对捂盘。在一个房价、地价向上的市场里面,囤地、捂盘可能确实能提高利润率,但同时也降低了周转率。万科走的是快速开发的路子,这样利润率可能低一点,但是资产回报率却更高。

万科认为,通过快速周转,像万科这样不囤地、不捂盘的住宅企业,可以实现更高的资产回报率,而且并不会影响公司的未来成长。

行动指南

企业家不能单单追求利润率,而应该学会平衡利润率和资金周转率。在中国房地产业,很多时候现金为王,尤其是在宏观经济形势不明朗的时候。

7月16日 必须考虑股东承受能力

行业调整也会给资金充裕的企业带来难得的发展机遇,如果能在时机成熟的时候进行一次股权融资,将显著有利于万科抓住发展机会,并提高未来每股收益的持续成长性。 但管理层在这一问题上将高度慎重。 万科管理层认为,只有在充分考虑资本市场状况、股东和投资者承受能力的基础上,在获得广大股东认同的前提下,股权融资才能提上议事日程;此外一旦启动该项工作,公司还应尽一切可能,选择合适的时机、合适的规模、合适的融资方式,以避免融资本身可能对证券市场造成重大不利影响,同时确保融资将为股东带来赢利增长。

——王石在万科的 2007 年年报中如是说

背景分析

有万科的中小散户在万科论坛充满感情地留言:投资就是想把我们未来的幸福交给一群热情、诚实和能干的人。

万科连续多年被评为"最受尊敬的企业",多次荣膺投资者关系大奖,连续9年被评为上市公司"金牛百强"。不过,面对自2007年底开始一路大跌的中国股市,小投资者心急如焚,他们希望,套在万科头上的光环不要照晕了管理层的脑瓜,不要忘记了当初"筚路蓝缕"的艰难。荣誉只属于过去,财富会考验人性。

行动指南

在股市行情不好的时候,管理层和股东的关系通常很难融洽。这个时候,企业管理者就要理性地面对环境,首先要考虑股东的承受能力,其次要在股东短期期望值与公司的长期利益之间找到一个平衡。

7月17日 王石的无条件道歉

万科对救灾做出了很大努力,但没有得到社会的承认。 很大原因是因为我在博客上不合适地回答了网友提问,在这里我向各位股东无条件道歉,不做任何辩解。

我的不适当评论对万科的品牌形象造成了很大伤害。

我虽然快60岁了,但对于大事情的处理,还是显得很青涩。

这对于信任我的人可能有些压力,但我们以后会更多地吸取教训,以后万科会建立新闻发言人制度,避免因我个人言论引起股价波动,造成股东不必要的损失;其次,我将对个人博客进行过滤。 这次除了救灾,我也很关注万科的股价表现,如果因为我的个人言论,导致万科走势弱于大势、弱于行业,我会立刻辞职。 当然,更重要的是我自己要加强修养,更加注意自己的言行。

——2008年6月5日,王石在临时股东大会上对全社会公开表示

背景分析

因为5月12日自己在博客中发的一篇文章,王石遭遇到了他人生迄今为止(也很可能是他这一生)最大的一次危机。

铺天盖地的舆论抨击,包括谩骂和诅咒,这几乎是中国社会对一个企业家最激烈的反应。一夜之间,王石由道德楷模和优秀企业家,变成为富不仁和冷血的代名词。

早上9点半,万科2008年度第一次临时股东大会准时开始,出席本次股东大会的股东代表共209名,代表股份18.96亿股,占总股本的27.64%。

万科董事长王石首先向全体股东表达歉意,并表示在此次震灾中,万科虽然对救灾做出了很大努力,但并没有得到社会承认。"很大原因是因为我在博客上不合适地回答了网友提问,在这里我向各位股东无条件道歉,不做任何辩解。"王石神情肃穆地对全体股东表示。

"我虽然快60岁了,但对于大事情的处理,还是显得很青涩。"57岁的王石在会上坦言,今后将加强自身修养,并建立万科新闻发言人制度,避免因其个人言论引起股价波动,对股东造成不必要的损失。同时,王石还对股东承诺,如果因为其个人言论,导致万科走势弱于大势,弱于行业,他将立刻辞职。

有投资者表示:"以后作为股东我还会相信万科相信王石,我接受王石对股东的道歉,接受是赞赏他的高姿态——做了远远超出220万元的实际捐赠却不去花费时间同谩骂者辩解,他致歉的对象是万科的股东、万科的员工、关心与理解万科的人,为的是他个人的说话与行为方式使很多人对万科产生了误解,损害了万科的形象,不为他个人辩解。这让我更加了解王石,更加相信他有足够的责任心与良心经营好万科以对得起所有投资万科的股民,是一个负责任的企业家。"

行动指南

知名企业家往往需要面对更高的社会期望,因此,他更加需要注意自己的言行。如果有失当的时候,要勇于认错,没有保留地道歉。

7月18日 投资者对万科很慷慨

事实上,多年以来,万科的职业经理人在向董事会和股东大会提出各项议案时,都十分注意维护中小股东的利益。稳定的分红派息政策,向老股东倾斜的低价募股策略……都从细微处体现了万科"善待股东"的理念。

——王石、缪川,《道路与梦想》,中信出版社,2006年1月

背景分析

在中国证券市场,以基金、信托机构为代表的机构投资者之中,万科的支持者很多。中小散户之中,随着 2001 年万科的业绩喷发,股价持续上扬,跟进和长期持有者也很多。

万科 2005 年、2006 年和 2007 年底的净资产分别为 83 亿元、150 亿元和 293 亿元,而万科上述 3 年的净利润分别为 13 亿元、23 亿元和 48 亿元。通过简单计算得出,2006 年和 2007 年净资产增加额分别为 67 亿元和 143 亿元,扣除当年净利润后的差额分别为 44 亿元和 95 亿元,利润之外的净资产巨大增长来自哪里? 就来自于万科分别在 2006 年和 2007 年从证券市场的直接融资! 据统计,TOP10 公司平均从资本市场直接获取的资金都占公司净资产的 50% 以上,其中排名靠前的公司更是在 60% 以上。投资者对万科太慷慨了,万科的专业能力和核心竞争力获得了投资者的信任。

毫无疑问,持续的资金投入对所有企业具有重要作用,而房地产行业更是这样。一方面房地产行业本身有资金密集型的特点,另一方面因为在中国存在特有的政府作为一级市场的唯一土地出让方,且从 2002 年起国家明确规定采取"招、拍、挂"为最主要出让土地方式的客观情况,于是资金实力成为房地产公司获取土地的决定因素之一。所以,如果中国房地产公司要保持持续发展,就必须持续保持畅通的直接融资渠道。

行动指南

资本市场上,投资者总是青睐那些形象好、记录较好的公司。因此,无论哪个行业的公司,持续提供好看的财务报告,辅助以投资者关系的品牌建设,都是获得投资者真金白银支持的先决条件。

7月19日 定向增发失败的教训

在广泛征求了投资者意见后, 万科放弃 20 亿元的定向增发。 这次增发的失败。使得万科管理层从此更加关注投资者利益的保障。 在此后多年的发展中, 万科不断拓展融资渠道,形成了包括银行、信托、债券、海外融资等多元化的融资体系,避免了单一股权融资对市场和投资者带来的压力。

——2001 年,王石在接受本书作者采访时如是说

背景分析

早在 2000 年,万科就曾遭遇与平安类似的"融资门"。当时万科为了引入华润集团作为战略控股股东,董事会提出向华润定向增发 4.5 亿股 B 股的方案,然而方案一出便引来了市场大哗,原来万科低估了 A、B 股差价,令 A 股股东备感"利益受损"。

1999 年底的万科股东大会上,当时以基金为代表的一批机构投资者对万科管理层表现出了平时少见的激烈态度,结果这样的压力反而促使万科认真反思,积极应变。在广泛征求了投资者意见后,万科将 20 亿元的定向增发,改成了 6 亿元规模的配股融资。

此后,万科吸取教训,着力开拓自己的多样化融资渠道——与业务要专业化完全不一样,让 A、B 股只作为万科众多融资渠道中的一条。这样万科的融资再也不用受制于人了。

行动指南

融资是公司发展的需要,但是未必所有的股东都愿意支持。因此,及时开辟多样化的融资渠道,是对公司负责,也是对股东负责。

7月22日 投资者关系管理四个基本做法

万科提出投资者关系管理的四个基本做法:第一,保持持续良好的增长性;第二,给投资者长期稳定的回报;第三,在资本市场运作及公司融资策略制定时充分听取中小股东的意见;第四,重视投资者关系。

——王石、缪川,《道路与梦想》,中信出版社,2006 年 1 月

背景分析

对企业来说,所能做的是把握市场的趋势,并针对可能出现的状况制定相应的策略,并根据市场的变化及时作出调整。无论市场如何变化,只有转化资源效率最高、能以最低消耗创造最高性价比产品的企业才能脱颖而出。回归市场逻辑的起点,不断强化自身的能力,才是企业应对一切市场变动最简洁,也最有效的策略。

在资本市场中,上市公司的基本面往往决定着其股价波动的价值中枢。而对于投资者关系管理而言,CFO等公司高管对投资者关系管理的充分认知和深入理解,也可以看做是决定IR工作能取得何种成效的基本面。没有了这个大前提,CFO很难简单地通过工作技巧去循序渐进地提升投资者关系管理的状态。

行动指南

投资者关系管理是上市公司的必修课,按照万科的四个基本原则来进行,能够达到事半功倍的效果。

7月23日 "高价"增发的是是非非

我想,要把"圈钱"和企业正常的股票融资区分开来。所谓的"圈钱",我们认为它应该有三个特征。第一,它是过度融资;第二,它没有用在企业的主营业务上;第三,它没有带来合理的回报,侵害了股东尤其是中小股东的权益。

……

第一,万科的融资规模和经营规模是匹配的,甚至偏低。第二,万科的募集资金全部用到了主营业务上,全部用到了指定项目上。第三,万科的融资为广大中小股东创造了分享行业成长的机会。我想,肯定不能把这样的融资行为称为"圈钱"。

——2007年10月,王石与《中国企业家》杂志主编牛文文对谈行业热点时指出

背景分析

万科在 2007 年股价高峰时,总市值达到了美国四大房地产公司市值总和的 150%。郁亮对此作了自己的解释:他认为这种情况的出现存在多方面的原因。首先,两个股票市场的估值水准存在差异。其次,公司市值主要取决于赢利和赢利增长,销售规模并不是决定性的因素。最后他指出,在房地产行业内,印度最大的地产企业 DLF 的销售规模只有万科的一半,但是市值水平与万科接近。

财务经理出身的郁亮并没有错过这个市场机遇,他上面的一番说辞是服务于万科的再融资。2007 年 8 月 23 日,万科宣布公开增发股数不超过 317261 股,融资规模约 100 亿元人民币,每股发行价格为 31.53 元。按此计算的发行市盈率达到了95.84倍。包括 30 多家投资基金在内的 95 家机构投资者参与了这次增发,不过随后万科的股价便一路回落。市场人士对此意见很大。

行动指南

企业的融资需求,和投资者愿意支付的数字之间,永远存在距离。所谓没有白拿的钱,上市公司必须要时刻提醒自己,对股东要有交代。

7 月 24 日 超过巴菲特回报的"刘元生"神话

(1979 年)一个周末,广州友谊剧院的音乐会。香港小提琴演奏家刘元生先生与广州乐团联袂演奏《梁祝》小提琴协奏曲。我太喜欢这首爱情至上的协奏曲,所以演出结束后跑到后台向演奏者祝贺,刘先生送了我一盘他个人演奏的《梁祝》协奏曲录音带。当时我怎么也想不到,这盘录音带竟会成为我们交往的开始。而刘先生也在日后成为我到深圳创建万科的生意伙伴、公司上市之后的大股东之一。

——王石、缪川,《道路与梦想》,中信出版社,2006 年 1 月

背景分析

刘元生是一名港商,他是王石最初的商业伙伴之一,早在王石经营录像机生意的

时候,刘元生的香港仁达国际有限公司便是其日本货源的供应商。

1988 年 12 月,万科向社会公开发行股票,但是一家原本承诺认购的外商临阵变卦。听到这个消息之后,刘元生"友情"认购 360 万股。1991 年万科上市后刘元生一路持有,当然他持有的是当时不能流通的法人股,并在市场低迷时在二级市场增持。

刘元生前后一共投资了 400 余万港元,此后 19 年随着万科不断转增送配,最近一期财报显示,其拥有 82529697 股,占全部股份的 1.2%。以 2007 年 2 月 26 日的收盘价计算其市值接近 19.5 亿元,回报增长了接近 500 倍。

行动指南

要创办一家能够令股东长期持有并且获得超额回报的公司,相当不容易,但是非常有价值。

7月25日 基金经理已经习惯了王石登山

为了切实对股东负责,我一直把握三条原则:

第一,作为一个董事长,我是不是合乎这个职位的要求,是不是具有担任这个职务的能力? 至少到现在为止,我可以说自己是合格的,有能力的,也是基本胜任的。

第二,是否尽职尽责? 有的人有能力,但不一定尽职尽责地工作。 根据万科这么多年的经营状态,我可以问心无愧地说,自己是尽职尽责的。

第三,作为上市公司,有很多股东对万科投资,但作为董事长不能就因此而丧失个人生活。

话虽这样说,但我也一直在考虑如何规避投资者的风险,答案就是尽可能增加透明度。 尽管登山是我的个人生活,但由于这项运动的风险性,我的行为仍可能会影响公司股票的行情,所以,我的行为应尽量透明,让股东知道这些情况。 广大中小股东在我登山之前了解了情况,就可以做出判断:一种认为王石登山可能遇难,应该在他登山之前把万科的股票卖掉;另一种判断是,即使万科董事长遇难,公司也会正常运转,否则他不会去登山,这正说明公司运行良好。

——王石、缪川,《道路与梦想》,中信出版社,2006 年 1 月

背景分析

王石的登山问题,经常引起社会外界的质疑。或者是因为中国的公众对于户外活动还比较陌生,又或者是因为传统文化的影响,所谓"君子不立危墙之下"。一般以为,身为责任重大的公众人物,应该是尽量处在安全地带,减少自身风险。

不过,对于王石来说,他觉得人的生命只有一次,我们不能让自己在将要离开世界时,才遗憾本来还可以做更多的事情,可以体验更多的人生乐趣。

虽然王石的理由未必能够令基金经理或者机构投资者心悦诚服,但是,至少万科的股价已经不太受王石去哪里爬山的消息左右了。

行动指南

明星企业家是企业特色,但是也需要设计好其言行规范,使得资本市场能够接受,这样才是发挥其优势避免其负面作用的最好办法。

7月26日 面对基金的大举抛售

万科不会发动价格战,不会依赖降价来赢得客户和市场。

万科作出调整的目的是为公司搭建一个坚实而安全的平台,以保障公司未来业绩的持续增长。 但不能否认,在一个变化和调整的市场中,万科并不可能独善其身,市场的调整会影响公司预期的业绩增长速度,公司调低开工和竣工面积本身已经说明了这一点。

中国的市场之大,不能一概而论。 所以,市场的调整也有不同的表现,在不同的区域和不同的城市,调整的时间先后有别、价格上涨幅度和下降幅度的大小有别、各市场成交量和供应量配比等方面都有差异,因此,不能一概而论。 比如说,经过过去半年多的调整,可以看到珠江三角洲市场已基本在低位运行。

——2008 年 8 月初,王石在香港召开的上半年业绩报告发布会上如是说

背景分析

根据万得资讯的统计,中期报告显示,截至 2008 年 6 月 30 日,机构投资者有 86 家对万科进行了减持,目前有 79 家机构仍然持有万科,共持有 35 亿股,而 78 家已经清仓。以 6 月 30 日收盘价计算,这 79 家机构持有总市值为 315 亿元,半年内下降 438.5 亿元,万科当日的 PE 为 10.62 倍。

从万科 A 股半年报公布的十大流通股股东来看,基金持股比例大幅萎缩。截至 2008 年二季末,前十大流通股股东名单中,仅有广发基金旗下的广发聚丰和广发小盘成长,以及融通深证 100 三只基金的身影。前十大流通股股东中,基金持股比例由一季末的 3.39% 降至二季末的 2.29%。

并不是只有万科一家被减持,整个房地产板块皆减持严重。

面对大批机构投资者的减持,王石只能在业绩报告会上详细解释万科近日的安排和打算,最大限度地希望获得投资者的理解与认同。

行动指南

企业上市之后,就要保持平常心。无论是有人大举增持还是遭遇集体抛售,都不能乱了自身阵脚,而应该继续做好经营,同时积极争取投资者的理解和认同。

7月29日 价值投资者的支持

在未来 10 年,万科的战略目标是有质量的增长。 在已经进入快速增长期的同时,我们更加追求增长的质量。 这对万科意味着,要提高资本与人力资源回报率,提升客户忠诚度,加强产品与服务创新。

有质量的增长要求我们提高占用资源的回报率。 第一个衡量指标是投资回报率,它衡量我们的获利能力,提高投资回报率意味着我们会更受投资者欢迎,进而得到更大的职业舞台。

——2004 年 9 月,王石在万科 20 周年企业活动期间如是说

背景分析

有研究机构认为,行业调控将使行业集中度得到提高,由于规范了行业经营,以万科为代表的行业内大型公司获得了较大的发展空间。同时,万科也利用了行业调控的机遇去发展壮大自己。

在调控的环境下,万科通过低价销售快速出击,主动面对调控压力。尽管低价策略降低了毛利率水平,但加快了的周转速度一方面降低了风险,另一方面也提高了资金利用效率。

国金证券认为,万科对市场节奏的判断最为出色。2006年万科进行大规模扩张,充分享受了2007年房价上涨带来的收益,而在行业普遍乐观的2007年,万科并没有盲目扩张,目前行业进入调整期,又给万科的收购式扩张带来了机会。

中投证券研究员李少明则指出,在银根收紧的情况下,万科在三大经济圈布局合理,以快速周转策略、产品面向普通大众而需求量大。万科最易在行业加速整合中获取更多的资源,提高行业集中度。

行动指南

沧海横流,方显英雄本色。在市场形势不好的情况下,关注有质量的增长和投资回报率的公司,才会被价值投资者认同和持有。

7月30日　合作融资,储粮过冬

2004年以来,万科展开了一系列的合作行动,合作对象包括境外实力雄厚的投资机构,如GIC(新加坡政府投资公司)、HI(Hypo Real Estate Bank International,德国国际专业房地产投资银行);带有金融产品创新价值的信托基金;同行业如招商地产等其他优秀企业。

——2006年,王石在回顾万科的融资历程时如是说

背景分析

万科 2008 年 8 月对外宣布,发行不超过 59 亿元公司债券的申请获得证监会核准,并将继续公告具体发行安排。2008 年上半年以来,在银行贷款、股权融资遭遇阻力的情况下,发行公司债券已经成为上市房地产企业新的融资手段。

统计数据显示,继 2008 年 3 月金地集团发行 12 亿元公司债券后,证监会又密集批准了地产上市公司的发行公司债券计划,其中保利地产、新湖中宝、北辰实业和中粮地产已分别发行 43 亿元、14 亿元、17 亿元和 12 亿元公司债券,公司债券无疑缓解了房地产行业资金链的紧张。目前发行公司债券是房地产公司较好的选择,银行贷款紧张,增发遭受阻力,想获得资金支持只有选择发行公司债券。

房地产公司销售情况在 2008 年上半年纷纷出现拐点。万科半年报显示,从其月度销售数据来看,自 6 月起销售面积及销售金额出现同比连续下滑的情况,房地产业务的毛利率也下降了 4.63%。

由于形势的不明朗,房地产公司越来越重视现金储备。万科中报期末持有现金达到 153.7 亿元,超过短期借款及一年内到期的长期债务总和。预收账款达到 265 亿元,占负债总额的 35%。

在销售回款和贷款日益艰难的情况下,公司债券成了资金的重要来源,然而并非所有公司都能如愿。按照《公司债券发行试点办法》,发行公司债券的公司其债券信用级别须经资信评级机构评级为良好;最近 3 个会计年度实现的年均可分配利润不少于公司债券一年的利息;本次发行后累计公司债券余额不超过最近一期末净资产额的 40%。规模较小、经营不规范和非上市公司都很难获得发债融资的机会。

发行公司债券几乎成为龙头上市公司的"特权",尽管会增加公司财务负担,提高负债率,但在目前的市场形势下,能够获得资金补给安全"过冬"才是最重要的。

行动指南

面对严峻的经济形势,不管是哪个行业的企业家,都要有居安思危、储备粮草和棉衣过冬的意识。这个时候,采取多种形式融资显然是务实之举。

八月 │ 跨地域发展管理心得

MON	TUE	WED	THU	FRI	SAT	SUN
				1 建军节	**2** 初七	**3** 初八
4 初九	**5** 初十	**6** 十一	**7** 立秋	**8** 十三	**9** 十四	**10** 十五
11 十六	**12** 十七	**13** 十八	**14** 十九	**15** 二十	**16** 廿一	**17** 廿二
18 廿三	**19** 廿四	**20** 廿五	**21** 廿六	**22** 廿七	**23** 处暑	**24** 廿九
25 八月大	**26** 初二	**27** 初三	**28** 初四	**29** 初五	**30** 初六	**31** 初七

8月1日 矩阵式组织结构

（1992 年）随着集团管理架构的调整，公司经营与管理职能的分离，总部设有专门机构研究公司的经营管理，集团老总平时考虑的问题也主要是公司的发展战略。同时，各业务口的经营者也变得越来越成熟，能正确把握各自业务的方向，有更多的时间进行思考、分析与交流。

2000 年，万科总部是一个投资管理公司，分管零售、地产等业务。 在万科专注做地产之后，在总部的基础上建立地产的工程管理部门、研发部门、营销部门，直接控制分布在 10 个城市的子公司。 直到 2004 年，万科已经进入到 20 余个城市，一直是总部高度集权的扁平化管理。

以总部论证委员会为例，决定是否投标一个项目，论证成功率为 20％。 也就是说，2004 年万科拿了 60 个项目，经过论证的项目最少有 300 个。 那这个论证委员会除了节假日不就是天天在论证项目吗？ 不就是走过场了吗？ 怎么可能认真呢？ 管理体制出问题了，必须建立地区总部。

——2003 年，王石在接受本书作者采访时如是说

背景分析

万科采用矩阵式组织结构来对子公司进行管理，子公司职能部门受子公司总经理领导，同时受总公司职能部门直线管理。尽管万科一直坚持采用"总部相对集权"的管理模式，但也并不是所有的权力都集中在总部，总公司与子公司、总公司职能部门与子公司职能部门之间也并不完全是指挥与被指挥、领导与被领导的关系，而是根据发展的需要和职能的种类，有些部门是总部集权的程度极高，比如财务管理部门、资金管理部门、规划设计部门等；而其他职能部门，包括营销企划部门、工程管理中心等部门，总部更多的是通过制定政策和管理制度、规范业务流程和监督项目执行，从而指导、服务子公司。这样既保证了总部对子公司的掌控和管理，又保证了一线子公司有相当的自主权，从而在具体业务中发挥自己的活力。

行动指南

矩阵式组织结构不见得适合所有的大公司,但是在企业跨地域发展过程中,相关的流程建立是极为必要的。

8月2日 一票否决权

我决定今后公司在做项目评估之时,不但要看利润回报,还要看管理资源能不能跟得上,如果管理资源上不去,就绝不勉强上马。毕竟,人是最重要的。直到如今,这条无形中的规则仍然通过人力资源总监的"一票否决权"发挥着作用,也就是说,如果从人力资源的角度看,管理资源无法支撑公司在新的城市进行开发,我们将不会盲目扩张进入新的城市。

——王石、缪川,《道路与梦想》,中信出版社,2006年1月

背景分析

几乎全中国的企业,都感到人力资源储备与其下一步发展战略要求还有相当距离。

尤其是企业在跨地域发展之际,第一感觉就是人手不足,适合的人才难得。异地发展业务,如果组织的管理能力跟不上,公司扩张就很危险。

例如,要去某个城市成立一个区域公司,人力资源部提前半年或一年就要进行团队配备。每个岗位选定2~3个候选人,并对他们进行能力评估,如果能力不符合,提前半年就要根据岗位特点招聘合适的人选。

必须要把人力资源管理方面的问题考虑得全面些,提前制定公司更大规模时的管理规则。只有这样,当企业扩张来临时,方能有备无患。

行动指南

跨地域发展几乎是企业做大做强的必然之路。而跨地域发展的成败,则取决于人力资源储备的充足与否。如果没有合适的人才,不做可能更好!

8月5日 跨地域发展必须合作

除了要在技术层面形成核心优势之外，还要在文化方面形成优势。这两年万科尝试着和其他企业合作拿地，但是没有一次是成功的，是什么原因。是对方的原因吗？不是，原因还是在万科自己，对别人信不过，凡事都要按自己的，那别人怎么和你合作呢！你要做大，就必须超越这个瓶颈。否则的话，你就发展不上去。

——2004年，王石在接受本书作者采访时如是说

背景分析

与外国企业之间的合作竞争相比，中国企业之间的合作竞争还处于起步阶段。过去，中国长期受计划经济的影响，企业之间的合作现象并不多见，只是在改革开放后特别是20世纪90年代以来，中国企业之间的合作竞争才有逐渐增多的趋势，但这主要出现在一些大企业之间以及大企业与小企业之间。其中，家电企业之间及计算机产业间的合作最具代表性。此外，近年来中国"产、学、研"之间的联合，也可以视为中国企业合作竞争发展的一种形式。这种合作过去在政府出面组织下，虽也有成功的例子，但大多数效果并不理想，这主要是由于"产、学、研"三者之间无根本性利益关联造成的。而在近期政府职能有了较大转变后，它们的合作也逐渐变为三方为追求各自利益而进行的自愿合作。这种自愿性的合作在一定程度上起到了将中国的研究开发与企业结合为一个整体的作用。

长期以来，中国大量企业在文化上受到传统的某些观念影响。"宁为鸡头，不为凤尾"；"成者为王，败者为寇"的思想在企业中广泛存在。刘备文不如卧龙凤雏，武不如五虎上将，但能将这批人整合起来并称帝立业。房地产商作为产业链的重要一环，也是推动其发展的重要一环，合作的领域和层面很多。要想取胜于知识经济时代必须强化合作意识，对此我国企业别无选择。

行动指南

企业需要有合作的意识、合作的胸怀和合作的能力，驱动上下游之间的互动。

8月6日 大而不强反受其害

大不是目的，不要一味地去追求大，大是为了什么呢？ 你品质跟不上，管理跟不上，最后，还是会退回来的。 一退回来，就会有损失，那你不是大而无当吗？

——2003年，王石对友人预言顺驰扩张的非理性

背景分析

先做大还是先做强，一直是中国企业非常困惑的问题。

企业发展到一定规模，要想成功突围，首要任务就是戒除浮躁心理，坚信做强才能做大。

在中国，企业"大"了，行政级别就高，社会地位也随之水涨船高，某些企业一味去做大，除了能够满足某些官员的喜好，又有什么意义？拼命地滚动，一旦资金的链条发生断裂，马上就会出现问题。顺驰的突然崛起和在众目睽睽之下的分崩离析，正是这样的典型例子。

在当前企业竞争如此激烈的情况下，做大可能造成成本失控，企业的成本就是在扩张中大幅攀升的。未来成功的中国企业家应该是懂得控制成本、步步为营的企业家。

行动指南

除非有把握做强，除非能够控制住成本，否则切记不要盲目扩张。

8月7日 高容积率小型化

中国经济目前还处在从粗放向精细化过渡的过程，在这个过程中，中国经济将持续发展，而城市化率到65%之前，住宅的需求将不会停止。 因此，我们看好行业20年的持续发展。 行业是否有周期？ 如果房价涨幅过大，可能会导致未来市场的压

力。 日本的泡沫经济在中国不可避免地要发生，但我希望的是泡沫不要那么大，尽可能减小。 从这个角度，我认为政府到目前为止的行业调控还是有效的，如果没有政府的调控，房价的涨幅可能会更大。 换个角度，政府的调控也将是持续的。

从国策的角度看，18亿亩是战略性的，因此，供需将是长期矛盾。 所以，未来行业的方向就是增加住宅的高度，通过提高容积率来增加土地供应，当然，不会达到香港这样的高度；另一个方向就是住宅小型化。

——2007年，王石在 J.P. 摩根 CEO 论坛上演讲时如是说

背景分析

我国山区包括山地、丘陵和崎岖高原，占国土面积的2/3，也就是说适合城市建设的土地只有三分之一，但是这些土地还要保证我们基本口粮的农业用地及其他用地，可用于城市建设的土地极少。土地粗放式经营必然带来很多弊端。

不同于美国，他们拥有和我们一样多的土地，而且平原比例比我国高很多，但美国只有两亿多人，所以他们可以住别墅，可以大量建造低密度低容积率的低层住宅，而且可以带个大院子、大车库。

既然我们选择低建筑密度、高容积率的超高住宅，那么单体建筑和板楼就成为主要的建筑形式。单体建筑的好处就是可以尽可能高地提高容积率，也可以做成超高的某某大厦，同时单体建筑之间可以留出大块的公共空间，抛弃了一个一个小区的所谓花园，得到的是整个城市都是花园。板楼和单体建筑有异曲同工之妙。通过板楼和单体建筑的组合，不仅可以解决高人口密度地区人们的居住问题，而且由于是向天空要空间，我们的地面就不至于如此拥挤，生活的场所也不至于如此不堪。

行动指南

务实地面对中国国情，做出最佳选择，这样对企业和社会都有益处。

8月8日 万科建造

万科 2000 年成立建筑研究中心，开始工厂化的研究，今年开始在产品中正式应

用，而世界上主要工业国家已经完成了工厂化的进程。 中国一定要走这条路，但中国的问题是人工便宜，劣币驱逐良币，导致发展速度可能缓慢。

工厂化的特点：高质量，以毫米计算，生产方式上是工人生产，大型机械施工。目前国内能够提供这种建筑方式的都是大型国企，民营企业的建筑公司基本不能做，上海建工集团是万科目前最大的工厂化合作伙伴之一。

美国和日本的工厂化有很大的差别。 美国采用的是统一标准，而日本是大企业品牌。 美国模式在中国很难复制，因为美国都是独立住宅。 而日本模式更加接近中国国情，但是，中国的其他企业是否愿意参与？ 这是一个问题。

中国工厂化的风险是5年后，万科一枝独秀，可能推进速度缓慢，因为规模的缺乏可能导致风险。 因此，极端的可能是不排除万科未来出现两个品牌，一是继续现在的赢利模式，自己买地，自己开发；二是增加一个"万科建造"的品牌，即万科输出工厂化住宅，当然，万科本身不会去盖这个楼。

——2007年，王石在接受香港记者采访时如是说

背景分析

我们为什么要建造住宅？因为我们的生活在那里。

从房地产行业的结构来看，未来只做一两个项目的小型公司将会大大减少。首先，土地的门槛在不断提高。现在很多民营企业家，多年积累的财富一般在10亿元左右，这笔钱如今已经很难买到一块好地了。其次，客户在购买房子时，会越来越重视品牌。中国人一辈子最大的投资和消费就是买房，房子的好坏，对于客户来说非常重要，他们更愿意选择优秀开发商的产品。所以，房地产行业的集中度一定会提高。

中国内地幅员辽阔，腹地深厚，房地产行业的模式不会完全与中国香港地区、新加坡、日本那种岛屿经济体一样。总是说中国内地的住宅市场土地供应紧张，实际上那是指城市，不包括农村。一旦农村土地进入流转，内地并不缺土地。从这一点上看，不久后，中国"人口红利"可能会结束，但是考虑到中国人口的家庭和年龄结构，新增婴儿又会带来两个人口高峰，第二个人口高峰差不多要到2020年左右才会结束。当然，即使在美国这样发达成熟的市场上，现在每年仍然有150多万套的新住宅需求。房地产市场潜力始终十分巨大。

在这样的市场中，万科只有成为一家建造公司，才能最大限度地发挥自己的优势。

行动指南

在一个前景广阔的行业,选择一个好的角度介入,并且深化专业,强化自己的优势,这样才能获得长期增长。

8月9日 学习日本好榜样

万科目前正处在一个转型期,从营销的万科转变成技术的万科。 我们需要向优秀的企业学习,拿来主义。 比如,我们要学习日本企业成熟的PC(预制混凝土结构)技术,全面引进日本专业。 按万科研发的方向,还可能要在日本建立一家研究中心,未来两年,在万科的日本专家可能达到200位。

——2007年,王石在 J. P. 摩根 CEO 论坛上演讲时如是说

背景分析

房地产行业发展的核心是城市化。中国的经济继续发展,在城市化率达到65%之前,住宅的需求不会停止,经济发展,城市扩大,农地不能动用,因此,结果一定是城市的土地价格越来越贵。所以,住宅也将出现两大趋势:

第一大趋势是城市的建筑会往高走,政府必须提高容积率,而目前万科的产品也符合这个规律,70%是高层,房子一定带电梯。

第二个趋势是房子的小型化,"90-70政策"是行政命令,即使一刀切是不合理的,但我们应该看到核心城市,特别是经济高速成长、城市化速度快的城市已经进入小型化需求时代。而万科的新产品会在小型化上更多吸收日本和中国香港地区的经验。

有人敏锐地指出,万科如果变成技术的万科那就变成本田了,万科应该变成全面的万科,但是又不得不变成技术的万科。这是今天中国的万科面临的尴尬。

日本的丰田之所以能够变成全面的丰田,是因为有技术的本田存在,丰田很多技术都来自本田开发出来的技术或者是改造本田开发的技术,丰田是真正的拿来主义者。如果没有本田的技术研发,丰田也不可能这么轻松地成为全面的丰田。

从这个角度来说,万科的道路会显得更加艰难,万科扮演的不光是市场的开拓者

这个角色,还扮演着技术的开拓者这个角色,因为日本的丰田有本田存在,而中国的万科没有中国的技术型地产公司存在作为支持。

当然,万科有很多国外的经验可以学习,但是国外的知识和经验的本土化是一个很棘手的问题。

行动指南

成功的企业、成功的国家必然有其领先之道,择其善者而从之。

8月12日 适应各地市场的标准流程

万科正处在新一轮的快速扩张过程中,内部核心能力的快速复制问题将成为万科未来发展需要解决的问题之一。 没有一套成型的复制体系,企业要想迅速做大,往往是左支右绌、疲惫混乱。 而在复制体系的背后,反映的是企业运作的规范化、标准化和流程化。

——2007 年,王石在 J. P. 摩根 CEO 论坛上演讲时如是说

背景分析

中国企业在管理上,与跨国公司最大的分别,就是很多人喜欢自选动作,随心所欲,发挥自己的创造性,因此很有成就感。而跨国公司,更多注重的是规定动作,让你做什么你去做什么。这种规则意识、服从意识的培养,其实取决于企业有没有标准化的流程。

由于各地的操作平台不同,相互之间的交流方式不同,地产开发商在跨区域开发过程中,就会出现各个城市之间开发水平相差很大的问题,万科就是依靠标准来控制开发水平参差不齐的。项目中有一部分东西是完全可以拷贝的,例如万科开发的"四季花城"不错,一线公司会在拷贝的基础上做一些本地化的东西。慢慢形成一些标准,之后就能够模仿工业产品制造,来解决扩张速度和高水平复制的问题。

据地产客户关系咨询专家田同生的观察,万科的规划设计部从 2001 年 11 月开始编制内部开发流程,2002 年开始在集团内部推广,到今天,流程已经是数十易其稿了。

万科的产品研发是集中在集团总部来做,什么是集团确认批准的,什么是不能动的,这些关键点都在流程上面,不批准就不能进行下一步。

流程图上,例如总部和一线公司的关系接口在哪里,哪些地方是总部要管的,哪些是一线公司要管的,十分清楚地标注在上面。更有特色的是,流程还给一线公司提供了范例说明,例如某个项目的概念设计、坡地的分析等等,与一线公司分享。

行动指南

没有流程和制度的企业难以持久。用流程巩固企业成果,用制度推动企业发展。

8月13日 跨地域发展需要更多人才

把企业做好,这不是一代人能解决的问题——即使是在成熟的工业发达国家,一个伟大的企业也是要经历很长时间才能建立起来的。而在中国,我们传统的社会经济体制和现代的企业制度之间有很大的距离,再加之长期的封闭,所以创办一个优秀的企业应该是非常非常难的,就我所经历的事情,比登上珠峰还要难。

——王石、缪川,《道路与梦想》,中信出版社,2006 年 1 月

背景分析

对于管理干部,多年来万科的做法是:自己培养,从基层做起。然而,开发区域不断扩张,使得万科的管理人才吃紧,从 2001 年开始,万科有了新的做法,就是从竞争对手那里挖人。

例如,原来万科的特点是从大学生中间招聘,或者是从社会上招聘,来了万科就从普通职员做起,自己内部培养。过去开发项目少,这样做可以,现在不行了,满足不了需要。所以现在万科的人力资源负责人解冻想清楚了,要从竞争对手那里请一批人,这是新做法,也起到了新效果。

2001 年,万科人力资源部门与上海交大管理学院合作完成了一个"万科职业经理人核心素质的模型",从这一年开始万科调整策略,从社会上招聘高级人才,实施"海盗计划"。

所谓的社会招聘其实是有倾向性的,万科不通过"猎头"觅食,而是自己动手做。他们将目光定位在:学习榜样,合作伙伴,竞争对手,政府关系四个方面。解冻说:"我们了解他们,他们也了解万科。比如上海万科的一位副总经理,就是从合作伙伴那里请过来的,他在做项目的过程中对万科有了解,知根知底。因为他来了之后要担任很重要的职务,不知根知底的话就会有风险。有些人在工程管理方面做得很好,这正是万科需要的,所以他们来到万科之后,感觉很好,很认可万科。"

行动指南

物以类聚,人以群分。在茫茫人海之中找到合适企业风格和需要的人才,然后积极延揽之。

8月14日 "全国性思维"与"本地化运作"

万科跨地域发展的经验如下:首先是通过合理的组织架构来控制和降低管理运营成本,既实现资源共享,又保证各地分公司按照万科的模式运作,利用专业优势保证所开发项目的质量。 对跨区域发展的万科来说,"全国性思维"与"本地化运作"密不可分;第二是万科向外推广的产品一般是经过市场检验、开发成熟的住宅产品。 万科在全国进行开发,产品会在以往发展的基础上进行创新,新项目一定优于原有项目。 万科不但通过做减法来实现专业化,而且强调专业化的单一化,产品种类太多会造成管理难度加大;第三是万科成功的品牌战略可以降低项目推广成本,通过品牌战略实现与消费者的密切沟通,并与消费者建立起长期的、双向的、维系不散的关系。

——2003年3月,王石在接受《经济观察报》记者采访时如是说

背景分析

2006年,万科划分出3大区域,主要是因为项目逐渐增多更适合于区域管理;另外一方面也是考虑对中国经济最为活跃的三大经济圈进行全面而有效地覆盖;再有一个决定因素就是万科对住宅工厂化的追求,工厂化必须要考虑合作伙伴和原材料运输半径的问题,区域化运作更为现实。

但是后来的事实是公司的成长速度比万科的管理者们想象得要快,只是简单地划分出三大区域进行管理显然不够,总部也必须进行相应的组织结构调整。其中最需要明确的一点是:总部管的,区域不管;区域管的,总部不管。人事、财务和信息系统都是垂直体系,而跟市场和客户更贴近的东西则由区域全权定夺。

行动指南

熟悉当地,研究当地,使得企业能够融入当地的市场,占领当地客户的心。

8月15日 以市场为导向的灵活应变的组织

企业在快速扩张的同时,还需要避免组织机构的急剧膨胀,以保持快速的市场反应能力,形成一个以市场为导向的灵活应变的组织。 而从离线到在线,也是一个建立新型管理方式的过程。

——2003 年 3 月,王石在接受《经济观察报》记者采访时如是说

背景分析

万科在 2004 年开始进入第三个 10 年计划实施的时候,郁亮发现万科组织结构的变革进行得比想象中要艰难得多。当万科在组织新架构的时候,发现自己必然走到矩阵式架构,而矩阵式架构对万科来说是巨大的挑战。原因很简单,万科从 2000 年开始成功地运作了一个地产化的总部,而这个地产化总部在很大程度上相当于一个专业化的总部,专业化总部运作的成功意味着万科专业能力的极大提高,而专业能力的加强却恰恰在某种程度上为进行矩阵式管理带来了麻烦,专业之间的沟通变得非常困难。

万科原先的开发商专业角色是很清楚的,通过流程制度的建立,实现从专业化组织到矩阵式架构的转变,对万科是一个很大的挑战。

虽然对组织结构的变革还在摸索中。但是郁亮很清楚,在世界优秀企业的 DNA 中,有一条一定是关于组织结构的,适时地建立相应的组织结构并不断地对其进行调整,这一点正是万科目前努力的方向。与此相关的另一个问题是,地产行业充满了不确定性和波动,企业既需要马力强劲,启动迅速,又要能及时踩住刹车,那么组织结构

下面的风险控制体系的建立对万科的管理层来说又是一个巨大的挑战。

行动指南

每一家企业要找到合适自己的组织结构都不容易。但是培养灵活的市场导向,打破官僚制度的决心不能动摇。

8月16日 万科的国际化

万科的国际化将主要体现在三个方面:信息的国际化、人才的国际化,以及整个开发产品组合的国际化。

——2005 年 2 月,王石在接受《第一财经日报》记者采访时如是说

背景分析

在当前的情况下,国际化对万科这样的房地产公司到底意味着什么?多次探讨后,万科明确了一件事:那就是万科做到 1000 亿元的时候,势必面临组织结构的高度复杂性,要进行的业务流程重组可能跟当前的做法完全不同,增长会出现瓶颈,瓶颈在哪里,如何突破瓶颈,将成为一个重大的课题。因此万科需要引进国际化的成功的职业经理人。但是在引进这些人之前,他们自己的思想需要有一个转变,而负责集团管理线和人力资源的解冻更需如此,最起码负责人力资源的解冻要能够和这些人平等地对上话。

2006 年 9 月 5 日,解冻离开中国去美国麻省理工学院进修。解冻离开中国之前的最后一个电话是王石打来的,王石在给解冻的电话中坚决地表达了一个意思,那就是解冻的这次出国培训是万科公司整体战略的一部分。一年多下来,解冻在美国所建立的人脉体系以及对于海外人才的多方面理解,为万科引进一批海外人才打造了一个沟通和资源的平台。很显然,这在人才国际化方面执行了"万科要国际化"的建议。

行动指南

企业不需要走出国门,也能够国际化。人才的国际化,是其他国际化的核心。

8月19日 主动给政府加钱

正经公司别老想着去占政府的便宜，占多了人家的便宜，将来自己也顺不了。等到政府产生"后悔"的念头时，它让你难过你就不好受了。因为你拿的地头，毕竟还是要靠政府来做很多配套来配合的。

——2003 年，王石在与世联董事长陈劲松交流时如是说

背景分析

万科在成都开发的一个"城市花园"项目，拿的是郊区的地块。当时那是个什么概念呢？那时候成都的高尚社区都在往南部集中，完全没人会相中这里。那块地纯粹是工业区的用地——颇有点类似沈阳的铁西区。万科拿下的时候，引得成都地产界一派哗然，谁都觉得万科水土不服、不了解成都。

据说当时看地时，走路都要一两个小时。当然，地块是不够理想，但新兴开发区比较好规划布局，价格也便宜，每亩大概只要 15 万元左右。万科这时就算账了，这块地政府卖出后，又要修路，还要通煤气等等，估计政府投入的资金都超过 15 万元了。于是，万科地产主动向当地政府提出，每亩价格愿意再加 5 万元，因为王石帮政府算了一笔账，15 万元做不下来。政府当时又感动又开心，这可真是匪夷所思的事啊，开发商主动替政府着想，你别说万科还真不一样。

一年后，这块地每亩涨到了 60 万元，路也修好了。相比之下，万科的地就拿得实在便宜。这个时候，政府即使有悔意，也没理再说什么，毕竟，万科也替政府着想过。

行动指南

能够设身处地为合作伙伴着想，总是一件双赢的好事。

8月20日 万科的引进社会精英行动

　　2000 年以来，万科的发展节奏明显提速，为人才的成长提供了良好的上升空间。 一批年轻的人才走上了新的管理岗位。 管理队伍年轻化所带来的是管理经验相对缺乏、专业能力的提高还需时间的问题。 其次，崭新组合的管理团队也存在一个相互磨合、经验积累的过程。 但万科的培训体系对企业管理训练关注为多，专业培训还尚显不足。

　　再者，万科以内部培养为主的人才观念，在社会资源不成熟、不专业的时期，积极倡导培养万科的职业经理人队伍，在万科的历史上曾经起到积极的作用。 但在社会资源已经越来越成熟、越来越专业的时期，在专业管理人员的引进方面，万科应该考虑适当增大比例。

　　　　　　　　——王石、缪川，《道路与梦想》，中信出版社，2006 年 1 月

背景分析

　　2007 年的人才引进行动在万科内部被称为"007 行动"。

　　"007 行动"与以往最大的不同在于此次行动的目标直指所谓的"社会精英"群体，而非从前的行业精英。万科引进社会精英的标准是管理过更大规模的公司，阅历更复杂，基本特征是国际化的，本身受过良好的职业训练和教育，这种教育通常在国外进行，拥有国际视野，具备专业能力，还有职业精神。

　　2007 年，原百安居中国执行副总裁袁伯银加盟万科，出任万科集团助理总经理，成为万科推出"社会精英"招聘计划以来，吸纳的第一位具有跨国公司背景的职业经理，也是在该计划推出后，万科管理层首次新增的成员。袁伯银的到来被看做是一个标志性的事件，找这样一个领域的人担任公司的综合管理工作，这在两年前是不可想象的，如今万科却把上海这个重要区域拿出来，交到了袁伯银的手上。解冻认为当公司规模到了一定阶段之后，管理哲学层面的东西比技术层面的东西更多，跨领域的共通性更强。

　　万科的社会精英行动能推动起来，与股权激励计划有密切关系。万科每年从利润

增长额里面,按照一定的规则和一定的比例去购买股票,每个员工每年都有。股权激励解决了两方面的问题,一方面增加了对社会精英的吸引力,另一方面减少了内部阻力,因为每个拿到股票的人都希望自己的股票升值,都愿意配合"空降兵"们把工作做好。

行动指南

引进更多非本行业的精英,是帮助行业领跑者突破行业框框,更上一层楼的好办法。

8月21日 跨地域发展需要多元化的融资策略

万科是中国第一批上市的公司,它对融资的考虑走的是比较前面的,从大环境来看,就万科已经是融资多元化来讲,应该是依靠银行的比重来过渡,我们希望它这个比重应该是不超过30%,最早低于25%。所以,万科在第三个10年当中强调融资多元化,从房地产资金积累的角度看,更多的应该是资金来源的多元化。我们相信在未来的5年或者更长一段时间之内,所有国家的金融体制改革会给市场提供一个好的条件。就万科目前来讲,除了发行股票、可转换债、信托资金之外,还要考虑向国际上更大的平台去扩展。这是房地产融资精细化了。

——2004年,王石在接受中央电视台《中国证券》节目记者提问时如是回答

背景分析

随着万科的规模越来越大,单一融资渠道显然无法支撑公司的成长,而且目前来看,每个渠道都具有非常大的不确定性,比如银行贷款的政策风险较大。而积极探索各种合作方式,拥有灵活的多渠道融资方案显然也是为了未雨绸缪。

万科董事会秘书肖莉就曾说过:目前行业整体的资金来源比较单一,由于直接融资渠道没有全面建立起来,行业融资过度依赖预售款和银行信贷,这不仅引发了社会的忧虑,对于企业来说也是不安全的,而万科是较早尝试建立多元化融资渠道的房地产住宅企业。

就股市募资而言,经过长时间的积累,万科的优势正越来越明显:从 2000 年到 2005 年,万科经历了一次配股、两次发行可转换债券,总计从资本市场募集 41.15 亿元的资金;2006 年年底,万科非公开发行顺利实施,一次性募集资金达 42 亿元;2007 年 8 月,万科增发 3.17 亿 A 股,募资 100 亿元人民币。2008 年 9 月,万科再发行 59 亿元的公司债。业内人士认为,万科的公司债能成功发行,则可进一步优化公司的负债结构,减少短期借款。

事实上,在治理结构、品牌和管理上多年积累下来的良好口碑,使得万科在公众和资本市场上都很受认可,所以在融资渠道上,万科也可以拥有更多的战略选择。

行动指南

融资就是找人拿钱,企业需要有一个良好的心态和积极沟通的态度,才能持续获得资金支持。

8月22日 国际化融资

作为资金密集型行业,万科的快速扩张还必须充分考虑自身的资金能力。 其一是资金总量的控制。 具体的指标是企业的资产负债率必须保持在合理水平。 事实上,相当一批新兴企业的败落,原因之一就是高负债融资扩张。 其二是资金的流向,应当向资金回报高、周转快的地区适当倾斜,应该向市场潜力大、发展空间大的市场倾斜。

——王石、缪川,《道路与梦想》,中信出版社,2006 年 1 月

背景分析

2007 年 4 月,全球最大的地产公司通用电气商业金融房地产公司把在内地的首笔 2000 万美元投向"中信资本·万科中国房地产开发基金",这一基金是 2006 年 12 月中旬,万科与中信资本投资有限公司共同筹组成立的。

三四年前,万科就开始有意识地拓展境外的融资渠道,希望借此改变以往在资金上过多依赖国内银行的局面——因为开发贷款和按揭受金融政策影响极大。与此同

时,与国外资本合作,也可以通过学习其专业的投资经验,提高万科的运营水平。

在与国外资本的合作中,万科良好的治理结构和一贯坚持的规范运作开始发挥作用。2004年7月,万科宣布与全球最大的房地产项目融资银行之一——德国银行 Hypo Real Estate Bank Internatinal(简称 HI)达成合作协议,由后者出资 3500 万美元,双方共同在中山完成"万科城市风景花园"项目。这也是国内第一家取得境外贷款的房地产案例。吸收海外资金的最大困难不在于制度,而在于公司本身的透明度,"国外资金要投资公司,最大的要求是能够看清楚被投资公司和项目的风险,但是国内很多房地产企业在财务、项目运作等方面并不透明,挡住了资金的来路"。

2005年12月,万科与新加坡政府产业投资有限公司(GIC RE)附属公司 RZP 签订了两项转让项目公司部分股权的协议,获得税前收益 8700 多万元。万科的最大收获在于,面对宏观调控带来的增长机会,将手中部分开发周期较长的项目出售给资金实力更为雄厚的境外投资者,获得的资金可用于购买开发效率更高的土地,从而加快资金周转速度,提高回报率。

融资渠道的多元化,又使得万科可以结合强势品牌和资金的优势,在土地资源的获取上采取更加灵活的战略。

行动指南

融资国际化是一条可取之道。而和国际企业的沟通磨合过程,也是一个提升自己的机会。

8月23日 逃离北海

深圳特区目前总共开发了 70 平方公里的土地,"三通一平"每平方公里需要两三个亿,70 平方公里的"三通一平"用去了近 200 亿元,也就是说地面上什么还没有就用去了 200 个亿。 再看北海这 40 平方公里的荒地滩涂开发,即使这里的劳力、建筑材料比深圳便宜,每平方公里土地也得 1.5 亿~2 亿元,40 平方公里就得 60 亿~80 亿元,如果算上地面上的投资、厂房、公建、发电厂、水厂,少说还得 80 亿元,加起来就是 140 亿~160 亿元。 问题不在投入,更重要的是产出和消费。 北海目前一年的产值不足 10 亿元，如何支撑这么大规模的基本建设？

——1997 年，王石在接受本书作者采访时如是说

背景分析

因为遭遇那场史上最严的宏观调控，身处西南一隅的广西北海暴得大名。这座 14 个沿海开放城市中最不显眼的城市，引来了全世界的注意力和资本，出现了"北海奇迹"，或者叫"北海泡沫"。

1992 年，北海市因其独特的地理位置和市政府大张旗鼓的"筑巢引凤"政策，引来了大批外来地产商。其中，北海市长答应划 40 平方公里的土地给雄心勃勃的万科进行开发。不过，最后一分钟，王石刹车了，逃过一劫。

北海真正值钱的，是体制上的位势差，也就是政策上的特殊性。在 14 个沿海开放城市中，北海的政策相对特殊。别的开放城市，比如广州，享受政策优惠的开发区仅有 1 平方公里；北海则是全市享受特区政策，全市都是开发区。

在公开允许炒地炒楼的宽松环境下，北海房地产公司由 1992 年的 6 家猛增到 1993 年的 1700 家，政府批地 80 平方公里，报建商品房 340 万平方米。不少人从土地和楼盘的炒卖中赚取了惊人的利润，但万科并未加入他们的行列，而是实实在在地搞地产开发。1992 年 12 月，建筑面积 1 万多平方米的"万达苑"破土动工，市场定位为多层中高档商住楼，包括 60 套公寓和 1000 多平方米的商场，主要销售对象为外来投资者和知名厂家。由于在政策许可之下预售楼花，公司赢得了宝贵的时间差，在北海房地产发展到高潮时得以迅速回笼资金。之后，"万达苑"基本出售和出租完毕，万科算是能够顺利撤退。但是，接下来的事情众所周知，北海房地产的泡沫和破灭，成为 20 世纪 90 年代中国经济最大的问题之一。

行动指南

有时候很多诱惑只是陷阱，企业不要去做赢得起输不起的生意。

8月26日 区域聚焦

2006年万科仍然坚持城市经济圈聚焦策略，以珠三角、长三角和环渤海区域为经营重点。从销售情况来看，2006年三大区域实现销售面积275.7万平方米和销售收入192.2亿元，分别占公司整体的85.4%和90.6%，实现结算收入161.9亿元和净利润20.6亿元，分别占公司整体的91.6%和94.5%。为了进一步完善三大区域的布局，2006年万科新进入杭州、厦门、长沙、青岛、宁波等城市。

——王石在万科2006年年度财务报告中如是说

背景分析

根据美国、日本的经验，大型房地产企业的市场占有率，比如日本和美国的前五强分别是17.5%和20%，而目前中国前十大房地产企业市场占有率不足8%。2006年和2007年万科的市场占有率分别是1.35%和2.07%。从行业趋势看，中国的房地产行业集中度也会逐步提高，由"春秋时期"走向"战国时期"。但是，提高市场占有率，并不是盲目地在全国各城市扩展业务，而是要区域聚焦，扩大特定区域的规模。

现时，中国房地产公司周转率大幅低于美国同行业公司，有经营管理水平的差异，有顾客需求的差异，但一个重要原因是中国的土地出让、用地规划、设计规划、房屋预售、物业管理等房地产管理制度与美国的相应制度差异决定的客观情况。面对各地顾客的差异化、面对各地区主管部门具体要求的差异化，房地产公司必须区域聚焦、城市聚焦，甚至聚焦到大城市的某个"区"，只有这样，公司才能够实现在特定区域的项目周转率的最大化，才能实现在特定区域的项目规模持续扩大，才能实现在特定区域的市场占有率持续扩大，进而才能实现在全国范围的规模化运营，提高全国市场的占有率。"大不一定强，但不大一定不强"，公司经营必须实现规模效应，这一规则同样适合房地产行业。

需要说明的一点是，公司经营的层面必须把握好各方面的节奏均衡，发展才能持续而健康。不能为扩大经营规模而盲目追求某些特定区域以及全国范围规模的"大"，要"以销定产"，在对顾客需求趋势、自身资金实力、财务安全和自身经营能力等有准确判断之后,再决定自身的合适规模。

行动指南

跨地域的业务扩展要积极,但是同样需要把握布局的均衡和节奏。

8月27日 "3+X"城市的人口与住宅市场

中国的地方经济就是城市经济,城市经济很重要的特征就是城市增容,而人口增长是城市经济发展很重要的方式。 显然,城市人口迅速增容,其所带来的城市基础设施、住宅需求,都给大盘开发提供了种种可能性。 如北京四环路的建成通车、上海浦东的开发、广州番禺的开发、深圳福田城市中心的建设、重庆新城的建设等等,为房地产的发展带来很多机会。

——2001年,王石在接受《信息时报》采访时如是说

人口研究结果显示,2000年至2020年,我国城镇人口将净增3.6亿,城市家庭将增加1.3亿户以上,其中93%为新迁入人口,按户均80平方米计算,需要新增住宅在100亿平方米以上。 此外我国人口迁移明显呈现朝向沿海发达地区的特点,目前省际迁移人口中,2/3迁入北京、上海、江苏、浙江、福建、广东等6省市。 由此可见,我国未来城市住房的供求矛盾依然尖锐,沿海发达地区尤其显著。

——2008年4月,王石在介绍第一季度业绩时答记者问

背景分析

2007年5月至7月,万科开展了"城市人口与住宅市场研究"的专题研究活动。所有一线公司均对所在城市的人口状况进行了初步分析。

在此基础上,对万科已进入城市以及国内其他主要城市的重要人口指标进行分析,希望能够从中获得重要的市场启发。

总体来看,在万科已投资的城市人口之中,上海区域覆盖的人口总量最多,深圳区域流动人口总量最大,流动人口比例超过总人口一半。

上海、珠海、南京、杭州、北京等城市人均建成区面积明显小于人均城建用地面积,

城市发展空间较大(计算方法:市辖各区城市建设用地面积/常住人口。土地面积为2005年数据;城市建设用地是城市长期可供应的城市建设土地资源总量;建成区是城市基础设施已覆盖的连片土地。大多数城市的建成区等于或略大于城市建设用地面积)。

行动指南

中国的城市化过程是人类历史上最大的一次城市化尝试,各行业都有机会,就看企业家如何把握。

8月28日 本地化是门大学问

耶稣12门徒像应该看过吧,耶稣坐在中间,门徒们分开左右坐下,餐桌上有酒,还有水果,餐盘上摆着面包。你们在欧洲看的,基本上都是这种画法,对不对。但是,我在秘鲁看到的耶稣12门徒像的画法就不是这样。不一样之处在哪里呢?就在餐盘上摆着的食物。替换面包的食物会是什么呢?

……是老鼠!

由于蛋白质含量很高,所以老鼠在库斯科是当地人的佳肴,不过,那可是田野里的老鼠,绝不是家里的那种。

宗教进入秘鲁,为了让当地人接受,将耶稣餐盘中的面包换成了令人垂涎欲滴的老鼠,可见,与当地实际相结合的本地化是多么的重要,是不是?

——2003年,王石在深圳对友人田同生如是说

背景分析

有着巨大精神力量的宗教,在进入一个陌生文化的国度时尚需本地化,那么,将其他那些没有如此强大力量的理念、思想导入到一个国家、一个地区、一个行业难道就能够免去此番转化吗?答案显然是不行的。

看来,将面包换成老鼠,是本地化最生动的例子。

在全球化已经将世界的每个角落都裹挟于其中的当下,大公司代表的资本在不同

城市的实现能力并不是那么一帆风顺,而是遭遇到相当多的困难。

本地化的管理人才不仅仅是简单地翻译资本的运作规则、实践资本的市场精神,本地化的管理人才会不断地利用对市场的征服所形成的影响力,将本地化的运营经验进行反向翻译,使得大公司的规则和精神不再那么纯粹,母体的影响逐步被稀释,形成一种混合的制度。

行动指南

保持自身价值观体系,同时尽可能地实现本地化。

九月 ｜ 地产行业的深入反思

 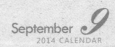
MON	TUE	WED	THU	FRI	SAT	SUN
1 初八	**2** 初九	**3** 初十	**4** 十一	**5** 十二	**6** 十三	**7** 十四
8 中秋节	**9** 白露	**10** 十六	**11** 十七	**12** 十八	**13** 十九	**14** 二十
15 廿二	**16** 廿三	**17** 廿四	**18** 廿五	**19** 廿六	**20** 廿七	**21** 廿八
22 廿九	**23** 秋分	**24** 九月大	**25** 初二	**26** 初三	**27** 初四	**28** 初五
29 初六	**30** 初七					

9月1日 房地产行业形成垄断了吗？

什么是寡头垄断？一般来说应具备两个特征：第一，少数企业占据了行业绝大多数份额，比如说前三名占了 50% 以上；第二，行业有进入壁垒，不能随便进入，少数企业操纵着市场价格。这两个特征缺一不可。

一个行业如果没有进入壁垒，即使集中度很高，也不是寡头垄断，比如手机行业，全球市场的前三位份额，早就超过了 50%，但这个行业显然不是寡头垄断的。

中国房地产行业现在是什么情况呢？首先，集中度还非常低，目前全国房地产开发企业在 3.5 万~4 万家，高峰时曾达 5 万多家。对比一下 2006 年中国和美国的数据。2006 年中国第一名是万科，占有率只有 1.25%，而美国第一名的占有率是 4.9%；中国前五名加起来不超过 4%，而美国是 17%。

——2007 年 12 月，王石在《万科》周刊上发表的文章中如是说

背景分析

即使万科将来的市场份额超过了 4%，也构不成行业的垄断壁垒，因为房地产这个行业属于充分竞争领域，只要有资金、土地资源就可以进入这个行业，不像金融、电信、能源等有准入限制，这也就是近两年其他行业的企业纷纷进入房地产业的原因。如此自由准入的行业，是不容易出现寡头垄断的，企业更不可能获得定价权，价格是在竞争中产生的，如果这个行业的收益率高了，其他行业的资金就一定会进来，加剧竞争，将利润率降下来。

王石认为，中国房地产现在主要面临的问题不在垄断，而在于集中度不够。

首先是在市场份额过于分散的状态下，购房者的权益事实上得不到很好的保护。一个行业有几万家公司，很多公司就是项目公司，做完一个项目可能就消失了。房子是要住一辈子的，几十年的时间里面，售后服务、维修问题是需要开发商来负责任的。只有那些做长期开发的、走品牌路线的公司，才能负得起这个责任，而这样的公司，基本上都是大公司。

行动指南

每个行业都需要有市场的主导者。主导者不仅能够占有较大的市场份额,还能够为社会提供更好的服务。要在行业之中争当主导者。

9月2日 房地产市场前景广阔

我们可能已经看见了奇迹的发生,但是,伟大的历史才刚刚开始。

人口研究结果显示,2000 年至 2020 年,我国城镇人口将净增 3.6 亿,城市家庭将增加 1.3 亿户以上,其中 93% 为新迁入人口,按户均 80 平方米计算,需要新增住宅在 100 亿平方米以上。 此外我国人口迁移明显呈现朝向沿海发达地区的特点,目前省际迁移人口中,2/3迁入北京、上海、江苏、浙江、福建、广东等 6 省市。 由此可见,我国未来城市住房的供求矛盾依然尖锐,而沿海发达地区尤其显著。

一个基本的判断是:未来 10 年内中国住宅行业仍然具有相当大的发展潜力。 一方面中国正处于人类有史以来最快的城市化进程中,预计从 2005 年到 2015 年,全国的城镇将增加 1 亿人口,而且中国家庭的规模不断缩小,由此新增的 6000 多万到 7000 多万户家庭需要住房。 另一方面,中国是全球经济最具活力的国家之一,受惠于特殊的人口结构所带来的经济红利,家庭财富的积累将为住房市场的需求提供支撑。 在这个意义上,对于世界最大住宅市场的中国来说,具备竞争力的企业,市场孕育的机会是巨大、长期的。

因此,可以预见的是,在相当长的一段时间内,中国住房市场有望持续繁荣。

——2008 年 3 月,王石在其文章《我的 2007,慢下来》中如是说

背景分析

中国目前处在一个特殊的发展阶段。从 20 世纪 50 年代中期到 90 年代初,尽管日本市场增长速度存在波动,但整体向上的趋势从未发生改变,日本地价从 1955 年到 1992 年持续上涨 37 年,仅 1975 年出现小幅下挫。

中国房地产市场目前正处于经济高速发展和城市化的背景下,与日本 20 世纪 60

年代的情况相似。中国目前的城市化率仅有 43% 左右,未来至少还有 20% 的提升空间,由于城市化和家庭小型化带来的城市新增家庭将超过 6000 万户。此外,中国处于以劳动适龄人口为主的时期,目前抚养负担比重约 40%,低于日本在 20 世纪达到的最低水平。这一人口红利至少可以延续到 2020 年之后,在年轻人口不断迁入的沿海城市则可以延续得更为长久。

综上所述,未来相当长的一段时间内,中国房地产市场尤其是住房市场,仍处在显著的向上趋势中。

行动指南

如果看好中国经济的发展,看好中国的未来趋势,那么就应该看好中国的房地产。这个行业成败的关键,就是看企业家是否有办法度过行业的寒冬,是否有能力把握住新一轮的机会。

9月3日 不要挑动企业家斗企业家

目前我国贫富悬殊,不宜强调是穷人区还是富人区,这样的宣传本身就不是很合适,但是我们要反思一下是不是我们的媒体有炒作的成分,实际上我们说一句话,比如说任志强先生说我就给富人造房子,你一定要把前后的话联系在一起,不能断章取义,本来我们房地产商的社会形象就不太好,这样妖魔化会把误解加深。 我不去谈任志强怎么说,王石怎么说,这样不是挑动企业家斗企业家吗?

——2006 年 2 月,王石在南京进行新书签售活动时如是说

背景分析

过去几年,房地产商在中国社会口碑不太好,经常成为社会舆论批判的焦点。

即使是很多不买房的人也听说过任志强,从"房地产就该暴利"到"贫富分区很正常",他总是语不惊人誓不休,一次次道出地产商眼里的真实。

冯仑则是口无遮拦地说出"房奴活该",并把刚大学毕业的年轻人买房,形象地比作"幼儿园的小男孩找媳妇"。这位被誉为房地产思想家的商人,低调一段时间后一鸣

惊人,依然有学者的智慧,只不过这次却让人觉得"站着说话不腰疼"。

这些话也许真实,却是不负责任的。因为企业是社会的一分子,商人首先应当是一个人,得维护社会环境的和谐与稳定;这些话有一定的道理,但表述不当,换种方式同样可以达到倡导理性消费的目的,他们并未如此,而是把善意提醒变成一种夸张的表达。

对地产大佬们来说,在公众场合发表言论同样存在着一条底线。即便不想承担什么社会责任,也不想跟黄如论一样成为慈善家,但至少他们应当保持冷静和克制,而不能口无遮拦,不计后果。

另一个经常抛头露面的地产商潘石屹有过总结。他说地产业所有这么多的负面形象有几点理由:第一,财富排行榜大概有一半都是地产商;第二,普遍认为地产是暴利行业;第三,腐败的官员通常与地产开发有关。

地产商们未来需要有一个形象自我救赎的过程。

行动指南

企业家容易做到的是注重客户的感受,但是很少有开发商做到兼顾社会公众的感受。但是为了自身的形象以及企业的发展着想,有话好好说,一定不要刺激和挑衅民众。

9月4日 搅局者顺驰

顺驰与万科根本不能同日而语。 这种黑马其实是一种破坏行业竞争规则的害群之马。

如果把握好节奏,顺驰能够成为一家非常优秀的公司,但现在它要为盲目扩张造就的奇迹付出代价。

——2006年1月,王石在接受《第一财经日报》采访时如是说

背景分析

早在2004年,孙宏斌的顺驰在全国12个城市跑马圈地,屡屡得手,被业界称为房

地产界的一匹"黑马"。2004年1月6日,孙宏斌领导的顺驰集团在苏州工业园区1平方公里地块挂牌竞拍中,以27.3亿元的价格拍得此地,让准备了一年多、志在必得的万科铩羽而归,引起了王石的警觉。

2004年8月,在第四届"博鳌21世纪房地产论坛"上的演讲中,王石谈到当前的宏观调控对地产企业的影响时说:"那所谓的'黑马',现在只能是熬着!"与会的500人绝大多数来自地产业界,"黑马"的所指不言自明。

在7日晚上的对话中,孙宏斌说顺驰2004年目标要达到100个亿,2004年的销售回款可以达到120个亿。孙宏斌话音未落,王石马上就说:"睁着眼说瞎话。这是吹牛!"孙宏斌马上回答:"100个亿能不能实现,到年底就清楚了。"

孙宏斌的顺驰跑马圈地,使业界风云跌宕。顺驰这种做法使很多房地产商颇有微词。以致有个房地产商发了一份"致业界的倡议书",说顺驰的竞买扰乱了土地秩序,影响土地的持续开发。

2006年9月5日,孙宏斌在香港与路劲基建签订协议,向后者出让顺驰中国控股有限公司55%的股权,作价人民币12.8亿元。

不到半年之后,即2007年1月26日,路劲基建发布公告称,已与孙宏斌及顺驰方面签订协议,将于年内继续收购顺驰中国其余股权,收购完成后,路劲及其合作伙伴总持股比例达94.7%,孙宏斌仅保留约5.3%。

在整个收购行动中,顺驰中国及其所有项目资产被分为顺驰A和顺驰B两部分。按路劲基建董事局主席单伟豹的说法,前者是历史遗留问题少而且是独资的部分,后者则很多是合资项目,问题比较复杂。

其后,一度传出孙宏斌和单伟豹激辩,要到香港联合证券交易所投诉的传言。

行动指南

欲速则不达。脱离现实环境的狂飙突进,或许可以在短时间内见效,但是就长远来说,企业必然要为自己的投机行为付出惨重代价。智者不为也!

9月5日 积极关注中低收入者住房

过去我们万科包括我本人在内,有这样一个误区,认为解决中低收入者的住房问题,应该是政府来主导,认为解决中低收入者住房问题与开发商无关,这是个误区。万科已成立专门调研小组,兵分两路,分别调研国内外有关中低收入者的住房状况,并了解有哪些可以借鉴的经验。 而此次通过网络开展的方案征集活动将为万科的调研提供参照。

万科推出的面向中低收入者的住宅原型将是一个"有人性味的大型集体宿舍"。"这里能提供一个很大的共享活动空间,配套比较齐备,少则两三百人、多则七八百人住在一起"。

——2005 年 10 月,王石在万科 "50 万元征集 '城市中低收入人群居住解决方案'" 的新闻发布会上如是说

背景分析

2004 年 12 月 12 日,在中国企业领袖年会上,华远地产的任志强公开说:"如果我定位是一个商人,我就不应该考虑穷人。我坚持一个观点,不要让所有的老百姓都买房子,因为我们没有那么大的生产量。在供应量很少的情况下,一定是先满足最富的人。如果考虑穷人,我作为一个企业的管理者就是错误的。因为投资者是让我拿这个钱去赚钱,而不是去救济穷人。不要以为房地产商给穷人盖房子就能解决穷人的问题,我们即使盖很低廉的房子也解决不了穷人的问题,穷人都要靠国家政府财政转移和二次分配来解决住房问题。解决穷人住房的问题,最终要靠政府制定的社会保障制度。"

任志强的"开发商给富人盖房"招来一片骂声,由此引发"谁来关心中低收入人群的住房"的社会舆论关注。虽然王石明确表态,在中低收入者的住房问题上,开发商"不能无所作为,应该关心","50 万元征集方案"也表明了万科的姿态,但是,王石也坦言,万科暂时不会为中低收入者盖房,类似经济适用房的产品尚不会被纳入万科的产品线。

王石的理由是"还要看政府的政策"。而曾被寄予希望的经济适用房制度和廉租房制度也受到更多质疑。面对提问——"此次方案征集活动,是否是对现有住房保障体系的反省",建设部住宅与房地产产业司司长谢家瑾没有正面回答——"我们一直在反省"。

建设部此次对征集方案的"指导",以及"国八条"中的"土地供应向中低档住宅项目倾斜"等,都已经显现出政策风向。只是开发商期待的金融支持等务实的"政府政策",还在期待中。

行动指南

在任何一个国家办企业,不可能完全脱离政府和公众因素的影响。与其被动地为外界因素推着走,不如主动介入,积极地和社会与公众互动。

9月6日　让建筑赞美生命

万科此次新标所传达出的感恩意识,既包含对客户的感恩之情,也有对社会的感恩之意,其实质在于强调企业与客户、社会的和谐共生,唯有如此,企业才可能具备持久的生命力,希望新标识伴随万科成长为百年老店。

——2007年10月29日,王石在万科换标仪式上如是说

背景分析

万科原标识曾经伴随这家企业走过19个年头,在原标识的设计阶段,万科还是一家以经营电器贸易起家的多元化公司,且有进入电器制造业发展的思路,因此原标识的设计带有适合在电器产品上使用的考虑。随后,万科在1993年将房地产住宅业务确定为其核心业务,公司开始进行专业化改造,转让住宅开发之外的其他业务,并逐步成长为目前中国最大的房地产住宅企业。原标识的内涵已经不完全吻合万科当时的定位和未来发展的方向,因此有了新标识的诞生。

不过,万科这次换标志,因为变化比较大,所以外界接受起来,态度也比较复杂。更有一些品牌专家,对万科新的宣传主体语句颇有微词。

"建筑无限生活"与房子、居住的概念非常吻合,而且有一种面朝天空的无限想象意境,与国人追求美好居住空间的心态非常一致,直白、吻合、有效。

"让建筑赞美生命"有一种带领所有消费者一起朝拜和敬仰生命的感觉。这种肯定句的主题很有高度,同时也限制在了一个狭窄的范围,这个范围单一、没有回旋的余地,而且距离感太强,导致普通消费体不可能体会到,所以传播力和营销作用都较为有限。

行动指南

企业标志和广告语的变迁,有时候未必能够充分反应企业的战略思路和运营方式的变化。不过,这毕竟意味着中国的企业有意告别草莽阶段,走向品牌精细化的新阶段。

9月9日 行业之间应重整合

供过于求,是市场经济的基本特征之一。 20世纪80年代,我曾参观过索尼公司在东京的专业级摄像机生产线。 在装配线上,我不仅看到索尼的品牌,还见到JVC、松下、日立等索尼竞争对手的品牌。 大的电子制造商利用品牌占领市场,生产领域却按规模经济生产的原则进行分工合作。 我感叹品牌之间既竞争又合作的资本主义精神。

反观中国的主流彩电企业,仍走着互相竞争而不合作的道路。 很难设想争夺彩电市场第一、第二把交椅的长虹、康佳两家企业能互相委托加工,但为什么不擅长生产电视机的海尔、TCL进入彩电市场也不采用委托加工的形式呢? 我们曾反思过计划经济的"小而全"、"大而全",可惜,家电行业仍在走着大而全的发展模式。

——王石、缪川,《道路与梦想》,中信出版社,2006年1月

背景分析

适度的竞争对企业的发展和社会价值的创造都有好处,但是恶性的竞争却往往导致对某个市场主体的伤害,甚至造成波及整个行业的灾难。

但是反观内地各个行业，不仅仅是家电业恶战得一地鸡毛，网络游戏、保暖内衣、网吧、纺织品乃至会计师行业，都存在各种恶性竞争。这样的后果，是内地多个行业缺乏积累，一旦遇到经济周期震荡和外资压力，这样的行业往往一触即溃，全军覆没。

鉴于彩电行业的经验，住宅产业应该走什么样的路呢？无疑，简单的规模化是行不通的。要使社会资源合理配置，有竞争力的发展商应该在产权、资产、专业分工的综合层面上进行整合。只有这样，才能在最短的时间内，形成一批具规模、有影响力的产业集团，才能彼此形成既竞争又合作的良性竞争局面。

行动指南

行业之中的竞争难以避免，但是行业之中的合作同样有价值。整合同行业资源，这是所有企业家不应错过的一环。

9月10日 住宅行业应该考虑"经济性"

20世纪六七十年代，乃至80年代，中国城市曾大量建造"火柴盒"行列式住宅，新兴的发展商认为它是过时、缺乏生活情趣的，因此予以否定，取而代之的是注重绿化居住环境、关注建筑立面的美观、满足生活舒适方便的现代住宅。但换一个角度看，"火柴盒"行列式住宅却是用较少的资源解决城市普通居民住房的最佳选择，在动员国力资源开展工业化时期，有其经济上合理的一面。

而在90年代流行的住宅小区，无论住宅环境公园化，还是住宅空间的无限扩大化、住宅装修高级化、卫生间重复化都表现出经济的不合理。以卫生间重复化为例，从住宅区的公用厕所过渡到单套住宅配备卫生间，是城市居住文明现代化的标志之一，问题是：单体住宅配置两套、三套甚至四套卫生间是合理的吗？万科曾考察过日本的高尚住宅区，惊讶地发现，很少单体住宅配置两套以上的卫生间。日本的人均GDP多少？中国内地的人均GDP多少？为什么我们的住宅卫生间配套这样"奢侈"呢？

——王石、缪川，《道路与梦想》，中信出版社，2006年1月

背景分析

21世纪以来,王石经常提到住宅行业的一个概念是"超前消费"。事实上,长期以来,房地产行业之中,有一种为了牟利,过分迎合乃至诱导超前消费的倾向。争相盖大房子,多洗手间以及安装其他炫耀性不实用的功能。

所以,王石感慨:我们现行的商品住宅存在着经济上的极大不合理性。在迎合"新富"消费群体时期,这种经济不合理性却能满足消费虚荣的需要,而面对普通消费者,无论从个人的消费能力,还是社会资源的有效利用来看,都是不可取的。面对普通消费者,应该反省住宅开发中的贵族化倾向,以舒适、实用、经济为前提,研究、开发满足普通居民的居住需求。

我们只有一个地球。中国还需要保证18亿亩耕地,因此,可供开发的城市土地是有限的。因此,地产行业要有大局观念,不能为了一时的利益,涸泽而渔。

行动指南

每个企业都是和社会共存的。在推广发展自己业务的同时,也要考虑到与社会的相容程度,不能为了利益不择手段。

9月11日 湿地是一个生态链

万科开发住宅小区的理念也是非常强调水,但开发的却是湿地。 而房地产开发商通常的做法,就是简单地挖一个坑,并往里面注水。 但在万科看来,搞湿地能打造一个生态链。 万科的理由是,中国缺水,东部城市缺水,西部城市更缺水,而挖一个湖,水就不可避免地蒸发。 湿地可以栽种很多水生植物,这样水的蒸发量仅仅是湖地蒸发量的1/4。 万科看重的另一个就是生态链,因为水生植物有生态链,而且湿地补充的水更多的是降落在小区的雨水。 表面上看不出什么,实际上仔细看万科跟其他企业相差特别大。 比如我们非常明确地提出节能、环保住宅的要求。 这其实就是万科对社会负责任的一种表现。

——2005年2月,王石在接受《第一财经日报》记者采访时如是说

背景分析

1971 年 2 月 2 日,来自 18 个国家的代表在伊朗南部海滨小城拉姆萨尔签署了一个旨在保护和合理利用全球湿地的公约——《关于特别是作为水禽栖息地的国际重要湿地公约》(Convention on Wetlands of International Importance Especially as Waterfowl Habitat ,简称《湿地公约》)。该公约于 1975 年 12 月 21 日正式生效,至 2007 年 4 月有 154 个缔约方。

湿地是地球上具有多种独特功能的生态系统,它不仅为人类提供大量食物、原料和水资源,而且在维持生态平衡、保持生物多样性和珍稀物种资源以及涵养水源、蓄洪防旱、降解污染、调节气候、补充地下水、控制土壤侵蚀等方面均起到重要作用。

万科在这方面,最突出的尝试是在天津的"东丽湖"项目,在一片盐碱地上进行改良,这是非常了不得的努力。生长在湿地上的别墅,是大自然的有机生物,可以生长、自我循环、自我完善。同样,它也是完整生物链的一环,调节气候,提供清新空气,四季交替、景观变幻。

行动指南

保护环境,社会有责,企业也有责。企业家除了要改善企业内部环境,也要有保护自然环境的意识和行动。

9月12日 王石为什么肯定碧桂园

我要收回此前对碧桂园的评价。

这是一家好公司。

——2008 年初,王石对多位朋友如此表态

背景分析

2007 年,碧桂园在香港上市之后,一度市值高居内地开发商榜首。王石曾经评价碧桂园:红极一时,不能持久。但是,一件事情改变了他的想法。王石的一个亲戚,在

广州买了两套房,一套是万科的,一套是碧桂园的。一次家庭聚会,他告诉王石,自己把万科的房子卖了,因为万科的房子虽然各方面条件都不错,但他还是觉得住碧桂园更方便。

为什么会这样?王石立即安排下属专门研究碧桂园。看到分析和结论之后,王石就告诉身边的朋友们,我要收回此前对碧桂园的(不良)评价。这是一家好公司。

那么,在碧桂园出色的财务数据背后,是怎样一种经营模式让王石如此肯定?万科战略与投资管理部在试图对此进行进一步分析时,选择了7S模型工具。

7S模型强调优秀企业在发展过程中必须考虑各方面的情况,包括架构、制度、风格、人员、技能、战略和共同的价值观,企业最终的竞争力和业绩取决于在每个方面的合理选择和相互的有效支撑。

实际上,碧桂园形成了一套清晰有效的业务战略:避开主流市场和有实力的竞争对手,低价买入大片有发展潜力的土地,依靠多元化的物业提升住宅价值,依靠控制全价值链实现低成本快速开发销售,进而快速回款持续发展。

碧桂园的核心,是采取低地价、大规模的投资策略。

总的来看,碧桂园在7S模型的每个方面(包括价格低廉、交通便利、密度较低、景观优质、规模庞大、政府欢迎等方面)作出了比较符合自身情况和市场需求且相互配称的选择;在应对市场和资金风险方面能力较强,但政策风险、管理风险和人事风险较大;清晰的业务策略和坚决的贯彻执行,使碧桂园实现了持续的快速发展。

行动指南

清晰的业务策略、领先的价值观和坚决的执行力,才能推动公司持续快速发展。

9月13日 做遵道镇的建设者

万科是搞建筑的,我们的长处和优势是家园重建,要让灾后人民恢复正常生活,过得比震前更好。遵道镇很美,年年梨花遍野,明年我们希望梨花节如期举行。

目前万科集中力量先做好一个镇的生活过渡工作,未来还将用现代的房产技术把学校、医院、镇政府建得更好。初步设想是征求政府意见,把学校建成一个抗震标准高的公共空间，地震时这里可以变成一个避难所。

——2008 年 5 月，王石在地震灾区接受媒体采访时如是说

背景分析

地震发生后捐钱是重要的部分，此外每个企业都在找自己的位置，如银行贷款不催、铁道部门保证运输、通讯部门保证通讯畅通。而对于地产开发商万科来说，最有价值的就是建设。

人类文明存在几千年，一直有人批判，有人建设，或许这两种态度并无高下优劣之分。

批判从来不是企业的本职，很自然的，在汶川大地震后，许多企业选择了建设，帮助灾区人民重建新生活：银行发放优惠利率的抗震救灾贷款，航空公司开通救灾航班，通信公司派出技术人员深入灾区，甚至空降卫星基站，恢复并保障通讯正常……

建设很朴实，甚至枯燥，它缺少感动，无法带来更充沛的心灵体验，但它是我们能做，也应该做的事情。

行动指南

批判和建设都是推动现代社会发展的要素。对于企业来说，更应该做好建设工作。

9 月 16 日　廉租房和房租补贴是良方吗？

在"海螺"一期的方案征集中，前三名方案的研究对象和角度各异，但是结论中却有三条强烈的共识：政府主导；重廉租房轻经济适用房；对救济对象进行房租补贴——这个对商品房市场冲击最小的办法，远优于实物配租和租金核减。这一点，也得到了"海螺"二期英国经验的印证。

——2007 年 12 月，王石在总结"海螺行动"一期经验时如是说

背景分析

2005年初,王石曾带领万科的一个小团队去英国取经,考察中低收入住宅小区的运作模式。同年,旨在探索中国中低收入人群居住解决方案的"海螺行动"启动。取名海螺的寓意,一是居住,二是号角。

2005年,在建设部住宅与房地产业司的指导下,万科以搜狐财经和焦点房地产网为平台,出资50万元,面向全社会征集"城市中低收入人群居住解决方案"。

2006年,征集活动结束,共收到183份有效方案,13份获奖方案呈报建设部住宅与房地产业司。

2007年,万科与英国驻广州总领事馆文化教育处合作,启动"中英'解决城市低收入人群住房问题'比较研究"项目。

2008年4月,万汇楼——位于广州金沙洲、实验性质的中低收入人群住宅项目,即将竣工并正式接纳住户。

相比于居住空间的解决方案,"海螺行动"更关注社区公共生活的制度建设。居民能实现有效的自治吗?格莱珉银行强制每一位贷款人拿到贷款后购买1股公司的股票,如今,孟加拉的贫苦农民们拥有这家银行94%的股份,这听起来真是妙极了,如果能把这个模式移植到万汇楼,相信这个项目的成功概率就会大大增加。

行动指南

对于解决居住问题而言,廉租房比经济适用房更加适合中国现实。而参与研发廉租房的过程,开发商一样可以受益良多。

9月17日　万科没有高楼梦

在中国大陆,1985年,150多米高的深圳国贸大厦以"三天一层"的深圳速度首开大陆超高层建筑先河;1990年,北京京广中心突破200米;1996年,深圳地王大厦以"九天四层楼"的新深圳速度将楼高拔高到384米;随后上海金茂大厦以420米的高度排名世界第三。正在建设中的位于上海陆家嘴的环球金融中心曾对原设计方案修改，比原来增加 32 米，力图象征性超过世界第一高的台北 101。 只是，以美国建筑机构 CTBUH 所制定的高度计算测量，仍低于已建成的台北 101 大楼，另外，在此期间新冒出来的阿拉伯联合酋长国的迪拜塔将以 800 米的建筑高度傲视群楼，环球金融中心只能屈居第三了。

在技术和经济层面上建造 1000 米高的超级大厦已经没有困难的今天，建造多高的大厦已不是工程问题，而是社会问题。 在提倡绿色环保、推广建筑节能的今天，亚洲国家追求高楼梦显得不合时宜又缺乏人文关怀。 当人类的活动越来越打破自然的和谐时，我们又该作出怎样的选择？ 也许是时候告别对摩天大厦朝圣般的心情，转而关注如何使我们的居住环境更安全与环保、更符合经济效益与可持续发展。

——2007 年 12 月，王石在其博客文章《万科没有高楼梦》中如是说

背景分析

从 20 世纪 30 年代美国建造帝国大厦开始，人类便开始了向高度极限的挑战。但那时的高楼大多体现的是工业科技实力。然而，随着高楼越来越多，纪录也不断被刷新。尤其是"9·11 事件"发生后，人们普遍开始反思摩天大楼的弊端，尤其是安全消防等方面无法克服的隐患。

难道一个地区的成就非得用摩天大楼才能体现吗？抛开"9·11 事件"那样的惨剧不说，若是遭遇强台风、地震等自然灾害及火灾等突发事件时，摩天大楼的安全真能保证吗？

人类最终将能建造多高的建筑？极限是多少？

行动指南

关注居住的环境质量，关注相关业务的经济效益和可持续发展状况，这不仅仅是房地产商的责任，同样适用于在其他行业领先的企业。

9 月 18 日 地产企业如何才能优秀

当然，缺乏一种普世的、可持续的企业文化，仅仅依赖技术领先，是无法成就世

界级企业的。 我们已经意识到，中国传统文化中缺少平等、分享的观念，它可能成为我们通往卓越之路上的障碍。 唯有摆脱这种传统文化的影响，建立平等、契约、分享、包容的企业文化，我们才可能在东方背景下创造出奇迹，让万科在未来的世界里，拥有和丰田、诺基亚一样强大的品牌和文化影响力。

在这条道路上，万科可能会遭遇失败，但是万科不会选择放弃。 我们相信，住宅工厂化是一次艰难的变革，更是房地产行业的大势所趋。 能力即是责任，万科作为行业领跑者，推动住宅工厂化的变革，责无旁贷；关注环境和可持续发展，履行社会责任，更是大道当然。

——王石在万科2007年年报中如是说

背景分析

从财务指标看，2007年的过去3年，万科保持了超过35％的增长速度，不可谓不优秀；宏观调控压力当前，万科继续保持行业内的领先地位，并拉大了与竞争对手的距离，不可谓不优秀；在资本运作、产业化、品类工具、帕尔迪标杆、3＋X战略与规模成长、企业公民等多个方面，万科保持了一贯的创新精神与自省精神，不可谓不优秀；万科在企业价值观、企业文化、企业品牌、人才的培养与保有等方面，在中国新兴企业的兴衰史上，应当也是佼佼者。

然而，过去3年，万科并没有超出行业的增长速度，也没有超出其中相当一批企业的增长速度；万科的资本回报率略有上升，但说不上卓越；万科的资本流动速率明显偏低；在经营的细节上，公司的产品与市场的选择，机会主义特征明显；万科的市场趋势能力、价值发掘能力、客户把握能力、产品竞争能力等执行层面，并无太大优势可言；此外，在组织流程等方面，由于更容易忽略这一原则，不同程度地表现出组织膨胀、层级明显、流程烦琐、执行低效的迹象……

这是万科的问题。万科这些年在哪些地方需要检讨或加强？有人以为，恰恰是万科一直引以为豪的价值观、企业文化。企业在不断前行，在这一过程中企业文化的内涵应不断得以丰盈充实。当然，这不是一个单向度增进的演变过程，它同时也在不断地流失、反复、稀薄，乃至颠覆。

行动指南

认识到企业的进步,同时更要客观地看待自己的发展,才能使企业时刻保持活力和动力,及时填补弱项,持续改善企业体质,日渐增加实力。

9月19日 对行业的健康发展作贡献

我的梦想不在数量上,数量只是结果。如果只谈数量,万科确实在第三个十年的中期将成为世界最大,但这不是万科追求的东西……谈梦想是第四个十年、第五个十年的事。到了那个时候,万科要做世界上最优秀的公司,为全世界提供服务,利用我们的研发中心形成的核心竞争力,不仅在中国的市场上有所作为,而且希望在整个房地产界的健康发展方面有所贡献,例如在环保、节能和未来人居的探索方面有所成绩,这才是最大、最优秀的公司所应该做的。

——2005 年 10 月,王石在接受《深圳商报》记者金敏华采访时如是说

背景分析

作家苏小和曾经有篇文章,肯定在新教伦理和中国企业精神的向度上呈现中国当代企业的另一种探索,这种探索可能会使中国企业走出几千年的发展阴影。

他提到:"我不是说万科已经是这方面的范本,事实上它刚刚起步,但万科对新教伦理心仪已久,却是客观的事实。看遍中国本土企业,能有这样意识的简直太少了,所以万科必然要成为我们调查的案例,即使这样的调查是出于怀疑。"

如果说万科在新教伦理与企业精神的建设问题上是一种软实力的国际化,那么,有效学习和消化世界级企业在制度和业务运营方面具有普遍意义的经验,并行之有效地用于本土市场,寻求在本土市场廉价资金和土地消失后,还能够实现规模和赢利水平都成长的双重目标,就是万科国际化的硬实力。前者的思维范式有效启发了后者,我们在万科最近的战略走向上似乎也看到了这样的动向。

苏小和坚信,这也是万科区别于中国其他房地产企业的核心价值。"即使是王石反复念叨的技术瓶颈、管理瓶颈、资源整合瓶颈,即使有一天万科打通了这些瓶颈,如

果没有新教伦理的参与,没有向内部演进的国际化思路,万科仍将是一家同质化非常严重的企业、一家传统的中国企业,我相信,这样的企业在中国比比皆是,我更相信,这样的企业不可能成大器。"

万科的下一步,吸引的已经不仅仅是企业界的注意力。

行动指南

成就一个伟大的企业,必然需要良好的管理,更需要超越管理层面的突破。

9月20日 企业赢得客户和合作伙伴的信任就赢得了未来

从文化的层面看,万科以其鲜明的价值观为核心的企业文化,在中国房地产行业可谓家喻户晓。 但是万科文化的包容性还没有经过足够的检验。 当万科投身于合作时代,它和它的合作伙伴,能否实现文化上的顺利融合?

万科作为行业整合者,更应该深思:如何对待我们的合作伙伴? 我们对待合作伙伴的行为方式会对产业链条、对社会和自然生态产生什么影响?

——王石、缪川,《道路与梦想》,中信出版社,2006 年 1 月

背景分析

在处理同战略合作伙伴的关系上,万科还有许多待改进的地方。有一种说法,"企业赢得客户信任就赢得了未来",应该改成"企业赢得客户和合作伙伴的信任就赢得了未来"。

万科在实际运营之中,最典型的合作方就是设计公司。万科的项目管理人员通常认为目前国内的设计公司工作量很大,速度要求快,基本都处于一种疲于应付的状态,很少有单位能踏实地坐下来,去想一些深入和创新的设计。在这样的认知前提下,万科自身的团队便起了绝对的主导作用,他们倾向于引导一个专业公司朝着万科所制定的方向行进,而当该合作方无法达到万科要求的时候,万科的工程设计人员甚至管理人员就自己操刀上阵了。

毋庸置疑的是,万科自己的技术团队确实是一支优秀队伍。目前,很多设计院的

建筑师对材料和工艺的了解程度,还不如万科的技术人员。万科的建筑师对材料、施工方法、造价、工期和施工次序都比较熟悉,万科自身的标准化要求,又使得自己的设计部门能按照高标准去构思规划。

行动指南

企业都有自己的强项和弱项。对外合作,就应该善待合作伙伴,应该最大限度地发挥合作者的长处,同时一起弥补短处。

9月23日 在内地实现国际化

中国市场这么大,为什么要出去呢? 现在证明,没有跨国搞房地产公司成功的。 万科的国际化将主要体现在三个方面:信息的国际化、人才的国际化,以及整个开发产品组合的国际化。

——2005年4月,王石在接受《第一财经日报》采访时如是说

背景分析

要成为国际化趋势中的强者,工夫还要下在企业自身基本面的国际化本身,对万科而言,目前面临的市场主要是国内市场,面临的竞争者主要是国内的竞争者。国外竞争者之所以在中国市场裹足不前,是因为一些限制条件制约了他们的进入。但这只是时间问题。因此,目前万科的国际化应是典型的内向国际化。既然难免短兵相接,那么按照古训,自当知己知彼,所以需要事先分析这些国际大型房地产企业的优势和劣势,扬长避短。学习是企业主要的行为特征。

在这个阶段,万科主要面临三大任务。其一,同国内和国际同业巨头竞争并生存下来,同时形成企业关于客户认知的核心竞争力;其二,挟本土开发经验加强与国际同业巨头的合作,学习跨国管理的技术和工具,并通过合作伙伴渠道尝试性地获取开发标准流程经验和创新动力;其三,用国际化内容丰富公司内涵,包括统一员工尤其是高管阶层对国际商业文化的认识、构建包容国际主流价值体系的企业制度。

行动指南

国际化是中国企业必须面对的一个考验。无论是走到海外还是留在内地市场,都需要及时更新企业自身基因,用国际化来武装自己,充实自身。

9月24日 日本建筑技术的启示

管理瓶颈:对比美国、日本房地产开发企业,中国房地产开发企业生产效率非常低。比如,跟有100多年历史的东京建屋相比,万科的生产效率只是它的1/10。按照靠农民工的低效率,万科的增长无法维持下去。不是规模越大越经济,我们现在管理100个楼盘,如果到200个楼盘,质量控制不住,就是规模不经济。我们觉得量、质跟竞争力有关系,你大不一定就是有实力,但是你不大一定是没有实力。我们只有改变施工方法……

资源整合瓶颈:万科怎么做住宅产业化?主要是借鉴兄弟公司的经验。今年下半年开始执行,陆陆续续请日本专家过来工作。人才必须大量引进,这是万科的初步想法。但是怎么引进,万科还没有经验。我们要搞住宅产业化,靠行业上的整合不具备这种能力,必须通过社会上的精英进行整合,只要他们在系统管理、经营制造方面有经验就可以。

——2007年7月,王石在 J.P. 摩根 CEO 论坛上如是说

背景分析

自从确定了工业化的技术研究方向,万科和日本的关系变得进一步密切。首先是2006年4月伏见总监作为第一位日籍高管入职万科,使大量的优秀日本企业开始了与万科的合作;其次,通过新动力的海外招聘,一批优秀的日本海归被招入麾下,开始从事技术研发的工作;除此之外,从2007年起,研究中心每年组织的出国考察目标开始明确定为日本。

日本的生产技术闻名全球,大家耳熟能详的是电子、汽车等工业产品。很多人不知道的是,日本人是怎样将精加工的生产方式移植到混凝土构件这种看似粗犷的生产

技术上的。

"做简单而不做复杂"这一逻辑在日本的技术原则中被发挥到了极致。东莞基地的 PC 构件实验室,引进了日本前田建设的技术人员,一切生产工艺和技术标准均按照前田在日本的要求,将生产的过程同时作为培训的过程,培养万科的合作伙伴和万科自己的技术管理人员。

行动指南

要提升效率,就要应用先进的技术。在合适的地方应用合适的技术,才是技术应用的最高境界。中国的大多数企业,在这方面都还需要学习。

9月25日 品质提升无止境

可以发现,对于房地产行业而言,质量始终是客户关注的焦点,提供符合客户期望的服务和产品质量是房地产行业竞争的重要因素。

我相信人们选择产品,不是选择价格,而是选择品质。"磐石行动"恰恰是为了更好地解决成本控制问题,为客户、投资者、员工和社会争取更好、更高回报的一种努力。

——2004年3月24日,王石在北京举行的"磐石行动"会议上答记者问

背景分析

2004 年,万科提出注重质量的"磐石行动",将"倡导零缺陷质量文化,关注客户需求,与合作伙伴共同成长",力争在"磐石行动"结束时,把返修率降为零。

2008 年起,为进一步提高品牌在客户心中的美誉度,上海万科正在尝试建立一套"品质标准":由客户关系中心牵头,通过对以往客户投诉的分析,找出他们最关心的问题,最终,从居住的角度找到产品改进的方法。并且,根据此标准做好"品质监控"。

此外,在项目开发的很多关键节点如定位、研发、上市等等,万科都会进行客户访谈,根据客户的意见来决定产品形态、户型设置、价格策略,甚至广告调性,更重要的是优化万科的产品和服务。

行动指南

不管什么企业,提供的是产品还是服务,首要的就是质量。高品质的服务和产品可以给客户创造价值,可以给企业带来价值。

9月26日 ## 互联网是改造传统企业的工具

传统企业面对新经济的三种态度:第一,传统企业要被淘汰,赶快改行做新经济;第二,鼠标是鼠标、水泥是水泥,各走各的互不干扰;第三,把互联网作为一种工具,应用到传统企业的改造。 第三种是万科选择的作法。 现在看来,这个决策是顺应了新经济的大势。

——2007 年 4 月,王石在为肖勇新书所作序《新经济与传统行业结合更有活力》中如是说

背景分析

王石感到,新经济对离线产业(传统产业)的意义,只有"颠覆"这样一个词可以恰当地形容。互联网让我们真正面对客户。而一线客户(包括员工)的意见一旦反馈,整个组织的每个触觉将由于"在网"都能够得到鲜明的感受,并且快速作出反应;员工亦可充分显示自己的创造力、组织和管理能力。

其次,万科还想通过网络整合房地产开发链条中的资源,比如通过电子商务实现集体采购,通过网络整合万科的客户资源并提供增值服务,改造万科的内部管理(包括架构、思维、方式等)。最后,希望万科的探索能够总结出同行共同接受的准则,来提升整个行业的网络意识和运用水准。可以说,投资电子商务有投资额化为乌有的风险,但是不投资的风险可能更大,因为不投资就意味着失去了解电子商务的机会,失去积累经验的机会。网络对企业的推动,是潜在无形的,但同样是巨大的——就像是一艘快速行进的破冰船。

行动指南

重视网络,善用网络,使其成为公司颠覆性变革的工具和方法。

9月27日 小型化住宅是方向

2007年,"90—70"的限定,即90平方米以下的单体住宅要不低于70%,给习惯开发大面积住宅的开发商带来很大的冲击和困惑。鉴于中国地少人多,住宅小型化是必然趋势。自政策公布至今,万科积极开发符合北京政策导向的小型住宅,市场接受之热烈出乎预期。但我们开发的小型住宅面积远说不上迷你,是不是借鉴美国"迷你房子社会"协会的启发,把我的小型化住宅开发得更符合未来市场的需求呢?

——2007年5月,王石在其博客文章《我想有个家》中如是说

背景分析

雪博的小房子叫"梦之家",坐落在加州的Sebastopol郊外,包括睡觉用的顶楼在内,整套面积共计9平方米(96平方英尺),除了厨房使用了不锈钢的材质外,装修都是木结构,并配有专门定制的家具。坐在小床上,透过教堂式的小窗,可以清楚地看到加利福尼亚的美丽天空;在清洁的办公空间里,便携式计算机和书架紧挨在一起,旁边还有一个迷你卫生间。

约翰逊的14平方米的住宅建在爱荷华州,房子有金属屋顶和双层窗格玻璃,一楼是办公室、起居室和厨房,楼上则是睡房。由于当地的市政规划禁止在一个地基上建这么小的建筑物,小房子只能盖在一辆拖车上,约翰逊戏称"可移动的偏僻寺院"。

对有兴趣居住在小房子里的人来说,小空间有其独特的意义,它代表一个要求更简单的生活符号。所有加入"迷你房子社会"协会的会员都在力图用一种积极的方式影响这个社会。雪博说:"人们以为房子大了就能够获得尊重,但这并不是事实。虽然我的房子比别人家的盥洗室大一点点,但维修整理的时间比大房间少了许多,而所需要的能量和其他消耗也都减少了。我们不需要维持大量闲置空间了,只想拥有自己真

正需要的空间。

行动指南

家居应该提倡适度的哲学,提倡实用的哲学;办企业也一样,企业的架构和发展步伐都要适度最好,不可贪大求全。

9月28日 万科克制住了办大学的不理性冲动

以前万科曾经构思过要自己建立一座"建筑学院",最近我们在反思,万科搞"建筑学院"的想法到底对不对。把目标定在"做大",是中国企业家的一种情节。万科不把"做大"当做自己的目标,那么办个"建筑学院"看来是很对的,但是后来仔细想想,不是那么回事。万科之所以提出办"建筑学院",就是因为觉得自己很成功,要把成功的经验传授给他人,向社会证明不仅自己能够成功,而且还能够教育其他人成功,表现得自己很有追求、很高尚。

难道办教育就不需要专业化吗?如果你承认教育是一个专业领域的话,那么为什么万科还要办呢,万科的专业是开发房地产,并不是办教育。我们参观过德国的包豪斯,还去了洛杉矶,看了之后感到很兴奋,后来就提出要做中国的包豪斯,由王石、由万科来承建。毫无疑问,万科当初的这种想法就是一种自大狂,只不过表现得不动声色,表现得很阴险。经过反思,万科打消了办大学的念头。

——2004 年 3 月,王石在参加福州中城联盟的年会时如是说

背景分析

对于一直诲人不倦,希望将自己的人生领悟和行业思考与社会分享的王石来说,办一所大学的情怀是久而有之的。

理论上说,目前的内地民办高校,还缺乏标志性的领跑品牌。如果万科加入这个行列,很有可能成为建筑教育领域的一支奇兵,缔造出不少奇迹。不过,对万科公司来说,不分散资源,集中注意力做好主营业务,还是适当的选择。

行动指南

办企业,要有所为有所不为。即使在某个领域做得很好,也要冷静,不能随便介入相关行业,以免分散了做强主业的资源。

9月30日 ## 中国企业的未来何在

是不是中国有了改革开放的政策,有了市场经济,有了私人企业,所以一定就能成功,成为像松下、丰田这样的企业? 过去我认为有可能,现在的感觉,难度还是很大。

——2013年,王石在接受《第一财经日报》专访时说

背景故事

王石去哈佛读书不仅是为了个人修为,还是为了探究"企业究竟往何处走"这个问题。中国的大部分企业家包括王石,在很长一段时间内只思考如何让企业成功,却不思考企业为什么能够成功。

"二战"之后,日本企业迅速发展,松下、索尼等企业不但成为国际化企业,其企业文化更影响了日本社会的发展。王石希望万科成为这样的企业,在改革开放的进程中扮演这样的角色。只是,这个目标实现起来有些困难。

行动指南

坚持现代企业价值观,至少能够保证你的公司走在正路上,而且是不断积累壮大。但是中国的企业能否更上一层楼,就需要看他们创新的本事了。

十月 ｜ 王石的独特社会感悟

October 10
2014 CALENDAR

MON	TUE	WED	THU	FRI	SAT	SUN
		1 国庆节	**2** 重阳节	**3** 初十	**4** 十一	**5** 十二
6 十三	**7** 十四	**8** 寒露	**9** 十六	**10** 十七	**11** 十八	**12** 十九
13 二十	**14** 廿一	**15** 廿二	**16** 廿三	**17** 廿四	**18** 廿五	**19** 廿六
20 廿七	**21** 廿八	**22** 廿九	**23** 霜降	**24** 闰九月大	**25** 初二	**26** 初三
27 初四	**28** 初五	**29** 初六	**30** 初七	**31** 初八		

10月1日 留学是我的一个情结

　　哈佛那边的"中国基金"项目的执行主任问我有没有兴趣到哈佛做访问学者，学习半年或一年左右？"当时我毫不犹豫回答"我愿意"，而且选了最长的时间——一年。

　　　　　　　　　　　——2013年，王石在接受《第一财经日报》专访时说

背景分析

　　俗话说"活到老学到老"，但60岁出国留学还鲜有人为。大多数人对王石的行为很不解，经营着中国最大的地产公司，要名有名，要利有利，去国外留学图什么，况且英语水平又不高，也有人质疑王石是不是在作秀。其实，留学并不是王石后半生计划之内的事情，哈佛之行对他而言也是偶然。

　　2010年初，王石受邀参加哈佛大学中国基金会在北京举办的活动，在与哈佛基金会负责人闲聊时，王石被问到有没有兴趣到哈佛做访问学者，时间没有要求，半年、一年都行，王石不假思索地答应了。他当时没想别的，只觉得这是圆自己留学梦的一个好机会。

　　虽然留学不在王石后半生的日程中，但从上大学开始，他就与同龄人一样怀揣着一个留学梦，32岁去深圳创业，他本想先积累些资金之后就出国，但是人生的轨迹谁都很难把控。在一年一年的创业奋斗中，留学变成了王石心中遥不可及的梦想，直到50岁，这个梦想才被慢慢抹掉。而哈佛的邀请无疑重新点燃了王石留学的希望，所以，王石后来说，即使不是哈佛，只要是名校邀请，他都会毫不犹豫地去。

　　答应之后，王石又有点儿犯犹豫，怕自己语言不过关，到哈佛之后听不懂，说不出。不过最后王石还是鼓起勇气去了，他的考虑有二，一是他喜欢学习和挑战，希望能到哈佛大学提高和充实自己；二是他打算未来到高校任教，与年轻人分享自己的人生经验和教训，但是只凭个人经历去讲，王石觉得对学生太不负责任，希望能到哈佛学习系统的理论知识，为未来到高校讲课打下坚实基础。

行动指南

都说活到老,学到老,学习本身就有巨大的乐趣。而且以后从事教学的话就更有一番滋味。王石到名校留学的举动性价比很高!

10月2日 放弃登珠峰是为了其他修为

我过去是把登珠峰当成一种理想境界,所以准备三次登珠峰。第一次上去是2003年,对我个人意义非常大。2010年第二次,个人理想和环保生态结合起来,做零垃圾排放。当然,我还想着70岁的时候再登一次。2011年到哈佛之后一年,我就决定放弃第三次登珠峰,不是觉得头两次没有意义,而是到哈佛学习,对自己有重新审视、重新认识。

——2013年,王石在接受《南方人物周刊》专访时说

背景分析

2003年王石第一次登顶珠峰,那次是为了个人理想。王石那次下山之后有人问他登珠峰和做企业哪个难?王石说当然是做企业难,企业做了20多年。2010年,王石第二次登顶珠峰,他将登山与环保结合在了一起,他们一行6人从珠峰上背下了百斤垃圾,那一次他找到了登珠峰新的意义。他本打算第三次登珠峰,但是去哈佛学习一段时间后,他发现到哈佛学习比登珠峰更难,登珠峰没有想象中难,而到哈佛学习却比想象中难得多。在他的题为"人生的三座山峰"的演讲中,他说,创立万科是他人生的第一座高峰,两次登珠峰是人生的第二座高峰,到哈佛游学是第三座高峰,这三座山峰中,创立和管理万科最难,其次是到哈佛游学,再次是登珠峰。

在哈佛学习一段时间后,王石的求知欲被激发出来,他发现在追求知识方面,尤其在东西文化交流上,还有很多很多需要学习,以他60岁的年纪,时间对他来说十分宝贵,学无止境。人生总要有取舍,要不停地学习,就无法每年都进行登山训练,所以权衡之后,他决定放弃第三次登珠峰。

行动指南

人的一生可以有很多目标,有时候必须放弃一些,才能成就另外一些。王石这么要强的人都知道放下,其他人更不能对自己求全责备。

10月3日 留学一年的考验比起当年创业还难

在深圳创业这些年,虽然压力很大,但我的睡眠一直很好。甚至越是困难时期,越是睡得好,觉得什么都别多想,明天太阳还会正常升起。但在哈佛真的是有想要放弃的念头,每天看书看到两三点睡觉,八点上课,明明知道自己必须要睡一会儿,但怎么都睡不着。

——2013年,王石在接受《第一财经日报》专访时说

背景分析

对于一个二三十岁,有一定英语基础的年轻人而言,在哈佛学习不是什么大不了的难事,但王石已经是年过花甲的老人,不仅精力和体力不如年轻人,记忆力和视力都有一定程度的减弱,更困难的是,即便年轻时学习过英语,几十年不用,也与初级学者没什么两样,语言关是王石到哈佛面临的最大难题。

在哈佛听课,很多时候王石根本不知道教授在讲些什么。没办法,他只能大量地、快速地阅读,这导致他有很长一段时间眼睛充血,视网膜硬化。

在哈佛,王石总觉得时间不够用,他几乎推掉了一切应酬,就算是一些中国学者、中国留学生请他去参加演讲等活动,他也毫不犹豫地拒绝了。他觉得,参加应酬最少也要一两个小时,这样一来他每天需要熬夜到凌晨两点做的作业就要推迟到四点钟,太浪费时间了,而且与中国人接触,就要说中文,这样对英语水平的提高没有任何帮助,甚至会倒退,他更倾向于与外国人交流。

为了挤出时间,王石把吃饭睡觉的时间都压缩到最少。睡觉五个小时,吃早饭只用三五分钟,然后步行十五分钟去哈佛上课。

在哈佛的第一年,王石几乎处于崩溃状态,晚上熬夜,白天打瞌睡,时常感觉自己

没有出头之日，还好他最后熬了下来。

行动指南

学习是痛并快乐着的事情。60 岁后的王石就是经过这样一次"脱皮"般的苦修，从而进入了新的境界。

10月4日 信仰与宗教

对于宗教，我的态度是你可以不信，但你要尊重那些信的人，接受一神论背后的价值框架、价值体系，它到底对这个社会起到怎样的作用。

——2011 年，王石在接受《外滩画报》专访时说

背景分析

中国是无神论国家，大部分中国人都不信教。也是因为对宗教的不了解，很多中国人对信教之人的行为无法理解，甚至对这些人不够尊重。王石最早也是一个无神论者，对西方宗教了解甚少，而且与很多中国人一样，他也常常困惑于"上帝究竟存在不存在"这个问题。

后来生活经历让他对宗教渐渐有了了解。去西藏登山让他了解了藏传佛教，重走玄奘之路让他开始关注伊斯兰教，再后来，他身边信基督教的朋友越来越多，耳濡目染下，他对基督教也有了兴趣。

如果你常常关注王石，会发现这几年王石写的书都跟宗教有关系，从书名上就能看出来，《徘徊的灵魂》《灵魂的台阶》等。去哈佛游学，王石选的课程也与宗教有关，一门是宗教如何影响资本主义思想，一门是资本主义思想史。在对基督教越发深入的了解中，他发现，现代企业制度、契约精神的根源都与基督教密不可分，"上帝存不存在"这个问题不重要，重要的是宗教背后的文化诉求、价值框架和价值体系。

他建议中国企业都去了解基督教，不要只学习西方技术层面的东西，要从意识形态角度去理解，而这种意识形态的根源就是宗教信仰。

行动指南

有信仰的管理者越来越多。这是社会的一种进步。

10月7日 重拾中国传统哲学

我已经到了老年，人到七十古来稀，按照传统社会来讲，已经到了一个随时走都很正常的年纪，这时候你突然发现自己要知道的东西太多了，怎么什么都不知道，有点无知者无畏的感觉，这个反差特别特别大。人到了这个年纪应该啥都知道了，什么都悟透了，人生无憾了。当然你希望再活得长点是另外一个事。你觉得人生该知道的都应该知道了，又突然发现……（摇头）

——2013年，王石在接受《南方人物周刊》专访时说

背景分析

"文化大革命"的时候，王石上初二，没学多少古文就被迫中断了。后来，王石当了工农兵，毕业参加工作，都一直有意回避中国传统文化，而积极接受西方的思想。有很长一段时间，王石对此很得意，认为自己没有被一些腐化思想污染，而把拿来主义当做优点。

2011年王石到哈佛学习一段时间后，发现自己要学习的东西太多了，包括中国传统文化，于是他选修了中国传统哲学课程。这是他以前从来没有想过的，但是现在他知道这是一种短缺。

行动指南

人不能提着头发离开地面。中国的管理者，首先都是中国人。在中国开展商业的人，了解中国，与了解世界同样重要。

10月8日 没有尊严，富有没有任何意义

关于理想、梦想和社会责任。我觉得是这样，1983年我到深圳去，那时候觉得自己想做一些什么，想表现什么，却不知道能做什么，能表现什么。那时我是非常不喜欢经商的，曾经也非常不喜欢房地产这一行。但是我很清楚的是我要能更富有地生活着，我要能有尊严地活着，如果没有尊严，富有也没有任何意义，这是一个做人最基本的信条。

——2006年，王石在南开大学演讲后答问时如是说

背景分析

中国人亟须精神重建，首先要树立的就是人格尊严。要培养一种"自我负责而富有尊严地生活着"的态度，保持一种永远的现在进行时，中国人的精神重建也就开始见效了。如果每一个中国人都能如此富有尊严地生活着，所谓的官场文化、商场文化、艺(娱)场文化等等，就没有那么复杂，中国人就不必那么疲于各式各样大大小小的权谋或谋略，中国的地缘政治、人缘政治，乃至生态政治与政治生态也将为之改观，民主与法治更好地运行于国中，更是自不待言。

行动指南

首先要合法合理地获得财富，然后，为自己和别人，尽可能建立一种有尊严的生活。

10月9日 让灵魂跟上脚步

这本书写的是一个月的经历，如果远一点来算，活动是从2005年开始的，里面写了玄奘之路，实际上在河西走廊的玄奘之路，我们在2006年又走了一次。这本书中所写的体会就是如何放下，又如何跟灵魂结合起来。第一次走戈壁滩的时候，我有一个感悟，书中提到了一个场景，想起了一个战争场面，就是抬尸体的场面，举一

反三说我们的灵魂和思想来不及思索，有脚步太快的含义。 过去二十多年里，我身处的社会、我所带领的企业和我自己，都在高速发展变化。 我们的速度太快了，脚步远远跑在前面，灵魂跟不上来，整个社会因此变得很浮躁，就像德鲁克说的："我们大大高估了眼前，却大大低估了未来。"——我本人也不例外。

我迫切感觉到，为了可持续发展，我们需要学会自我控制，正确评估眼前和未来，戒浮躁，踏踏实实做事，让自己慢下来，让灵魂跟上脚步。

——2008 年 4 月，王石在接受南方广播电台采访时如是说

背景分析

重走玄奘之路的途中，王石一行人看到很多，想到很多。中亚是多种文明的交汇地，南亚是文明古国，许多人类的矛盾困惑，在这里表现得更加鲜明。比如人，有时候彼此友爱，共同追求自由和幸福，有时候又陷入狂热，打砸烧杀；比如国家，两个大国可以保持几千年友好睦邻，也可以因为第三国的作用，一朝交战，几十年仇视、不来往；比如信仰，源于济世的慈悲胸怀，却又常常被人以它的名义发动战争和屠戮……

王石自问："我们一路所目睹和经历的，可能也是一千四百年前玄奘所目睹和经历的。我们在感受和思考的时候，不免会想到：当玄奘面对这些，他在想什么？ 他的勇气、毅力和坚定的信仰，源自何处？"

行动指南

读万卷书不如行万里路。企业家要提升自己的层次，有时候需要经历一些平时几乎想都不会去想的路程。

10 月 10 日　演好你自己

人生就是一个大舞台，每个人都在表演一个角色，与职业演员扮演的各种角色不同，在人生的舞台上，你能扮演的只是你自己。

——2010 年，王石在接受《外滩画报》专访时称

背景分析

作为一个公众人物,王石坦然承认自己爱出风头,他也因此一直生活在媒体的聚光灯下,获得了足够的曝光率和话语权。他也积极推进过企业变革、社会责任以及环保等话题。不过,他在一些社会焦点上,总有着与大众、同行不一样的表达,甚至是语不惊人死不休。

从王石开始进入公众视野,总不断有人质疑王石爱作秀,包括后来他做慈善,去哈佛游学,总会有人说他是作秀。不过王石不但不生气,反而大方地说,在人生的舞台上,每个人都在作秀,重要的是"秀"的内容和"秀"得是否前后一致。

在诸多房地产商中,王石可以说是最直率敢言的一个,也是曝光率最高的一个。在某种程度上,这源于他的直率、真实、不造作。地产大亨冯仑曾评价说,王石从来不装大尾巴狼。这个评价很中肯,王石向来不装作有多高尚,也从来不掩饰他和普通人一样的心理。2005年从南极探险回来,当记者问他站在南极点是什么感受的时候,他坦率回答:"那一刻,我的虚荣心得到了极大满足!"王石的回答起初让人大跌眼镜,不过后来想想这确实是一个普通人最真实的想法。

王石一直说自己是个有着七情六欲的普通人,之所以成功只是做了不普通的事。

行动指南

认识王石二十年,笔者深深感到,他既是特立独行的人,又是一个在乎外界舆论的人,所以他就会努力演好各种角色,这两者矛盾统一才成就了他。

10月11日 给年轻人的五点建议

普通人如何坚持做不普通的事呢?

第一,要有一个可触摸到的愿景,或者目标。就登山来讲,我登上了珠峰,但是在2001年之前我从来没有想过要登珠峰,我1999年登的第一座雪山是6000米,第二座雪山是5200米,登了这两座雪山后我想是不是应该登7000米,登了7000米后问国家标准是什么,然后按照国家标准训练。2001年登上了慕士塔格峰,这时候想，珠峰咱也可以试一试。目标不能好高骛远，要可以触及，这是第一点。

第二，锁定目标，一步一个脚印，一个阶段一个阶段地去实现。对于我们登山队员来讲是这样，对农民子弟、城市子弟、大学生也是这样。许多人毕业以后恨不得马上有房有车，当然这没关系，但一定要脚踏实地。

第三，要有承受失败的心理能力，因为事业不会一帆风顺。说句老实话，我也失败过，曾经想自杀，但最后没自杀，因为第二天太阳照常升起，一切都会好的。人的一生中有很多很糟糕的时候，你要有承受的勇气。

第四，运气。对我而言，努力之后还不成功我不会后悔，在努力之前你永远不知道你能否成功，努力之后，还是失败，你只能怪你没有这个能力，或有这个能力但没这个运气。

第五，对（应届）毕业生来讲，少点浮躁。

——2007年，王石在北京大学的演讲中如是说

背景分析

在现实生活中，不屑做小事、渴望大成功的年轻人非常多。他们对自己的期望值非常高，不顾及现实条件，也不屑于脚踏实地，正因为如此，理想根本无法实现。而面对失落，他们不能很好地调整自己，要么变得散漫慵懒，要么陷入沮丧、苦闷中不能自拔。

同样，很多创业未久的企业家容易自我膨胀，雄心勃勃，认为自己无所不能。

但是，王石提醒大家，首先要很好地认识自己，要经常问自己：我的优点是什么？我的企业的方向在哪里？我现在需要提高的是什么？结合自己的现实条件去追逐梦想，梦想实现的几率才更高。

另外，要学会将大目标分解。任何人都不能一步登天，即使是快速成功的人，其成功的背后，实际上是有很多积累因素在起作用。

行动指南

年轻企业和年轻人一样，都需要有合理的方法来帮助自己走向成功。

10 月 14 日 王石的成功公式

我把成功写成一个公式，供参考：

成功 100% = 运气 90% ＋理想主义 5% ＋激情 2% ＋坚韧意志 2% ＋控制力 2% ＋自省力 2% ＋平常心 2% －浮躁 1% －懒惰 1% －贪婪 1% －依赖 1% －没有同情心 1%。

——2007 年，王石在于北京大学的演讲中如是说

背景分析

有史以来，不同时间段，总有普通人会打探成功公式。

我们看看各种成功的描述。

如果一个人能自信地往理想迈进，努力过自己梦想中的生活，他会得到意想不到的成功。

——亨利·大卫·梭罗

你这一生只要有自信与无知，就一定会成功。

——马克·吐温

我可以给你一个六个字的成功公式："想通了——就去做。"

——爱德华·瑞肯贝克

我所见过成功的人，都满怀希望、心情愉快。他们总是微笑地面对工作，和一般人一样地接受改变与机会。

——查理·金斯利

当然，目前似乎还没有哪个成功公式是通用和最有效的。不过，王石版本的这个成功公式，非常有"中国特色".非常"本地化"，也非常难做到。或者，在中国，成功本身就是一个充满不确定性的小概率事件。

行动指南

在中国，成功和运气因素相关，但是，企业家要用严格的自我修炼来提高抓住机会

成功的可能性。

10月15日 不要太在意第一份工作

根据我个人的经验，不要太在乎第一份工作，因为同学们毕业的时候往往很兴奋、很彷徨，兴奋的是学的知识要到社会上一显身手，要到社会上解决自立，彷徨的是就业压力非常大，我建议不要太在意找到的第一份工作。这就像谈恋爱一样，初恋结婚的不多，实际上找职业也是这样。学生物研究的，可不可以去做买卖？学机械工程的可不可以去创业？第一份工作不是很重要，它是踏入社会，了解社会的第一步。我创业是33岁以后的事，之前我当过兵，当过工人，上过大学，毕业之后搞过专业工程技术，两年后又跳槽做翻译，这是我到深圳之前的5份工作，到了深圳之后才开始创业，所以不要太在意第一份工作，当然跳槽不能太频繁，太频繁会影响一个人的心态。

——2007年，王石在北京大学的演讲中如是说

背景分析

对待第一份工作的态度，在很大程度上决定着你是否能够顺利完成从一个校园人到社会人的转变。因此，正确的工作观十分重要。

第一份工作不要太计较薪资，要将眼光放远，抱着学习的心态，才会有更光明的未来。重要的是，当你拥有了正确的工作观，继而在职场中发现别人的优点加以学习，观察别人的缺点予以警惕，第一份工作会让你受用无穷。

新鲜人进到公司，往往不知如何利用团队的力量完成工作。现在的企业很讲究团队合作，这不但包括借由团队寻求资源，也包括主动帮助别人，以团队为荣。

工作压力、人际关系，往往是新鲜人无法承受之重。人生的路很漫长，学习骆驼负重的精神，才能安全地抵达终点。

你可以像海绵一样吸取别人的经验，但是职场不是补习班，没有人有义务教导你如何完成工作。学习山羊反哺的精神，有感恩图报的心，工作会更愉快。

行动指南

要用乔布斯的人生智慧时刻提醒自己：物有所不足，智有所不明（Stay Hungry, Stay Foolish）。

10月16日　一个新派留学生一年快速婚恋的启示

你不要和美国人比速度。

——2013年，王石在亚布力中国企业家论坛第十三届年会上发言

背景分析

相亲节目《非诚勿扰》火遍了国内外，且不说它究竟能不能帮人找到对象，单说这极高的收视率就能炒火不少人，尤其是那些笑靥如花、个性突出的女嘉宾，微博粉丝能每日成百上千地增加。

2011年，《非诚勿扰》美国专场来了一位哈佛的博士，哈佛博士这个头衔本没什么稀罕，可他的亲友团却是重量级的，一个是他的导师，一个是王石。用孟非的话说，那是《非诚勿扰》开播以来档次最高的一个亲友团。

王石怎么去《非诚勿扰》做了亲友团呢？王石后来自己说了原委。那个男同学准备毕业后回国创业，为了扩大知名度，降低创业过程中的交易成本和时间成本，决定上《非诚勿扰》。据他自己计算，他上这个节目20分钟，相当于给自己做了一个200万元的广告。另外，他说，能不能牵手成功不重要，重要的是他告诉全世界的女孩子他要谈恋爱，那么台下会有无数年轻漂亮又优秀的女孩子找到他，他的择偶空间会非常大。

这个男孩子一箭双雕的想法最终说服了王石给他做亲友团。更可喜的是，从《非诚勿扰》节目下来一年后，这个男孩子不但找到了合适的工作，还结了婚，并生了一对双胞胎。

行动指南

快速推进自己的生活，是因为之前有清楚的规划，知道自己需要什么，同时也可以放弃什么。有清晰的目标与坚定的执行力,努力就能较快速见效。人生如此,做企业也如此。

10 月 17 日　不能欣赏别人,损伤的是自己

改革开放 28 年了,中国诞生了一批优秀的企业家,他们的创业精神、所走过的道路值得后来者、年轻人学习、借鉴。 老王欣赏的何止数十个? 玉溪褚时健的"烟田是第一车间"质量控制法、海尔张锐敏的"质量控制法和客户维护系统"、华为任正非的"狼群战术"、万向鲁冠球的"专业国际化"、平安马明哲的"人才国际化"、招商银行马蔚华的现代银行制度、搜狐张朝阳的"中西合璧"、中粮宁高宁的"资源整合"、长实李嘉诚的"审时度势"、邵氏邵逸夫的"通变渐进"……

由衷地欣赏、由衷地学习能少走很多弯路。

不能欣赏别人,损伤的是自己。

——2006 年 11 月,王石在其博客文章中如是说

背景分析

中国不缺企业家,不缺对资源要素有效率的支配者,缺的是让这样一个群体充分发挥他们聪明才智的体制和环境。

目前,影响企业家诞生和成长最糟糕的是官本位思想和平均主义文化,我国企业家的选择机制不合理,缺乏必要的对企业家的激励和评价机制。从企业家成长的条件和发挥的作用来看,企业家需要进行职业化和市场化,但现实是市场选择非常难。在过去产权不明、政企不分的情况下,企业的经营管理者以任命为主,任命的管理者和企业经营者是两条道上跑的车。任命不担风险,表现不出企业家的冒险性等特征,因而,政府任命制很难产生真正的企业家。

如何保证企业家掌握企业的命运? 一是在产权制度上,要让他们持股;二是在治理结构上更多地强调他们的作用;三是在企业文化上,体现企业家是一种人力资本。

行动指南

在中国的经营环境中,优秀企业家的产生殊为不易,因此,要学会互相欣赏。

10月18日 戒酒与写博客都需要坚持

有人问博客是你写的么,当然是我写的,喝酒只有我替部下喝酒的经历,没有部下替我喝酒的经历。

——2011年,王石在接受《南方人物周刊》专访时说

背景分析

多年前,有网友质疑王石的博客是有人代写的,而后王石第一时间对此说法进行了澄清——老王没有让人代写博客的习惯。除博客外,成功戒酒更让王石骄傲。

王石不抽烟,但喝酒,尤其喜欢喝葡萄酒。事业起步时期,王石在外应酬免不了要喝酒,有时候还代别人喝,曾喝到胃出血。人年轻的时候,最大的资本是大把的时间和强壮的身体,那时候酒喝多了,大不了吐两次,头痛两天,便什么事也没有了。后来随着年龄越来越大,王石开始注重保健,他说喝酒对身体损伤太大,于是决定戒酒。

戒酒跟减肥一样,没有点儿毅力,是绝对不行的。尤其是王石这样的大老板,要想在应酬的时候不喝酒,难上加难。他自己说,他常常陷入两难的境地,喝呢伤身体,不喝呢得罪人。幸好他最后坚持下来了。

喝酒的人都有酒瘾,一个人在家,酒瘾上来的时候,王石也想过反正没人知道,打开喝吧,可是最后硬是死死盯着一瓶酒看了十多分钟,忍住没喝。

现在算起来,王石戒酒已经有七八个年头了,实属不易。

行动指南

戒烟戒酒对很多人来说很难。很多名人让秘书或者助理代管博客。王石在这两点上都要求自己坚持住。因为小事都坚持不了,大事就更没指望了。

10月21日 60年代的人一样纯真

我觉得我比24年前更纯真，更简单。

——摘自《王石说：影响我人生的进与退》

背景分析

在2009年的一次搜狐高峰论坛上，王石演讲的主题是"重返纯真年代"。20多年前，王石来深圳创业，心中没有多么伟大的抱负，只是希望能张扬个性，展示才华，通过努力改善生活水平，可以说那时候王石的想法与绝大多数创业人士的想法相同，尽管创业的过程中王石坚持底线，不行贿受贿，但与"纯真"确实不搭边，所以王石说那时候的自己"不纯真"。

活了50多年，经历了大家都经历过甚至别人没有经历过的事情后，王石觉得即便当时没有放弃万科股份，得到了那一大笔钱，自己现在也会毫不犹豫地捐出去，不被财富所累。

关注王石的朋友应该都发现了，近两年的王石在微博上常常上传一些花花草草，要么就是各种各样的水果照片。有些人觉得王石肤浅，但事实上这是王石对生命的珍视。攀登珠峰、穿越两极，不仅仅让王石更加珍视人的生命，也让他了解了所有生物生命的意义。

王石的纯真在于他对生命的珍视，也在于他对环境破坏的担忧。亲眼看到乞力马扎罗山没有雪，亲眼见到珠峰的冰雪日渐融化，垃圾成堆，亲眼看见水鸟之乡罗布泊一片荒芜，亲身感受南北两极温度升高……深感触目惊心之余，王石将更大的精力放在了环保上。这几年，在大型的环保组织或活动中，几乎都能看到王石的身影。

行动指南

能够用像孩子一样清澈的眼睛看世界的人是有福的。王石这个历经沧桑之后的长者身上保持的单纯品质值得企业家们细细思量。

10月22日 企业家的幸福有所不同

　　幸福因人因时因境之不同而有别，唯有用你的智慧、真诚的付出、真挚的爱，才能获得属于自己的幸福。

——摘自王石博客

背景分析

　　这几年，"幸福"成了热门话题，人们口中说的，书上写的，网络上流行的，都与"幸福"脱不开关系。不过，王石从来不用幸福来衡量人生，如果不是有人主动跟他谈论"幸福"，他几乎不考虑自己是否幸福。

　　曾经有记者问王石是否有过幸福感，王石茫然地反问，你先告诉我幸福是什么。后来有网友跟王石讨论幸福是否是比较出来的，王石说幸福因人因时因境不同而有所不同，俨然已经思考过"幸福"二字的含义。

　　他在博客中写道，不能认同列夫·托尔斯泰的那句名言"幸福的家庭都是相似的，不幸的家庭各有各的不幸"。在他看来，不同的身份、职业，不同的人生阶段，幸福是不同的，比如农民的幸福来自劳作后的好收成；运动员的幸福来自站在领奖台上的一瞬间；孩子的幸福来自精美的玩具，中年人的幸福来自事业有成和家庭美满，等等。用他的话说，只有用智慧、真诚的付出、真挚的爱，才能获得属于自己的幸福。

　　在那篇博客结尾，他意味深长地表达了自己的幸福感来自哪里，"对于自我不满足的强者来说，幸福感在经历艰辛磨难痛苦考验之后才能获得"。

行动指南

　　幸福来之不易，需要付出与舍弃，即使是王石这样的"强人"也不能例外。

10月23日　城中村不能一拆了之

　　"二战"之后，西方国家普遍出现居住人口由市中心大规模向郊区迁移，从而导致了城市空心化。然而，实践是检验真理的唯一标准，郊居生活理论在一代人身体力行的实践后，弊端涌现，问题重重，生活成本、交通成本的上升，生活舒适度的降低，汽车污染的加剧、城市扩展的不均衡等，造成了一些不安定的社会因素，种种弊端最终促成了逆向的城市人口回流现象。

　　中国城市在发展过程中还没有出现"中心区衰退"现象，"郊区化"还停留在"摊大饼"阶段，但随着城市化进程的加快，问题仍然会出现，美国城市解决社会问题的实践值得借鉴。中国大城市的问题是"城中村"。显然再也不能简单地一拆了之了。

　　　　　　　——2008年4月，王石在其博客文章《看美国唐人街如何搞拆迁》中如是说

背景分析

　　作为失地农民安置区和城市廉租屋区的城中村，是历史的产物，是经济发展初级阶段里，在政府没有足够资金和就业安置能力，没有充分顾及廉租屋市场巨大需求的情况下，农民集体发挥积极性，与政府共建城市的产物。

　　任何大都市都必须有低成本生活区，深圳也需要城中村这种低成本生活区。城中村是一座城市现实需要的产物，对"城中村问题"应通过管理来解决，而不是拆建。

　　所以，美国人似乎也已经意识到了这一点。

　　为了解决城市的现存问题，美国城市管理部门成立了城市重建局积极推行以下措施：(1)鼓励高密度发展，实现旧城重建的商业空间；(2)土地混合使用，尤其适用于商业中心区，减少单一使用区；(3)大力发展公共交通，控制私车旅游增长，鼓励选择其他交通工具；(4)重建老商业区和社区，旧城重建已成为美国许多城市的重点行动；(5)保护没有建筑物的空地，包括保护森林、牧场、自然景观和重点环境区域；(6)进一步推广经济适用房，并鼓励不同收入水平的人们在同一生活区域内居住。

行动指南

在中国,许多看上去不好看、不好管理的事物可能恰恰是最符合实际需要的东西。

10月24日 保留城市文脉

水晶城这个项目过去是天津的玻璃厂,我们把它改造成住宅之后,把原来天津玻璃厂的老厂长请来到那里看一下,看看这个厂改造以后成了什么样子。据天津的同事说,他看了之后感慨万千……虽然这个玻璃厂搬迁了,但是玻璃厂的一些遗迹保留着,比如说我们的门是用玻璃厂的玻璃碴造的,把工厂的铁道专用线和厂区的一部分都保留下来,让人们知道这个地方过去曾经是一个玻璃厂。这种行为不仅仅是对自然环境的尊重,也是对城市发展的尊重。这个项目商业是非常非常成功,同时也得到同行的好评,到现在也是同行一直络绎不绝参观的项目。

——2006年,王石在南开大学演讲中如是说

背景分析

在中国急遽的城市化进程中,建设者对土地历史的态度成为一个不可回避的话题。万科的水晶城项目因而具备了普遍性的意义:最突出天津特色的五大道风情和小心保护的玻璃厂原貌成为万科规划该住区的要素。万科通过保留、对比、叠加,借鉴欧洲小城和五大道小洋楼的风格和神韵,将一个厂区和一座城市的文脉规划绵延于这个居住社区里。曾经,一个占地670亩的玻璃厂见证着天津工业的繁荣。如今,一个40万平方米的有历史感的新型社区成为更多家庭的生活舞台。

水晶城项目所保留的历史分为两部分:一是旧时代留下的特殊烙印,天津人对五大道、小洋楼的独特情怀;另一部分是社会主义大生产的历史,即原来的玻璃厂的风貌。这两部分都是水晶城所建地乃至整个天津历史中不可或缺的部分。水晶城就是本着这样的人文精神来营造一个有着历史感与人文感的社区。而相对于水晶城交到业主手中后的无限未来,这样具有历史感的形式也将是一个十分有意义的纪念。

行动指南

尊重历史、尊重文化、尊重社区的传统,这不仅仅是开发商需要注意的。

10月25日 西藏盲童学校的启示

说到学校有一个感人的故事,5年前一位德国的盲女到西藏旅游……后来她说服父母到拉萨租了私人的院子开办盲童学校。 我是2003年到这个盲童学校的。 我当时是带着优越感去的,外国盲女办学校,第一,我感到很好奇,第二,我感到很佩服,第三,我当然要给捐赠,就是带着这种居高临下的心情去了。 去了以后很感动,感动在什么地方呢? 这位德国盲女对拉萨这些盲童的教育,首先不是解决生存的技艺问题,而是向他们灌输一种自息不强的理念,我们尽管有残障,但正因为我们眼睛失明,另一方面我们可能更强。 这就增强了盲童的生活自信心。 这种自信心到什么程度呢? 我们讲一个故事。 其中有一个盲童,在这样的启发下,他觉得当出租车司机太好了,第一,满足自己的愿望能开车,第二,还挣钱,他的愿望就是当出租车司机。 当这个盲童知道自己不能当出租车司机的时候,他想他一定要投资出租车公司,要当出租车公司的老板……你会发现在那儿受到了很大的感动,他们虽然双目失明,但是对生活都充满了信心,我们四肢健全的人是否可以对社会多做一些事情,对社会多做一些贡献? 到那儿以后我发现我是一个受教育者。

——2006年,王石在南开大学演讲中如是说

背景分析

王石在这件事上得到的最大的启示,应该就是"捐赠"的意义。如果是带着优越感的捐赠,那只是表面的"做好事";德国盲女为盲童们开办学校,也可以说是捐赠,但却是发自内心的,不仅是物质,更是心灵的捐赠。这是非常有意义的"捐赠"。

行动指南

帮助弱者,要重视让接受帮助的人建立自信心,而不是用"施舍"去摧毁他们的自信。

10月28日　行善要趁早

　　这几年来我一直与身边的企业家共勉："人常道行乐趁早，我说行善也要趁早。"自己也身体力行，私人参与公益活动，在公司则倡导并推动企业社会责任。但经历"玄奘之路"后，我深感自己做得太少。我应该做得更多。

　　　　　　　　　　——2008年4月，王石在接受南方广播电台采访时如是说

背景分析

　　王石的老朋友冯仑，经常被王石拉着去做慈善。不过，他倒是很老实地说，王石几乎已经接近圣人了。

　　冯仑计算过，历年王石都将个人收入的1/3用于公益活动。2001年至2008年6月，他已用税后个人收入捐赠了1200多万元，而2001年至2007年底，他用于捐赠的比例远远超过了收入总额的1/3。他的广告收入百分之百用于公益事业。王石还表示，他所获得的管理层激励的收益中用于公益的只会比1/3多，不会少。

　　冯仑还说："当然在(8月)这次股东大会上，刚才我讲的有一些他已经披露出去了，这时候一算账才发现，2/3都捐了。王石为何说服股东捐，因为他个人没钱了，不是他不捐，他家里还得过日子啊，他没钱了，他答应出去捐款都是借朋友的钱履行了诺言。说服股东以后他自己就到救灾现场，一直就在那儿折腾。"

　　虽然王石在汶川大地震之后的博客发帖事件，引来"抠门""吝啬""冷血""无良"等指责，但是，他正在用实际行动行善，回馈社会。

行动指南

　　特里莎修女说：哪怕你今天所做的善事明天就会被人遗忘，不管怎样，还是要做善事。

10月29日 向美国学习慈善体制

现代慈善事业始于美国，美国钢铁巨头安德鲁·卡内基被公认为现代慈善事业的开创者，他的名言"拥巨富而死者以耻辱终"为慈善家所传诵。卡内基曾说过，致富的目的应该是把多余财富回报给同胞，以便为社会带来最大、最长久的价值。

美国学者把社会分成三个大部门：一是政府；二是营利机构；三是非营利机构，即按美国税法给予不同免税资格的慈善组织、社会福利团体和宗教组织。

文化渊源外，一个影响慈善业发展的重要因素是，美国有一个对慈善部门发展有利的法律环境。法制、体制与机制的三位一体，是美国慈善事业的制度环境保障。

完善的遗产税和慈善基金管理制度刺激着美国慈善事业的发展。

——2008年6月，王石在其文章《美国之行：美国慈善基金会的运作》中如是说

背景分析

私人比政府"大方"，是美国慈善制度和文化传统使然。1917年美国政府出台税法鼓励大众捐出一部分收入来免除自己的所得税，捐赠开始成为普遍现象而非富人专利。此外，美国有上万个独立于企业和个人的公益基金会，政府通过税收优惠来鼓励，同时用非常严格的法律予以监督，使基金会的财务具有很高的透明度。

大部分美国人，都是慈善活动的参与者或受益者。美国人热衷慈善，很大程度上跟他们的教育、宗教信仰以及法律有关。人们在孩提时代就会受到父母长辈们"救济救助乐善好施"的熏陶培养。20世纪70年代，美国前总统卡特的七旬老母亲还不顾年迈加入赴海外提供慈善服务的"和平队"，回国时，全体儿孙手持小彩旗前往机场热烈欢迎。这对正在成长中的孩子们来说，影响是显而易见的。

行动指南

有心于慈善公益事业者，同样需要有心于促进慈善公益体制的形成和完善。

十一月 | 户外运动与企业之道

November **11**
2014 CALENDAR

MON	TUE	WED	THU	FRI	SAT	SUN
					1 初九	**2** 初十
3 十一	**4** 十二	**5** 十三	**6** 十四	**7** 立冬	**8** 十六	**9** 十七
10 十八	**11** 十九	**12** 二十	**13** 廿一	**14** 廿二	**15** 廿三	**16** 廿四
17 廿五	**18** 廿六	**19** 廿七	**20** 廿八	**21** 廿九	**22** 小雪	**23** 初二
24 初三	**25** 初四	**26** 初五	**27** 初六	**28** 初七	**29** 初八	**30** 初九

11月1日 董事长"不务正业"？

如何做好董事长呢？ 我想，董事长最大的责任是在企业战略层面引领万科的发展方向。

如何让一个团队全力以赴、甘心工作，不仅有激动人心的口号、公司美妙前景，还需要制度保障和对市场变化的洞察力。 这几点，董事长能把握住，至于是游山还是玩水，就不要太在乎了吧。

——2008年3月，王石在其博客文章《董事长如何分配时间？ （答网友十九）》中如是说说

背景分析

就算是超级富豪也会有自己热衷的爱好，且不仅仅是收集天价现代艺术品、邮票或名车等与财富直接画上等号的消遣娱乐。

沃伦·巴菲特和比尔·盖茨都是桥牌的狂热爱好者。

保罗·艾伦(微软联合创始人之一)收藏了约20架第二次世界大战时期的飞机，并在华盛顿州阿灵顿建立了一座老式飞机收藏馆。

詹姆士·古德奈特(SAS的联合创始人)收藏了超过100块的岩石、矿石、化石和陨石。

洛克菲勒家族的继承人大卫·洛克菲勒在10岁时开始收藏甲虫，现在他已经92岁，收藏的甲虫有9000种共157000个标本。虽然他不是专门到处去收集，但熟悉他的人称，无论走到哪，他都会去找甲虫，用瓶子装起来并带回家。

行动指南

人无癖好不可交。企业家更是如此，只知道赚钱、埋头生意的企业家，其实是不健康、不完整的。

11月4日　登山的魅力无与伦比

登山作为一种运动，包含着征服。 其他竞技运动的失败者只是拿不到奖牌，而登山失败者的代价往往是死亡。

——1999 年，王石在接受本书作者采访时如是说

背景分析

以生命为代价的挑战，其魅力是无与伦比的，这大概正是登山吸引王石之处吧。

登山在普通人的心目中，是一项昂贵的运动，没有钱染指不得。但是，立志推动登山运动发展的王石经常语重心长地劝告大家说："一般的登山活动，并不需要太多的花费，比如登北京的香山。"他说，有一次在中央电视台做有关登山的节目，结识了一位八旬长者，他天天登香山，风雨无阻。选择登山运动，等于选择了一种生活方式。

每年，至少有 20 多个外国登山队员进驻珠峰大本营攀登珠峰，这些登山爱好者中不乏有钱人，也有一般的打工者，比如钢铁工人、邮递员。这些"登山痴"攒钱十几年或打双份工，就是为实现登上世界最高峰的梦想。

行动指南

登山和办企业一样，都有一定的风险。做好两者的关键都是控制好风险。

11月5日　登山是一种让人后悔的运动

登山是一种让人后悔的活动。 登上去的感受就是赶快下山，下次绝对不来了。登山的美妙体验不在登山的那一刻，而是现在。 因为我去登山了，很多人没去，所以我很得意。

由山上再返回城市，一切对你都是新鲜、可爱、可亲的。 你会重新审视、珍惜曾被你长期忽略的许多东西，你会更热爱现代文明生活，你会对周遭的人更宽容。

——1999 年，王石在接受本书作者采访时如是说

背景分析

很多次有人问王石，登山的感觉是不是特别美妙。

王石也很认真地谈过登山对他的积极意义："登山可以使人更珍惜平时忽略的东西。我住在宾馆里时，服务生会给我送来水果，但我总是想不起来吃。可一旦进山两天之后，人家给你一个苹果，你咬一口，感觉太美好了。登山既是生命的浓缩，也是生命的延长。登山时非常痛苦，你总想放弃，你以为你上不去了，可成功就在于你能否再坚持一下。这种体验在生活中一般需要十几年时间才能体会到，可通过登山，一个礼拜就能体会到。现在，在谈判时，从心理上我就有一种压倒对方的气势。我想，我能登上去，你行吗？你根本耗不过我。"

他又说："在登山的过程中回想人生的道路，你要坚持做你认定正确的事情。但是，登山还不完全等同于生活，登山的目标很单纯，不是上，就是下。可生活就不一样了，它有许多的选择，也有很多的诱惑。"

行动指南

登山是一种非常态的生活，所以其中的很多体验也是常态生活所不能提供的。

对企业家而言，从非常态中换角度看待事物，往往有另一番感悟，同时有助于保持触觉敏锐。

11月6日　登山会上瘾

登山并不如想象中美妙，缺氧，嗅觉、味觉等一点点丧失，当生理反应越来越强烈时，登山过程也会变得乏味起来。这时，一个我们在都市看似稀松平常的东西，也会变得极其珍贵和特别。

进山之后，高山缺氧，人适应这种状态是很痛苦的过程。回到平地，再逐渐适应富氧状态，也需要半个月时间。调整过后，整个人都变得神清气爽。直到有一天，觉得浑身都不畅顺了，我就知道自己又该去登山了。

——2001 年，王石在接受本书作者采访时如是说

背景分析

"其实，登雪山令我的生活发生很大改变。登雪山随时会有生命危险，在这种状态下，每次能安全地回来，那些艰险历程，就成为我最怀念的。你问我登顶的感觉怎么样，有没有一览众山小的豪迈。站在峰顶，天气好的话，没有云层遮挡，看着深不可测的山谷，心里很害怕，我只会有一个想法：赶紧下山！因为，登顶只完成了登山的一半，更危险的还没有来临。若天气不好，脚下都是云，不知能不能安全下山，更要赶快下山！"

王石自己也常常感叹："其实，每次一进山我就后悔了。上到海拔四五千米，风刮着，头疼、恶心，我就骂自己，问自己怎么犯贱、又来了。可爬着爬着，还没登顶，我又开始想下一次该登哪座山了……"

一千个登山者有一千种体验。但是，老登山者对于登山运动的留恋，却是大体相同的。

行动指南

登山是一种艰苦的体验，这种受到诸多条件约束的运动，就跟办企业一样，有时候反而能够给参与者带来欲罢不能的乐趣。

11月7日 不是征服山，而是征服自己

应该说山峰是不可征服的……在山的面前，人非常渺小。 你只能说通过登山体验自然，或者是征服自我。 对我来说喜欢登山不是征服山，而是征服我自己。 说得大一点，是人类对自己的一种不满足，人类对自己还有一种探求，一种突破自我的反应。

——2001 年，王石在接受本书作者采访时如是说

背景分析

世界上没有两个完全相同的人,所以世界很精彩,所以世界很复杂,所以有了人与人之间的理解和沟通。登山,每个人的目的各不相同:有的人为了追求所谓的时尚,有的人为了心中解不开的某个结,有的人为了证明自己的强壮,有的人为了体验超越极限状态后的快乐……但更多的登山者是为了内心的一份感受。在山上,恐怕很少人会将注意力放在所谓海拔8300米处壮丽的风光,你内心的挣扎和斗争也许更真实。对自己而言,各取所需是最原始的平衡方法,直觉决定了一切,告诉你什么是你最需要的。

行动指南

办企业与登山一样,成败最终都是为了征服自己。

11月8日　我不是英雄

我不是英雄,这是我的真心话。 所以我反复对大家说,不要太看重这次登山。

我不是英雄,这不是谦虚。

以我们中国10多亿人口以及邻近珠峰的程度来说,我们登顶的比例实在是太少了。 去年就有一个和尚,以很简陋的装备,一个人独自登顶珠峰;美国也有一个盲人到达了顶峰。 所以大家不要把登珠峰看做很神圣的事情。

　　　　　　　　　　　——2003年5月,王石登顶珠峰后回到深圳对本书作者如是说

背景分析

50年来,共有1000多人登顶珠峰,但是其中汉族人士只有12名,6名是内地的,5名是台湾的,1名是香港的。

2003年5月,王石参加的这批珠峰登山队由一批普通登山爱好者组成,只是由于中央电视台的现场转播,又由于处于"非典"时期,于是获得社会的广泛关注和认同,攀登成功后更受到了英雄般的欢迎,得到极高荣誉。在王石看来,这虽然是值得高兴庆

贺的事,但他们所参与的毕竟只是一项自愿参加的极限运动。

行动指南

登上珠峰当然是壮举,但是没有必要过分夸张其意义。办企业也一样,做得好自然值得赞赏,但是切莫太过分。

11月11日 山友之间的特别关系

山友之间的关系是很特别的,和普通城市生活很不一样。

一进山,一些不确定却关系到生死的因素,将人与人之间的关系拉得很近。 在山里相处一个星期所建立起来的深厚友情,可能是你在都市生活10年也不可能建立的。 比如说,一个帐篷至少要睡两个人,朝夕相处,从情感和精神上就拉近了两人的距离。 大多数情况下,登山时大家都要三四个人结组牵在一起,这需要绝对的相互信任。 有时,连续10天、8天大家都要绑在一根绳上,只要一个人脚下一滑,就有可能扯带几个人滑坠。

——1999年,王石在接受本书作者采访时如是说

背景分析

对企业家来说,最重要的就是处理人与人之间的关系。可以说是管理无处不在。

王石远离万科去登山,但并没有放弃工作。登山时王石和其他队友一样,20天不洗脸、不刷牙、不洗澡,吃同样的饭菜,同样有高山反应,闲聊时会一起讲荤段子。这时王石只是一个普通的登山爱好者。只有在他面色严肃,利用卫星电话和网络通讯操纵着万科公司的运转时,你才会感觉到他是一个上市公司的大老板。

王石告诉我们,登山者的圈子很特别,它建立在生死与共的基础之上。

无论平时拥有什么社会关系,成了山友,大家都是为了在现实生活之外寻找更简单一点的乐趣。大多的山友只是过客而已。这种友情很独特,是不轻易说出口,却非常真实的一种情意。

山友之间需保持一个合适的距离,不合适过于接近,人要学会保护自我。

山友也勿轻易转换为朋友,君子之交淡如水。简单、不应酬。

王石有很多山友,这便于他舒缓企业运营的压力,也有利于他敢笑敢怒的性格得到释放。

行动指南

企业家的朋友会很多,但是也要有不同层次的关系,尤其是多一些无商业利益、相交淡如水的关系,这更加有利于平衡自己的心态,搞好企业。

11月12日 成年人做事,不一定硬要家庭很理解很支持

成年人做事情,还是有分寸的。自己想去,衡量过安全系数就去了,不一定硬要家庭很理解很支持才行吧。

国内的很多人认为登山只是处在青春期的年轻人的活动,但国外许多登山队的人员构成是银行家、律师这样一个社会阶层。在他们看来极限运动只是一种生活方式,只不过这些运动碰巧我都喜欢而已。这样的生活方式让我觉得生活更有意义,更应珍惜它。况且它并不影响我的工作。

——2003年,王石在接受本书作者采访时如是说

背景分析

有关王石为何喜欢极限运动,有多沉迷,都是媒体和公众经常关心的问题。

王石登珠峰的念头并不是一开始就有的。实际上,当他第一次去西藏,见到珠峰的时候,根本没有想过自己有朝一日会登顶珠峰。王石登山的缘由,也许和很多人想象的很不一样。首先他没有所谓征服自然的目的,更多是发自内心,想挑战一下自己的极限。

为什么要去登山呢?新西兰的著名登山家回答:“因为山在那里。”

有时候,对于企业家而言,家庭和事业会构成矛盾。而有时候,户外运动和家庭也会构成矛盾。这就需要企业家用成年人的思路来把握和平衡了。

大卫·罗伯特的感触是:攀登的魅力有多大取决于它对人际关系的简化、对友谊

的减弱和对合作的增强,以及人与第三者(山脉、挑战)之间的关系对人际关系本身的取代。在具有神秘魅力的探险后面呈现出的坚韧不拔和无拘无束的流浪生活是对我们天生的舒适和安逸的解药。

这一切正是王石以及不少企业家管理者喜爱户外运动的具体理由吧。

行动指南

各种户外运动,都能帮助人养成坚韧不拔的个性和挑战难度的创新精神,对于企业家来说是非常有益的锻炼。

11月13日 趁着年轻,出发吧

西藏号称世界第三极,空气稀薄,自然条件残酷。但是藏人生于斯、长于斯,他们照样生活,生儿育女,可见人的潜能有多大。我们生活在低海拔地带,跟藏人相比,条件不知优越多少,应该可以做成相当多的事情,没有什么是不能克服的。

当时的愿望非常简单,我想如果命运决定我的后半生坐轮椅度过的话,我不要到时候后悔:在我还很健康的时候,我可能应该做的事,我没去做。现在趁我还没有瘫痪,我得做一些我不后悔的事情。

——1999年,王石在接受本书作者采访时如是说

背景分析

自西藏珠穆朗玛峰大本营回来之后,王石就盯上了中国登山基地,开始进行高山训练,然后开始登雪山。这么多年过去了,他还没有瘫痪,但是当初瘫痪的可能造就了一个登山的王石。

实际上,不要说是攀登七八千米的雪山,即使平时攀登深圳附近海拔几百米的小山,王石都一定要拄登山杖,因为直到现在他的左腿还是隐隐作痛,随时可能突然没力而倒下去。

因此,在这样的身体条件下王石还能够坚持一系列极限运动,少一点毅力和意志都不行,说王石是铁汉,名副其实。

法国谚语有云：不要等到日子过去了才找出它们的可爱之处。

乐圣贝多芬更是说：人拥有的东西没有比光阴更贵重、更有价值的了，所以千万不要把今天要做的事拖延到明天去做。

行动指南

企业家尽管时间紧张，也需要留出一部分时间来做一些让自己不会后悔的事情。

11 月 14 日　不敢冒险才是最大的风险

我喜欢登山这种极限运动，因为这对人的意志是一种磨炼。意志实际上和身体是有关系的，仅仅有健壮的身体，而没有坚强的意志是完成不了极限运动的。登山运动磨炼了我的体能、意志，无形当中使我在谈判桌上与对方僵持不下的时候处于一种优势的地位。潜在的语言暗示，比如登雪山时我要面对死亡，对于危险的潜意识的克服会使人拥有一种心理上的优势。谈判中僵持不下的时候，不管最后耗不耗得过对方，起码自己的形态和身体语言会给对方一种强势的感觉。

登上珠峰就算是搞定珠峰，这是一种开玩笑的说法。实际上珠峰是搞不定的，即使登珠峰是一件很不容易的事，但我并不是开拓前人未开拓的领域，而是沿着前人的脚步登上去的，虽然不是很容易，但不是什么了不得的事情，只是登山过程可以磨炼自己的意志和体能，仅此而已。

——2006 年 3 月，王石在其博客文章《老调重弹：不敢冒险才是最大的风险》中如是说

背景分析

30 年前，王石来到深圳，面对的是充满不确定性的环境。在当时计划经济的环境下，深圳开始市场经济的尝试，很多人对此抱怀疑的态度。当时来深圳的人，很多是在主流环境中没有出路，或者出路不明显的人。王石比较特殊，他来深圳前在广州，在主流环境中处境相当不错。他来深圳就是想做点事情，不甘人生就被限制在那个境地，想改变自己的生活方式。

而王石并不觉得这有什么风险。性格决定命运。一个人如果对现状不满,会有两种做法:一种是主动求变,一种是被动地跟着环境变化走。生命只有一次,不动才是最大的风险。主动选择后,失败了不会后悔。被动的变化一旦遭遇失败,人往往感叹命运不济。

王石曾感慨:我们那个时代的人往往只能被动选择。有了一个主动选择的机会,我很自然地选择主动。相比之下,困难和挫折又算得了什么呢。

行动指南

冒险意味着主动,办企业如果没有了主动性,处处受制,处处被动,是不可能成功的。

11月15日　远离管理团队

为什么要选择去登山呢,其中一个原因是只有我经常离开万科的管理团队,才能不干预管理团队。

当管理团队开会的时候,我也想走进会议室去听听他们都在说什么,但是我还是克制住自己不要进去听。后来万科内部流传这样一句话,王石越来越不懂地产了,但是万科的产品越做越好了。我听到这个很高兴。因为作为董事长的王石,更加关心的是战略层面的事情,而不是瓷砖的事情。

——2004 年,王石在万科 20 周年企业活动期间如是说

背景资料

万科的高管都注意到,王石选择不做总经理只做董事长,一开始也是不太习惯的。

董事长与职业经理人如何分工,在中国企业里是大问题。民营企业中就常常有这样的现象在周而复始,即董事长大权在握,职业经理人成为附庸,时间一长,职业经理人的主动性与才干被全部扼杀,合作破裂就无法避免;或者职业经理人书生意气,大刀阔斧敢作敢为,老板备感大权旁落不被尊重,最终使得职业经理人被架空被挤走。

但在万科我们可以看到理想的分工。董事长侧重于凭感性捕捉发展机会,职业经

理团队致力于依靠理性大胆参谋论证。董事长侧重于大原则,大局了然在胸,职业经理们致力于斟酌细节认真把控。董事长与职业经理人的分工协作,需要双方根据各自所长并经过长期磨合,形成统一的理念并不断修正,方能达到双赢以及多赢的效果。

行动指南

当好董事长是一门学问。不能管得太具体,更不能管得太苛刻。

11月18日 登雪山不适合打品牌

打品牌? 登雪山有相当的不确定性,不适合作为企业形象来推广。 如果把时尚和极限运动结合起来考虑,选择滑雪、飞伞、航海、野外穿越更合适。

——2006年5月,王石在其博客文章《极限运动时尚,登雪山打品牌慎重》中如是说

背景分析

赞助是一种建立在一项运动或赛事中的明确的商业关系,一方以现金或服务的方式投资赛事,作为回报得到相应的商业"权益"。应该说赞助是增强客户关系和提高品牌形象的非常有效的方法。

在每年如此巨大的赞助金额中,体育占据了71%的份额,文化占15%,公益事业占9%。由此可见,赛事赞助项目仍然是吸引大多数资金的领域,因为赞助商有着更大的投入和控制权。赞助赛事总是能有所收益,能让赞助商将其品牌与赛事相联系,以保证品牌知名度的提升和媒体报道,同时还能充分利用赛事所提供的各种特权。

作为赞助商,现实中很多企业都出得起钱,但却不会管理赞助。

赛事管理带来的效益主要体现在间接效益上,能够进行具体考量的多为公众关注度、媒体曝光率等软性指标,但这些恰恰又是企业品牌价值的重要组成。

其实专注于企业赞助并开展管理只是赛事赞助管理的一方面,另一个重要内容是针对其他赞助商的引入和协作。

据了解,中国体育运动的发展在赞助商协作方面还处于相当松散的状态,赞助同一体育项目活动的企业有很多,但他们互相之间的沟通并不多。

行动指南

赞助体育运动,是公司提升知名度、树立品牌的一个好办法。但是如何赞助,怎么赞助,又是一个值得研究的问题。

11月19日 不仅仅是个性张扬

我本人对户外探险、户外行走很有兴趣。这次活动为期40多天,实际上去年的10月份就已经开始,和这次有关系。在戈壁滩上,虽然活动时间不太长,但和过去纯属探险不一样,今年又走了一次,更多是带着感受和感悟去。像登山和探险纯粹是人文主义的一种个性张扬,这个则更多些文化色彩。从大背景来讲,我办企业20多年,不能仅仅停留在那样一个个性张扬的水平上,组织这样一个活动恰恰迎合了一种需求。

——2007年11月,王石在新浪与网友聊天时如是说

背景分析

2006年是玄奘圆寂1342周年,由40名亚洲精英组成的文化科考队,10月驾车从西安出发,重走玄奘取经路。王石就是其中最为活跃的一个。

来自国内6所顶尖级院校的59名EMBA学员从甘肃安西县塔尔寺出发,开始为期4天的商学院戈壁徒步挑战赛。他们中有很多是资产过千万元的国内富豪。据该活动主办方"玄奘之路"组委会介绍,他们根据当年玄奘取经时所走路线,为这些EM-BA学员设计了直线距离114公里的徒步穿越路线,路上会经过戈壁、荒漠、雅丹地貌、荆棘丛、古代城市寺庙遗迹、河流等。晚上则组织学员们野外露营,让这些平日里过惯了优越生活的学员体会野外生存的艰苦。

59名EMBA学员戈壁徒步遭遇沙尘暴、大风、大雨等恶劣天气,花钱买罪受却让富豪们觉得很有成就感。

行动指南

企业家无论是办企业还是做其他事都不能仅仅停留在张扬个性上,有时反思和感悟是另一个层次上的张扬个性。

11 月 20 日　国人陌生的皮划艇

在大自然、大山、大海面前,人显得太渺小了,只有怀着敬畏之心亲近大山,亲近大海。 对于热爱大自然的人来说,从不用"征服"。

从事赛艇运动,一般要穿救生衣,会不会游泳不重要。

——2008 年 5 月,王石在其博客文章《大自然之子如何征服大自然?》中如是说

背景分析

王石一向是不愿意随大流的。在商界一派热衷高尔夫球的时候,王石在 2008 年向万科公司同仁强力推荐皮划艇活动。

在王石看来,皮划艇比赛是一项能够给人很大美感和愉悦享受的运动。它既有激烈的对抗和竞争,也有运动员完美发挥技术时展现的运动之美和韵律之美。观看比赛的时候,观众能欣赏到运动员矫健的体形,有力的动作,漂亮的舟艇在激流中划过的转变。再加上人体所必需的阳光、空气、水三大要素,无不给人以美的享受。

行动指南

为管理层人员安排多一些有特色的运动项目,既能够起到锻炼精神和体魄的作用,也能够加强企业内部的凝聚力。

11 月 21 日　对摄影早有兴趣

我对摄影发生兴趣其实要比创业来得早。 从小时候起,我就对影像充满好奇;

成为军人后，我的摄影兴趣愈发浓厚。 退伍那年，我把所有积蓄一分不剩地花在摄影器材上；几年后，我来到深圳创业，所做的第一件事情就是购置当时最先进的照相设备。 在极限运动途中，我一直都在用镜头表现自己的思考。 当然，也有很多照片，并非有意为之，纯粹是妙手偶得。

————2006 年 5 月 19 日，王石在自己的影展开幕式上如是说

背景分析

2006 年 5 月 19 日下午 3 点，"极度视角——王石"7＋2"摄影作品展"在深圳华润万象城开幕。

此次摄影展，以图片影像为线索，讲述了一个寻找精神方向与目标的纪实历程。从 2002 年 5 月攀登非洲乞力马扎罗山开始，王石以惊人的毅力，克服重重困难，在 3 年零 8 个月的时间里，先后登顶七大洲最高峰，且徒步到达北极点和南极点，成为世界上第 9 个实现"7＋2"计划的探险家。

影展共展出照片近 300 幅，均为"7＋2"探险途中王石不辞极度艰辛，冒着巨大危险拍摄。在"7＋2"探险途中，王石的摄影器材非常齐备，几乎占了随身装备的1/3。在极其艰难的条件下，王石要克服强烈的高山反应和剧烈的头疼，从极度疲惫的身心中分出仅存的精力去搜寻、拍摄壮观的极限世界。

王石的摄影长期以来在企业家之中独树一帜，成为万科企业文化之中具有特色和感染力的重要一环。

行动指南

企业家热爱摄影，往往能够捕捉到一些特殊现场的精彩瞬间，既有史料价值，也能突出企业文化和公司的价值观。

11月22日 对去太空遨游压根儿没兴趣

老王对去太空遨游压根儿没有兴趣，理由：（1）兴趣在不借助机械外力的极限运动，像登山攀岩、飞伞、滑雪、帆船航海属于此类；（2）越野驾车、快艇不在兴趣

范围内,更何况扮演游客的角色乘宇宙飞船? (3)有搭乘宇宙飞船的钱搁在地球上可以做许多事情呢。

——2007年4月,王石在其博客文章《甭再怂恿老王搭乘宇宙飞船啦!》中如是说

背景分析

中国的明星企业家往往吸引大众注意。所以,"王石"们如何在鲜花和掌声之中把持住自己,就显得非常必要了。

作为中国目前登顶珠峰最年长纪录创造者,王石征服了世界七大高峰,下一个目标在哪里? 经常有市民问王石,会不会花上一大笔钱去太空。王石很果断地回答:"别说花钱,就算免费,我也不去。"王石称,人类对外太空充满想象力,过去是科学探险,现在是想去旅游。也有探险公司打中国市场,开始炒作谁是第一个到外太空旅游的中国人。结果这个问题,问100个人,99个人回答是万科的王石。"我听了以后只是淡淡一笑,如果要解释,我就回答说不可能。"

王石称自己喜欢的是无动力的运动,如滑翔伞、帆船、登山等,喜欢人和自然的和谐相处,登山是要克服自身重力,滑雪是要利用重力,帆船和滑翔伞则要掌握风力,在和自然相处中体会到运动的乐趣。"我都不喜欢驾驶越野车狂飙,怎么可能花几千万美元去外太空,两个小时就回来了呢?"王石的话激起现场笑声一片,他说不可能为了哗众取宠、为了探险而探险。

行动指南

每个人都有爱好。企业家应该是根据自己的喜好来管理自己的生意和生活,而不能媚俗地随大流。

11月25日 目标不仅仅是运动家

就我个人来讲,我每到一个地方,都会被问:最近又在登什么山? 作为一个登山者的形象是牢牢树立了。 山是要继续登的,但作为一个成功的企业家,仅仅向运动家过渡是不够的,因为运动家只是个人行为。

——2007 年 4 月，王石在其博客文章《如何企业家的价值最大化？》中如是说

背景分析

在王石眼中，自己是一个运动家，又是一个热心的企业公民推动者。

2004 年，王石参加了首创刘晓光先生发起的阿拉善防沙尘暴协会；他把探险活动同保护濒临灭绝动物的公益活动结合起来，保护白头叶猴；他还关注低收入群体住房和城市民工子女教育问题；他资助拉萨盲童学校；他在藏区建立医疗卫生站等等。

他还发出呼吁：自 20 世纪 80 年代活跃至今的企业家应该扪心自问，除了赚钱、缴税、创造财富之外，我们还为社会做了什么？

王石说："借着这个机会，我呼吁 80 年代的企业家们，积极扶持、放手你所在企业的职业经理团队，让他们在第一线冲锋陷阵，在国际化挑战面前，去实现我们这一代人的梦想。而我们 80 年代企业家更应该在社会活动层面积极扮演社会活动家、慈善家的角色。这方面，香港的李嘉诚先生早已作出了榜样。"

企业家对自身企业公民意识的培养和企业公民实践，不仅仅是拿出钱来，更多的是用自己的知名度、影响力，对社会健康发展贡献自己的智慧和经验。

例如，王石建议，即使不参加户外运动，80 年代企业家们是不是可以用更多的时间到大学去讲演、与学生交流，把自己多年来办企业的经验、教训和年轻人分享。

行动指南

把个人行为上升为企业行为、社会行为，这是每个企业家都需要追求的境界。

11 月 26 日 户外运动的社会意义

公益行为得到企业积极响应，结果让我感到非常非常意外……

这次去南极我非常惊讶地发现，当这个活动是和公益结合起来的时候，这个活动变得是开放的、包容的、不排他的。 我刚才说了几个词又想到这座大厦，很有研究味道。 实际上这次门户网站就是搜狐、新浪和腾讯，（网站）各方面都是排他性的，而在现在这个问题上都不再排他。 比如说过去找赞助商，主赞助商只能是一

家，现在主赞助商是两家，一家香港的华润，再一家是中国移动。 为什么这样呢？因为你是和公益活动结合起来，和企业、和企业公民责任结合起来。 通过这个活动，我惊讶地发现，改革开放以后，经济发展到今天，公益活动开始得到企业积极热烈的响应。 所以这次去南极，不仅仅企业给予你全部费用，而且我还为重组生物多样性基地筹措了100万元基金。 2005年对我来说是一个转变年。

而今年，我将从活跃的户外活动者向社会公益活动者转型。

——2006年4月，王石在南开大学就"企业社会责任"为题发表演讲时如是说

背景分析

2005年12月21日从南纬89度徒步向南极点进发，经过7天120公里的徒步，北京时间28日01时05分，王石等6人终于抵达地球的最南端——南极点。

相比当初从珠峰上凯旋的志得意满，这次南极探险带给他更多的是对探险活动和自己心灵的反省。从南极回到中国，跨越2005年到了2006年，"7＋2"的目标也全部实现。接下来还要攀登哪里？

他相信，物理上的高峰是相对容易攀登的，如何让自身行为发挥出更多积极的社会意义则更让人费神。利用这个公众关注的机会，传播推广公益行动的理念和精神，这才是更大的责任所在。

如果媒体和企业能携手于这样的公益推广活动，必将发挥出不小的社会公益效应。

行动指南

企业家可以有意识地将自己的个人行为和社会公益活动结合起来，发挥出对自己和社会都有益的效果，1＋1＞2。

11月27日 运动是身体的苏醒，也是心灵的苏醒

满意的精神表达方式与休闲：

休闲活动与休闲体验成为获得精神满足的手段。 某些特定的活动能够满足特定

人群的需要，如野营、园艺、吸毒、慢跑。一项对慢跑的调查发现，半数人说他们在慢跑中体验到心灵的升华。再次进行慢跑的通常都是中年人，他们在年轻时曾经热爱体育活动，后来放纵自己，无节制吃喝……身体开始退化、发胖，甚至到毁灭边缘（比如冠状动脉堵塞）。当这个人决定重新开始运动时，不仅使身体苏醒，也使心灵的苏醒。对新戒律的信奉将使精神获得新生。运动已经成为一种神秘体验。

——2006 年 3 月，王石在其博客文章《你生命中的休闲》中如是说

背景分析

万科对员工"强调健康丰盛的人生"，对楼盘业主也是希望他们能够保持健康丰盛的状态。

随着我国互联网时代与知识经济的到来，坐着工作的人越来越多。坐着虽然舒服，但不利健康。研究表明，久坐可引起颈椎病、腰椎病、食欲不振等 18 种病症，久坐少动是现代生活方式疾病发生的重要因素。一个人长期缺少活动，再加上营养过剩，日久势必导致体内代谢紊乱而诱发糖尿病等疾病。

城市人除了坚持低脂饮食之外，同时进行步行、慢跑、上楼梯、骑自行车、游泳和跳舞等运动也是不错的选择。

所以，万科经常鼓励员工和住户走进大自然，呼吸新鲜的空气，享受灿烂的阳光。如徒步旅游，背一个行囊边走边看；成群结队地去攀岩、野炊、垂钓、露营等，既省钱，又有益身心。

行动指南

企业家追求事业成功和财富积累的同时，要注意提高生活品质和加强运动，让心灵苏醒并保持敏锐。

11 月 28 日　拉拉队不为人知的辛酸

美女拉拉队是 NBA 比赛重要的组成部分，虽然她们只是球场的点缀，但如果缺少了魅力四射的劲舞，比赛很容易出现冷场，观众也会感到乏味。拉拉队所带来的

享受丝毫不比球星的表演差。 这些训练有素的女孩子的任务就是尽可能地调动观众的情绪，延续体育馆内狂热的气氛。

NBA 的拉拉队成员是许多女孩羡慕的对象，她们激情似火的火辣表演让男人和女人一块儿着迷，但很少有人知道她们成功背后的辛酸。 她们也需要艰苦的训练，繁多的彩排，残酷的淘汰，最后能站上球场的幸运儿毕竟是少数。 拉拉队已经成为美国篮球文化必不可少的一部分，看比赛如果没有拉拉队，就无法全面感受 NBA 的魅力。

——2008 年 4 月，王石在其博客文章《美女拉拉队/王治郅经纪人》中如是说

背景分析

拉拉队有着与球员同样精彩的表现，但她们的薪水却连球员工资的零头都没有。这些付出全部精力的女孩几乎都是兼职。每场比赛中间拉拉队员要有 6 次演出，除了劲舞表演外，主队每次打出一个好球，姑娘们还要站起来面向观众挥手致意，十分消耗体力。她们每场比赛只能得到 100 美元左右的报酬。但低廉的收入并不会降低她们的积极性，因为现场几万观众的欢呼和电视转播所带来的知名度和曝光率会让她们得到极大的满足。

行动指南

企业需要明星，也需要像拉拉队一样的积极参与者，企业家对两者都应该重视。

11 月 30 日　中国需要海洋精神

我们很容易感受到生活在滨海城市的人们与生活在内陆城市的人们之间的性格差异，海洋本身代表着博大、宽阔、力量……在大海中生存，需要付出更多的勇气和毅力。 海洋城市的性格特征就是沟通意识、冒险精神。 希腊、罗马人长期艰难的海上开拓，在一定程度上造就了西方人的开放意识和勇于探索的冒险精神，社会对海上开拓、探险有较高的认可度。

这种海洋精神表现在社会生活中，就是文化上的开放性和多样性。 在这样的城

市文化中，变化和失败不是可耻的事情，而保守和恐惧将会被淘汰。 这种海洋城市的文化氛围中，常常能产生真正的创业精神，汇聚更多的精英人才，推动城市的发展。

——2006 年 6 月，王石在其博客文章《深圳是一座滨海城市吗？》中如是说

背景分析

在深圳这座海滨城市，作为深圳一个艰苦创业的企业家的王石，对海洋文明的感触和呼唤，也就是对沟通、开放和探索的期待，其中别有一番深意。

精神是在长期的历史积淀中形成的，它是意识、风貌和特征的综合体现，集心理、观念、习俗、信仰、规范等于一体。从这个角度看海洋精神，海洋对一个国家有多重要，海洋精神就对一个国家有多重要。大家普遍认为中国是一个海洋大国，但从海洋精神方面来说，中国还不具备海洋大国的条件。这就是说，中国要做一个称职的海洋大国，一定要致力于海洋精神的开发。

行动指南

企业家需要有开放、尝试和沟通的海洋精神，不能满足于街头智慧。

十二月 │ 阅读与思考

December 12
2014 CALENDAR

MON	TUE	WED	THU	FRI	SAT	SUN
1 初十	**2** 十一	**3** 十二	**4** 十三	**5** 十四	**6** 十五	**7** 大雪
8 十七	**9** 十八	**10** 十九	**11** 二十	**12** 廿一	**13** 廿二	**14** 廿三
15 廿四	**16** 廿五	**17** 廿六	**18** 廿七	**19** 廿八	**20** 廿九	**21** 三十
22 冬至	**23** 初二	**24** 初三	**25** 初四	**26** 初五	**27** 初六	**28** 初七
29 初八	**30** 初九	**31** 初十				

12月1日 市场精神将取代帝王思想

中国有两千多年的专制历史，在上层，是君主专制；在基层，是"家族本位"的社会结构。家族与国家相似，权力和资源都集中在上层、家族内，族长就是一个局部的皇帝，几乎具有生杀予夺的权力，甚至常常滥用私刑。在这种传统文化中长大的每个人，头脑里或多或少都会有帝王思想的"基因"，企业家也不例外。

郭梓林提到，西方的市场经济是在否定王权绝对统治的背景下发展起来的。中国的市场经济起步背景不同，制度选择是被动的，改革自上而下进行。在这个过程中，所有制、分配方式发生巨大变化，但是社会观念的变化必然滞后。这种观念不变，企业家自然就成为自己企业内部的皇帝，颟顸自大，热衷权术，而且乐此不疲。

这样看来，"四个现代化"还应该再增多一个"观念的现代化"，中国才会真正走向现代社会啊。

——2008年4月，王石在《市场精神将取代帝王思想》一文中所是说

背景分析

从产权方面看，越来越多的民营企业改变单一股权结构，走向公共化。2006年的民营企业500强中，上市公司或控股上市公司有156家，其中国内上市124家，海外上市32家。据调查，有90%以上的企业重大事项决策权集中在董事会和股东大会。

随着资本市场和企业本身逐渐成熟，这种趋势会越来越明显。产权结构的变化，将会改变企业家的思考和行为方式，使他们更多根据市场规律来办事，更加认同市场精神。

从成本方面看，以人为本的精神、市场经济的观念将越来越深入到中国社会大众的意识中，使得专制和使用权术的成本越来越高。更多受过西方教育的职业经理人加入新兴企业，加上中国企业出色的学习能力，使得采用西式管理的成本越来越低。这也将促使中国企业家更加倾向于选择西式管理，选择市场精神。

王石认为，从欧美国家的发展历史来看，市场经济的发展带来了自由平等的人文精神，是帝王思想最好的消解剂。而自由平等又会激发人的创新和冒险精神，造就企

业家精神,最终推动经济发展——王石相信,中国市场经济和社会观念的演变,也一定会合乎这个趋势。在此过程中,市场精神也最终会取代帝王思想,成为企业家新的精神母乳。

行动指南

市场经济的发展让中国处于非常有利的发展状态,也给更多的人提供了有利的发展空间和成功机会。这个时代应该是进步最快、成功更容易的时代,关键在于要学会抓住机会。

12月2日 中国需要重建商业底线

我原来认为理所当然的那些(商业)底线,其实到现在社会来讲并不是,而且我坚持的底线当然不只我一个人要坚持,但显然这种底线在社会现在好像不是个主流。

——2012 年,王石在接受杨澜专访时说

背景故事

企业伦理就是企业道德,就是企业对自己行为的一个要求标准。在中国这样一个转型的社会环境当中,企业道德显然和过去的要求不大一样。一方面强调市场经济,企业只讲利润最大化。而企业的社会责任大多数的公司与社会组织都只是讲讲而已,企业的道德有缺失,甚至严重不足的事情每天都在发生。社会的现实如此,商业的风气如此,所以很多人呼吁个人道德重建,呼吁企业伦理重建。对王石而言,物质主义挂帅,以金钱为目标的企业行为是突破底线的,权钱交易他难以容忍。所以虽然有所困惑,但是他对万科的要求就是坚持一个促使社会往上发展的角度,而不是随波逐流。一方面,他对现代企业制度有信心,认为它能够帮助企业抗拒诱惑,做强做大;另外一方面,他也呼吁社会要提升商业底线,要树立共同的正向价值观,逐步让商业回到正轨上来。

行动指南

勿以恶小而为之。今天的中国管理者,必须对自己有要求,这样才能有一个更好的商业环境。

12月3日 谁来关注社会中的夹心阶层?

在以家庭为"宗教"的中国,中产阶层不仅是先进文明的推动者,也是底层社会的救济者,中产阶层不断救济以血缘为纽带的底层社会,同时却发现自己不得不同富人在一个起跑线上向政府缴纳更多的税赋,放弃其他方面的生活权利,比如高房价带来的冲击让他们买不起房又享受不到廉租房,为解决居住问题,不得不放逐,变成了所谓的"夹心层"。

"被抛弃的中产阶层"来自于萨科奇的《见证》一书:1975 年以来,法国政府出现了决策失误:中止了对中产阶层的社会政策,其结果,进入 21 世纪,中产阶层的绝望已经赶上了贫困者,遇到了诸如就业安全、购买力、进行高级培训、职业融入和子女生活安排等一系列问题。其背后的真正危险是,当中产阶层停滞不前,整个国家将进入冻结和僵化之中。

中国政府开始认真建立低收入阶层的住宅保障体系,值得欣慰!

但是谁来关注承担社会稳定、文化创造的中产阶层呢?

——2007 年 12 月,王石在其博客文章《可怜天下"夹心层"》中如是说

背景分析

中国的"中产阶级"是经济快速转型期涌现出来的一个新兴阶层,不宜像外国那样简单地用年收入概括,它与我国的投资热、股票市场、房地产、新的消费方式等密不可分,同时又是中国民生问题的隐性症结所在。

从恩格尔系数来看,国际惯例是,在 60%～50%之间属于温饱;50%～40%就是小康;40%～30%属于比较宽裕的小康;30%～20%属于富裕。

按照这个说法,中产阶层是处于实现小康以后生活质量进一步提高的状态。

2003年,国务院发展研究中心中国企业家调查系统公布的《中国企业家成长与发展十年报告》中关于企业家的生存状态调查恰好说明了这一点。这个自1993年启动的庞大调查系统,每年都会对国有企业、私营企业、股份公司等企业的法人代表进行一次抽样调查,平均人数3000名,因而在全国具有代表性。一直在参与调查的中国企业家调查系统秘书长李兰接受《中国新闻周刊》采访时表示,"企业家在10年之间遇到的心理问题与健康问题越来越突出,我们应该更加关注他们的生活状态"。

行动指南

具有中国特色的"中国中产阶级",更加发挥起承上启下的作用:承接顶尖阶层的辐射,中产阶级的发展壮大关系到整个社会的发展壮大。因此,能够提供他们所需要的产品和服务的企业,将是未来最有前途的企业。

12月4日 争取自由的公共精神

文艺复兴这场人文主义运动在欧洲传播,普及了人的价值、人的尊严、人的权利的思想。

经济让人摆脱了人身依附关系,人可以自由迁徙,而成了社会的人。这样,自立、自主、自助的人格就诞生了。个人的人格、价值、尊严、权利就开始成长了。

欧洲文艺复兴于14—16世纪的农业商业化、庄园的瓦解和工业的繁荣,以及城市的惊人成长。

————2007年7月,王石在其博客文章中如是说

背景分析

学者杨鹏曾感慨过:我们缺少的不是自由,而是争取自由的公共精神!

王石倾注很多心力的"阿拉善SEE生态协会",目前可能是国内最大规模聚集企业家的公益组织,它非常注重公共精神建设。它的发起人包括刘晓光、田溯宁、陈东升、王石、冯玉良、冯仑、郭广昌、李宁、潘石屹、马蔚华等80位企业家,几乎是国内活跃企业家的大名单。首届理事会会长是刘晓光,第二届会长是王石。曾深度参与"阿拉善

SEE 生态协会"的人士评论,它是"企业家的民主训练营",从它新一届理事会略微精简的组织结构看,这群在自己企业中说一不二的企业家的确是在学习民主。

成立于 2004 年 6 月 5 日的 SEE 协会的章程规定,凡是认同并遵守 SEE 章程并向 SEE 缴纳会费现金 10 万元人民币以上的自然人、法人或其他组织,即可取得一年的理事会员资格。而一次性或累计缴纳会费达 100 万元人民币可成为终身理事会员。这一平等的金额是众多企业家在 SEE 中保持平等心态的重要前提。

SEE 的项目主要集中在阿拉善地区,分为自然保护与社区发展项目、科学研究项目、环境教育及培训项目、国际合作项目等。不过,由于"阿拉善 SEE 生态协会"功能实质上是"企业家的民主训练营",在完全平等、民主的情况下,他们要作出有结果的公益行动还有待时间。

行动指南

让"人"自由,让"人"能够发展,国家和社会才强大。企业发展的过程中也要重视实现每个员工的发展,这也是"以人为本"的核心。

12月5日 要"争吵"的决策过程

感想:环境信息公开需要对公众公开,"要'争吵'的决策过程,而不要'一致'的决策过程",出于国家环保总局的高官难得!体现了环保信息和决策过程的透明和民主。 环保的信息和决策如此,公共决策部门又何尝不是如此呢?

——2007 年 5 月,王石在其博客文章中如是说

背景分析

2007 年 5 月,《政府信息公开条例》公布才几天,国家环保总局就公布了《环境信息公开办法(试行)》。

这是国家部委中,第一个针对信息公开工作的综合性部门规章。

对于"不公开"的危害,环保总局副局长潘岳一连用了 4 个"越":"信息越不公开,公众对政府的不信任就越大,谣言的市场就越大,不稳定的因素就越大。"

这个《办法》针对环保领域的"信息公开",作了具体的规定。最重要的是它不仅要求各级环保部门公开环保法律法规、政策、标准、行政许可与审批等 17 类政府环境信息,也把污染企业列为信息公开的主体,要求强制超标、超总量排污的企业公开 4 大类环境信息,不得以保守商业秘密为由拒绝公开,鼓励一般污染企业自愿公开环境信息。

国家环保总局的目标就是,在各种环保事务进行的过程中,公众能够及时得到环境信息并表达意见,各方达成妥协与共识,而不是在成为事实后产生冲突。

行动指南

"争吵"是民主的标志,可能带来积极的结果;没有"争吵"的一言堂,往往是不科学不经济的。国家政策法规的出台如此,对企业的决策和发展来说也是如此。

12 月 6 日 该给农民国民待遇的时候了

二元结构是指我国在社会结构上实行城市/乡村二元分割的概括表达,又可称为城乡差别/二元社会结构。 二元社会结构包括户籍、住宅、粮食供给、副食品供应、教育、医疗、就业、保险、劳动保障、婚姻、征兵等十余种制度,成为判断农民与市民阶层的依据。

改革开放后有的差距缩小了,如粮食、副食品供应纳入市场调节,其城乡差距并不大。 但以户籍属地为先决条件的城乡二元结构不但没有消失,局部的差距甚至制度化了。 如征兵,城市兵可以安排就业,农村兵几乎很少安排;如社会保障,城市阶层大多数可以享有,但农村大多数人不享有。 户口不仅是一种身份,更是一种资源享有权的确认。

——2007 年,王石在旅途中阅读到"二元结构"有感而写了这篇博客

背景分析

作为一名关注社会事务的商人,王石对中国社会的变迁走势非常敏感。

清华大学的孙立平教授曾经指出,"城乡二元结构"已经成为目前中国经济和社会发展的一个严重障碍,这似乎已经成为一种共识。因为"城乡二元结构"的问题不解

决,不但会造成一个城乡断裂的社会,甚至连城市本身的发展也会失去支撑和依托。

"城乡二元结构"是什么? (1)城乡之间的户籍壁垒。(2)两种不同的资源配置制度。(3)以户籍制度为基础的城乡壁垒,事实上是将城乡居民分成了两种不同的社会身份。目前国家每年为城镇居民提供上千亿元的各类社会保障(养老、医疗、失业、救济、补助等),而农民的生老病死伤残几乎没有任何保障,农民还要上交乡村统筹为五保户、烈军属提供补助救济。

王石从中国社会的未来发展角度着眼,既在万科之中注重农民工的利益,还通过自己的公众人物身份向社会呼吁正视和解决城乡二元结构问题。

行动指南

"城乡二元结构"的问题不解决,会给社会和城市本身的有机发展带来莫大的隐患。企业家对此要有清醒认识,也需要为改变现状作出努力。

12月9日 好奇心和求知欲是人性积极的表现

1977 年,我大学毕业刚到广州不久,一次到停泊在黄埔港的远洋货轮上探望朋友,在万吨货轮的船长起居室里发现一本封面带有黄框的杂志,一下子被精美图片所表现的穿透力所打动,爱不释手。 7 年之后,1984 年,到深圳的第二年,我通过香港的朋友 YS. Liu 订阅《国家地理》……国家地理频道开通之后更是每天收看,犹如父辈收看央视《新闻联播》。

凭个人英语阅读能力,阅读这本黄边框的杂志还是蛮吃力的,当时主要兴趣在色彩斑斓、视觉冲击力极强的图片。 阅读这些充满激情、精美的图片,满足了自己渴望冒险、追求新鲜与刺激的精神需求。 其吸引我的正是拍摄图片的摄影家的探险精神。 好奇心和求知欲是人性积极的表现,《国家地理》的优秀摄影师都是勇敢的世界探险者,他们受好奇心驱使,携带照相机为求知而接受人生的挑战,冲向艰险的极限。

积累一个多世纪的《国家地理》的图片,犹如一个随时间的流逝和空间的变化而封藏的丰富影像矿床,是人类历史上的视觉记录档案储备,对人类认识、了解和研究自身存在的环境和历史，起到无可估量的作用。 虽然是地理杂志，但其内容却远远超出了地理学的范畴，涉及社会学、人类学、哲学、历史学等多种人文学科的知识，杂志将立足点放在自然与人、人与社会的关系上，给人以一种思辨之美。

——2008 年 8 月，王石在其博客文章《百年黄边框》中如是说

背景分析

据美国《国家地理》杂志国际部负责人介绍，《国家地理》在美国教师中很流行，因此它被带进课堂，作为青少年的课外补充教材，美国青少年的父母对这本杂志也很感兴趣，订阅这本杂志来帮助小孩增长知识。

由于《国家地理》在世界范围内的传播，使得杂志可以花很多的钱支持摄影师去拍更好的照片。《国家地理》有 100 多年的历史，出了那么多优秀摄影师和作品，新的杂志很难做到这个程度。

该杂志具有全球影响力，好似一只穿越时光的巨手，不管岁月如何改变，它对读者的吸引力仍是经久不衰。比如说，在美国，知识界、精英层人士都以自己是《国家地理》杂志的忠实读者而自豪。美国前总统卡特就曾说过："我们都是读着美国《国家地理》长大的。"那么，美国《国家地理》杂志成功的秘诀究竟在哪里？ 一个关键的原因在于，它实施了强大的品牌战略。

美国国家地理学会的战略第一条："在全世界的范围内创建统一的品牌形象，其次才是创建一个独特的组织，加强产品在市场的独特地位，以及产品的高质量等方面的内容。"美国《国家地理》杂志企业战略第一条也规定："把《国家地理》杂志的品牌向所有国家地理学会的产品（例如图书、电视等）延伸，维持各产品在品牌形象上的统一性。"由此可见，美国国家地理学会非常看重品牌的统一性。

美国国家地理学会所有产品都以《国家地理》杂志这个核心品牌为基础进行辐射，品牌统一为其独有的黄色边框和"国家地理"文字要素。学会要求所有印刷品的封面必须保留黄色边框，所在位置可以比较灵活，有的与《国家地理》杂志同样尺寸和位置，有的则缩小为不圈住任何内容的单纯标志。正是借助这种统一的品牌形象，国家地理学会旗下的各种产品成功打开市场，并牢牢确立了《国家地理》这一品牌在消费者心目中的地位。

行动指南

好奇心是最好的导师,而求知欲是学习最好的动力。一个企业家的好奇心和求知欲能够为企业增加活力和能量。

12月10日 点纸成金

1985 年,张茵闯荡香港,做废纸回收再生产生意。 按照大陆的传统观念,这是废品收购站的勾当,买卖做不大,行业名声也不好。 张女士之所以选择这个行当也是适者生存吧。 谁会想到 20 年之后她却因废纸生意成为中国大陆新一轮的首富。

想来张女士成功在:

第一,专业化。 1985 年到香港开始做废纸生意,做了 20 年始终未变,应了"三百六十行,行行出状元"这句老话。

第二,诚信。 纸浆掺水是当时香港的行规,张女士坚持诚信,不掺水,赢得了声誉,也赢得了生意。

第三,生意全球化。 张女士 1990 年移民美国做同样生意,移民的理由是,香港的货源已经远远不能满足市场需要,而美国每年消耗 4700 万吨的纸张,其中 75% 进行回收使用,是世界上最大的废纸市场。

第四,上下游资源整合。 在中国大陆建立造纸厂,将美国收购的废纸源源不断地送至中国的工厂进行再加工,生产优质牛卡纸,其上市公司产生的利润就源于这些牛卡纸厂。 按照玖龙纸业公布的目标,产量增加的目标由目前的 330 万吨增加到 535 万吨;2008 年的产能将达到 715 万吨,有望成为全球最大包装纸生产企业。

在全球经济一体化、中国经济腾飞的今天,什么没有可能呢? 问题不在敢不敢去想,而在肯不肯认准目标,脚踏实地,一步一个脚印去做。

——2006 年 10 月,王石在其博客文章《废纸就是森林》中如是说

背景分析

2006 年 10 月 11 日,媒体统计:按照玖龙纸业昨日 9.02 港元收盘价计算,持股

74.7％的张茵夫妇名下资产市值已经超过 260 亿港元……张茵将成为中国 2006 年度的首富,因其女性身份引起更多关注。2005 年中国富豪排行榜上,张茵仅以 15 亿元资产排在 107 位。

行动指南

办企业不要在乎别人认为你在做什么,而是要确定你自己在做什么。有时候别人看不到的商机恰是你成功的秘诀。

12 月 11 日　被我看走眼的经营方式

新千年到来之后的那段时间里,曾经有两个年轻人找到我,说要创业,搞电梯间的液晶屏广告业务。 当时我哑然失笑,"怎么会有人看这样的东西? 反正我不看!"

我觉得这个商业模式不成立,劝他们赶快找其他正经事情去做。 结果几年后,这个名叫江南春的年轻人和他的分众公司,就是靠这个我看走眼的经营方式,在纳斯达克上市,并成长到了百亿元的规模。

　　——2007 年 5 月,王石在为肖勇新书所作之序《新经济与传统行业结合更有活力》中如是说

背景分析

知识的更新,导致制度革新、技术创新,最终推动经济增长。未知的领域中,潜藏着许多风险,也存在大量的商业机会,这就是新经济崛起的简单逻辑。市场上从来不缺少创造奇迹的机会,缺少的只是创新和探索。年青一代是创新和探索的主力,而传统行业为他们的创新和探索提供了一个宽广的平台,同时,也能从新经济的发展中获得新机会和新工具。

行动指南

企业领导人不要忙于否定新生事物,否则可能与许多好的"新机会"失之交臂。

"新一代"的创业者和领导人,不必对"老一代"盲从,有时更需要勇于坚持,所谓"创新"就是这样产生的。

12月12日 不满足于一个商业企业家

参加阿拉善协会同美国大自然保护协会联合举办的"NGO 组织建设"论坛。

发放的会议资料里有一本书——书名:《如何改变世界》,作者:(美)戴维·伯恩斯坦,译:吴士宏。 吴士宏?

译序是这样开始的:2003 年我从商场退休。 休养的同时,思考后半生的计划,并开始做些公益领域的学习和研究……

啊,没有猜错的话,译者就是 3 年前从 TCL 退下来的吴士宏女士。

……

几年过去,没有吴总的任何信息。 去向成了个谜。

看到眼前的这本介绍全世界公益事业精华案例和代表人物的书,我才明白吴士宏女士从公众视线消失的原因。

吴女士在译序中这样写道:奉献、爱心,是人类公认的美德,也是人类之所以成为人类的根基所在。 一个人做点好事并不难,难的是一辈子做好事;更难的是,将好事做成了可以使人类持续受益的事业,从而使世界因此变得更好。

明白了,吴士宏女士已经储备了能量,为崇高的公益事业准备新的起飞。

——2006 年 6 月,王石在其博客文章《你小瞧了一位女性的能量》中如是说

背景分析

社会企业家是一个新近得到命名的群体。他们多为社会公益组织的发起者和经营者,例如为印度流浪儿童创设 24 小时救援热线的杰鲁,为南非艾滋病人建立看护网络的霍萨,为巴西贫苦牧民架设太阳能发电系统的罗萨。

2006 年春,患有严重腰疾的吴士宏女士重现公众视野,带来她的翻译作品《如何改变世界——社会企业家与新思想的威力》,其中提出了"社会企业家",与这个概念相对应的便是商业企业家。

投资银行家穆军对此有过分析：社会企业家所创造的价值，来自救命钱、创业钱与闲钱的差值。钱还是那笔钱，但以人命或人生为本位计算，却可以形成巨大的差值。社会企业家把富人手中的1万元闲钱，转化为穷人的救命钱、学费或创业钱。既然1万元救命钱或创业钱大于1万元闲钱，那么，那1万元闲钱就可能发挥10万元甚至100万元的作用。价值就这样被他们创造了出来。金钱的边际效用不同，正是福利经济学的核心观点。

比起缺乏商业技能的大众来说，富豪们更加明白，善款能够持续经营，并产生最大的效能。然而，可持续的慈善公益事业需要专业技能支持。不管是组织哪一种公益型基金会，一定要引入非常精明能干的企业家，现代公益事业事实上已经融合了企业家的技能，以前传统的慈善型基金，因为没有注入企业家的特殊技能，每每捉襟见肘，效能低下。

倘若社会企业家身手不凡，在公益领域表现出极高的效率，他们甚至可能在公共事务领域大显身手。

行动指南

一个有追求的企业家，不会满足于仅仅是一个商业企业家。在条件成熟的时候，企业家应该尝试投入公益事业，利用自己的商业技能，为更多的人服务。

12月13日 不同时段演好不同的角色

就人生来讲，一定要明确几点：你在社会中的角色如果别人能扮演，你最好不要扮演，因为到了这个年龄，年轻人取代老年人，这是逻辑规律。

——2013年，王石在接受《南方人物周刊》专访时说

背景分析

这几年王石常挂在嘴上的一句话是，人生犹如一个抛物线，自己早已过了最高点，现在是年轻人的天下。所以2004年，53岁的王石就宣布退居二线，将郁亮推到台前。他说，做好企业不是一代人的事情，新一代正处于上升期，他不能和新一代争公众资

源,而应该自觉地脱离自己的位置。

王石曾一度认为现在的年轻人在蜜罐里长大,不知道什么叫竞争,更无法面对残酷的失败,但是看过《超级女声》之后,他开始对年轻人刮目相看。

几年前,万科就开始大量引进80后人才,目前在万科团队中,"80后"大约已经占到了80%,已成为万科不可替代的力量。而行业内的很多地产企业"80后"员工只占到了20%~40%,且成为团队骨干的人很少。

老年人被年轻人取代是正常现象,但是老年人也不能因此就停止前进的脚步。王石是一个"生命不息,折腾不止"的人。他几乎不说"知足常乐",常说的是"不满足"。在他看来,一个人没有好奇心,没有对自我的不满足,就等于没有奋斗的目标,人生也就没有什么意义了。所以他退居二线后,没有去养花种草、看报纸,而是去国外游学,去高校授课,还打算去航海和穿越沙漠。

行动指南

很多人羡慕王石活得很丰富。他能够这样过的原因是因为他知道什么时候做什么事情,因势利导,及时变化。

12月16日 **"80后"不可小觑**

和任何一个代沟两边的情形一样,"80前"对"80后"有不少指责,就好像美国的"X一代"曾经被他们的父兄辈定义为:浅薄、易变、懒散、不忠诚、没有理想,但今天,"X一代"的盖茨和戴尔已经是美国的商业领袖,对世界经济和社会有着举足轻重的影响。

无论在传统经济还是互联网经济中,大多数创业者素质是共同的:独立思考,野心,想象力,勤奋,甘于吃苦,好学……如果说有什么明显不同,那就是:这些"80后"的年轻创业者,他们比传统创业者更加全面,也更加有主动完善自我的意识。

虽然这一批"80后"创业者不乏退学者,但他们都表现出远胜于大多数完成学业者的求知欲。在万科创业初期,老王一人身兼多职:组长、推销员、货场搬运、鸡饲料推销、司机……紧张的工作和生活无法压抑求知欲的爆发,晚上回家,忙着学习财务知识，读经济学、社会学。 今天，"80后"的创业者可以接触到丰富的、最新的、可自由流动的知识和资讯，这将让他们的企业受益。

——2006年3月，王石在其博客文章《80后他们是超级男生》中如是说

背景分析

2004年2月号的《时代》杂志，一位酷酷的中国少女作家春树登上封面，被作为中国"80后"的代表，来与美国著名的"垮掉的一代"及嬉皮文化相提并论。2007年7月8日《泰晤士报》以"被圈养的一代"（1977—1999年出生）这个词语，来形容太过依赖、缺乏独立的"80后"一代。也有人以此来言状当今的中国少年。

然而，在被互联网夷平了的新大陆上，"80后"的一代，借着广泛的接触和对庞大信息量的处理，早早进入了独立判断的状态，势头甚至盖过了"70后"、"60后"、"50后"，其中还有一些成了创业成就斐然的企业家。

在《中国企业家》采访的10来位"80后"创业者当中，许多人都从未在传统教育体制内获得肯定。这与上一代互联网创业者大多身为"海归"，或者在大学成绩优异有着强烈的反差。

美国有本畅销书《极客与怪杰》（Geeks & Geezers），里面的极客Geek指的就是这一群人：年龄在21岁至34岁，从有记忆开始就与数字技术打交道，在30岁时的理想就是要改变世界，做更多有意义的事情……谁是这帮家伙的代表？比尔·盖茨、乔布斯、迈克·戴尔、拉里·埃利森、杨致远，还有Google的双星佩奇和布林。极客代表了一种蔑视常规的商业力量，甚至是全新的商业手法和视野。目前在互联网业崛起的这群"80后"年轻人，也许就是严格意义上中国的第一批"极客"。

王石，正是欣赏这一代"80后"创业者身上的桀骜不驯和打破常规。或许，无拘无束地做自己喜欢做的生意，也是一个率领500亿元销售额、1万多人团队的大公司的掌门人内心潜藏的理想。

行动指南

创业无边界，创业无约束。互联网时代，"80后"一族中的创业力量不可小觑。

12月17日 行万里路，读万卷书

　　2005年5月，借去法国尼斯出差的机会，顺便飞了趟拿破仑出生地——科西嘉岛。但吸引我的不是波拿巴，而是中学生时代阅读的梅里美的小说《高龙巴》。高龙巴是位村姑，为被暗害的父亲复仇，由此引发了一场家族之间的仇杀。我不仅为情节所打动，也对海岛上留存的古朴、野蛮民风所吸引，强烈地向往着。因读了梅里美的一部中篇，我飞到了科西嘉岛，丰富了知识，也丰富了人生阅历。古人"行万里路，阅万卷书"就是要勤看书、多行走的意思吧。

　　说到行走，古人能行万里路恐怕要10年8年，现代人，有高速交通工具，行万里路却小菜一碟。记得当兵5年，开了5年汽车，复员时行驶的记录为18万公里。但是拿18万公里的数字和飞机驾驶员相比又是小巫见大巫了。对现代人来说，行路并不难。读书呢？

——2006年9月，王石在其博客文章《读书是一种生活状态》中如是说

背景分析

　　王石喜欢读书，在企业家里面是比较突出的。

　　王石服兵役时，正是求知欲望强烈的年龄，让大姐寄来高中课本，白天颠簸路途，晚上被窝里就手电筒亮光自学高中数理化，虽说枯燥，却也一页一页硬翻了下去。复员时，自觉数学、物理过得了关，化学却是一头雾水。那时部队读物很有限，范文澜的《中国通史简编》几乎被他翻烂了，偶尔获得司汤达的《红与黑》、普希金的《上尉的女儿》，爱不释手。

　　20世纪80年代和90年代创业的企业家平均年龄的差距并不明显，明显的是在知识结构上，后者的学历远高于前者，而且还有一定比例的"海归"。王石作为万科的创始人，之所以没有被急剧变化的市场所抛弃，不是因为年轻，而是他能不断读书、学习，适应市场大潮中的变化。

　　现在的王石，想要找阅读材料当然很容易很方便。他长期在博客上与公众分享阅读心得，也是企业家之中甚为少见的。

行动指南

现代的企业家,面对的环境越来越复杂,要处理的问题也越来越多,再聪明的人,也常有"书到用时方恨少"之感。所以及时充电,多读书,是对自己未来最有用的一笔投资。

12月18日 读书是一种生活状态

中国的经济改革不可避免地带来观念上的解放和新旧方法论的替换。 80年代第一批下海的企业家,经历20年大浪淘沙,还在商场上活跃的已经不多了,所掌舵的企业还能保持活力和强劲增长的就更是少之又少了,而万科是其中的一家。 为什么呢? 记者在问这一问题时,我简单回答:"同禹作敏、牟其中、褚时健相比,我有年龄优势。"

作为万科的董事长,只有不断地读书、学习,接受新的观念、学习新的方法,才能在知识创造财富时代,不被淘汰。 就像登山一样,读书也是一种生活状态。

——2006年9月,王石在其博客文章《读书是一种生活状态》中如是说

背景分析

读书的好处,古往今来,很多高人已经说了很多。

而对于今天的中国企业家,有一点要强调的就是,"小富靠智,大富靠德。"企业家的道德修养对企业的成败至关重要。提高道德修养有多种方法,读书就是一种重要的途径。书读得多了,眼光远了,胸怀宽了,思想境界上去了,道德修养也提高了。如果不是这样,作为占有社会资源较多的这一群企业家,不能够为社会提供正面的价值,那么,对于企业和民族来说都将是灾难。

行动指南

企业家读书的过程就是学习的过程。开卷有益,接触新的观念、学习新的方法,就像吃饭睡觉一样,读书也应该成为企业家一种习惯的生活状态。

12月19日　王石读李东生

李东生：

鹰是世界上寿命最长的鸟类，年龄接近人类。 在 40 岁时，鹰用喙击打岩石，直到脱落，待新喙长出来，再用锐利的新喙扯去爪子上老化的趾甲，鲜血一滴滴洒落，当新趾甲长出，再把身上的羽毛一根一根拔掉。 5 个月以后，新的羽毛长出，鹰重新飞翔。 这是鹰长寿的诀窍。

感受：TCL 正面临痛苦转型，感动于鹰脱胎换骨时鲜血滴滴洒落的描述，揭示了 TCL 面临的痛苦转型和掌舵人的悲壮以及钢铁意志。

王石：

2005 年对我个人以及万科，都是一个转型年，企业将会更多地从企业公民、社会责任这一角度来考虑。 这包含三个层面：首先，企业需要讲求效益，这是效率原则，给消费者提供优质产品，为股东创造利润，给国家纳税；然后，由政府做第二次财富分配，保证国家机器运转和公共福利开支。 但这些是不够的；还有第三个层面的再分配，那就是先富裕起来的阶层和企业还应该热心慈善、公益活动，也就是主动行善，这就是企业家和企业的广义社会责任。

——2006 年 7 月，王石在其博客文章《珠江企业家三（空中阅读十八）》中如是说

背景分析

根据博斯咨询公司的研究，中国企业面临战略选择的外部原因主要有以下几点：中国市场经济的发展和整个游戏规则的改变；以进入 WTO 为代表，市场环境与国际接轨及跨国公司对中国市场新一轮进入；全球经济一体化发展趋势造成的全球资源重新分配；中国一些市场的发展减缓和产业结构的巨大变化；产业生命周期的演变带来的影响。在这种不确定性的环境下，中国企业如何应对才能保证在竞争中不会被淘汰的问题成为焦点。

面临全球化的挑战，中国企业在文化上需要做一些平衡和过渡，因为传统文化与现代企业文化之间存在着差别——例如机会主义与理性分析，粗放型与集约型，模仿

型与创新型,从上而下的伦理关系与全面的团队精神,以人为本的伦理关系与以制度为主,至高无上的领袖与领袖总是教练的观念,传统伦理的价值观与以诚信、顾客、股东价值为基础的价值观。中国建立与发展市场经济的时间很短,中国企业在文化上存在一些问题是正常的,但这对未来发展来说是一个阻碍,所以应该尽快过渡到现代企业文化上去。

行动指南

企业发展到一定阶段都面临一个问题:如何重生,也即是转型,对自身进行调整和更新。优秀的企业家,会将企业的调整和其与社会的关系结合起来。

12月20日 王石读任正非

任正非:

10年来我天天思考的都是失败,对成功视而不见,没有什么荣誉感、自豪感,反而有危机感。 也许是这样才存活了10年。 我们大家要一起来想,怎样才能活下去,也许能活得久一些。 失败这一天是一定会到来,大家要准备迎接,这是我从不动摇的想法,这是历史规律。

感受:在企业蒸蒸日上之时仍能保持危机意识,难能可贵。 "失败是历史规律",强调危机意识贯穿企业始终。

——2006年7月,王石在其博客文章《珠江企业家》中如是说

背景分析

43岁才创业的任正非,是中国企业家之中的一个异数。

在居安思危方面,华为和任正非是中国企业和中国企业家的典范。

华为在2000财年销售额达152亿元,利润以29亿元人民币位居全国电子百强首位的时候,其创始人任正非却大谈危机和失败。

而在2004年三季度的内部讲话中,任正非再称,华为要注意冬天。在长达13000字的讲话稿中,任正非检讨、审视了华为目前遇到的严峻困难,称这场生死存亡的斗争

本质是质量、服务和成本的竞争。但与上次相比,此次冬天的预告影响力有所减弱,主要是任正非更加细致地探讨华为的内部问题。

在危机意识洗礼了华为8年后,最近任正非又一次提及"冬天"。他说,要"对经济全球化以及市场竞争的艰难性、残酷性做好充分的心理准备"。并提醒员工,"经济形势可能出现下滑,希望高级干部要有充分的心理准备。也许2009年、2010年还会更加困难"。

在2008年中国经济是否进入拐点的讨论之中,王石虽然未有正式提出"过冬"的呼吁,但是,他为万科设计的一系列应对方案,已经非常具有"过冬"的意味。

行动指南

宏观经济有周期变化,市场环境也有景气程度。居安思危,企业家在今天更要保持高度的忧患意识,做好应对最坏情况的准备。

12月23日 王石读侯为贵

侯为贵:中兴曾经提到过把微软、戴尔、三星作为标杆,有人认为标杆多了。实际上,三星对外学习的标杆有20多家,学习优秀企业做得最好的那一部分。 我们要特别关注这一点,眼睛要看远一点,视野要宽一点,不能坐井观天。

感受:都在学习优秀企业,但如何学习? 营销时,万科曾把索尼作为标杆,确定了以客户为中心的"客户第一"思想;进入房地产行业则确定以新鸿基为标杆,确定了专业化;而在精细化过程中选择了以美国帕尔迪为标杆。

——2006年7月,王石在其博客文章《珠江企业家》中如是说

背景分析

中兴通讯是中国最大的通信设备制造业上市公司之一、中国政府重点扶持的520家企业之一。公司成立于1985年。1997年,中兴通讯A股在深圳证券交易所上市。

中兴通讯是中国通信设备制造业的开拓者、中国综合性的电信设备及服务提供商,拥有无线产品、网络产品、终端产品(手机)三大产品系列,在向全球用户提供多种通信网综合解决方案的同时,还可以提供专业化、全天候、全方位的优质服务,并逐步

涉足国际电信运营业务,中兴通讯 CDMA、交换、接入、光传输、GSM、视讯等多元化产品已进入全球 50 多个国家和地区市场。

和华为大不一样的是,中兴通讯并没有很强烈的个性色彩,也很少有流传的企业故事。但是,作为扎扎实实在通讯领域发展的公司,中兴通讯的江湖地位仅次于华为。

行动指南

企业选择的标杆最好单一,这样才容易聚焦,容易操作。企业必须找准标杆企业之中最突出的优点。

12 月 24 日　王石读何亨健、梁庆德

《21 世纪经济报道》之创新者语录——

何亨健: 在美的集团,地缘、血缘、亲缘这三个传统的用人观念被彻底打破,60 年代靠北岭人,70 年代靠顺德人,80 年代靠广东人,90 年代靠全国人,现在要靠全世界的人才。

感受: 改革开放初期,北京决策当局提出"四个现代化"的宏伟目标,随着改革开放的深入,逐渐意识到:观念现代化、人才现代化是四个现代化的前提。

梁庆德: 格兰仕花了 5～6 年做到了一个产品的世界第一,但这种世界第一的基础并不扎实,充其量就是 1 亿美元左右的规模。格兰仕准备花五六十年,做到 10 个世界第一……即便这样,那在全世界还只是个中小企业。

感受: 虽说定位 50 年之后还是中小企业,只是自谦的说法吧。在量和质的平衡上,似乎还是向规模倾斜。苹果公司开发了 iPod 就彻底翻了身。

——2006 年 7 月,王石在其博客文章《珠江企业家》中如是说

背景分析

2006—2007 年度广东省百强民营企业候选企业名单进入公示期,排列在前 106 名的企业作为候选企业予以公示,顺德共有 7 家企业进入候选企业名单,其中美的集团、格兰仕集团分别位居第一位和第三位。其中美的集团从 2003 年开始就一直位居广东

省百强民营企业的首位。

美的与格兰仕,是不折不扣的对手,两者关系也很有意思。同在广东顺德,同在家电业,又偏偏都造微波炉,还都野心勃勃。两者已经竞争多年。未来,相信还会继续较量下去。我们仅能寄望两家的商场博弈能够理性,而不要陷入恶性竞争,两败俱伤。

行动指南

数量的优势只是相对优势,质量的优势才能形成核心竞争力。

12月25日 为什么罗马修的路现在还能用

去年以来,我一直在读盐野七生的《罗马人的故事》,这套书非常好。

书的风格生动有趣,作者用现代史观的方法论来重新解读罗马史,用东方文化尤其是日本特有的方法论、分析方式去解读。

过去我也看过罗马史,更多是从政治、经济、军事的角度来理解的。而盐野七生从技术的角度来解读,让你耳目一新。比如,开篇就说在东方帝国(当然指中国)修建长城的时候,罗马人正在修建罗马大路,接着就告诉你两千年过去了,罗马修的大路现在还在使用。这时你很自然地就会想,中国的长城现在还有没有用?我们现在能看到的长城主要是明朝修建的,从工程的角度讲,质量上也有问题。为什么罗马修的路现在还能用,作者接着给你展示一个罗马大路的剖面图,告诉你这个路是怎么修的,为什么能连续使用上千年。

——2008年3月,王石在接受《21世纪经济报道》的记者采访时如是说

背景分析

王石一贯重视科学和理性,对于西方现代学术的兴趣非常浓厚。遇到好书,他经常会推荐给身边的朋友。而他对建筑技术的兴趣,也是20多年来一直坚持的。20世纪80年代,王石去日本的时候,对于当地铺地砖的巧妙用心就赞叹不已。所以,他对《罗马人的故事》这套书所采用的技术解释,喜爱是可想而知的。

行动指南

罗马人智力不如希腊人、体力不如高卢人、经商的本事不如迦太基人,却能一一打败这些部族,为什么? 仔细研究你就会发现,罗马帝国的强大是因为它的开放,它的兼收并蓄。

12月26日 升温将毁灭地球

一个国际专家小组（IPCC）提出的报告指出：根据古气候学的研究,地球对温度系统十分敏感,地球的吸释能量自有规划：从太阳吸收能量,然后再将热以辐射散发出去取得平衡,如改变这个规律就会造成激烈反应,对于现在人类对辐射散热平衡的干扰,地球将会有剧烈反应。

英国作家林纳斯所著《6度的变化》一书提示：当全球温度升高1摄氏度的时候,非洲大陆冰雪荡然无存,北极熊、海象和环斑海豹,从地球的北端销声匿迹。

温度升高2摄氏度,从鲭鱼到须鲸都淘汰出局,格陵兰冰原彻底消融,全球海平面升高7米。

温度升高3摄氏度,亚马孙河流域的热带雨林大部分会在大火中被烧毁,数千万或者几十亿难民会从干旱的亚热带地区迁移到中纬度地区。

温度升高4摄氏度,整个北冰洋冰帽也会消失,全球海平面又提高5米,伦敦周边夏季气温将达45摄氏度。

温度升高5摄氏度,两极均没有冰雪存在,南极洲中部可能有森林生长,海洋中大规模的物种灭绝,大规模海啸摧毁海岸。

温度升高6摄氏度,高达95％的物种灭绝。

——2008年6月,王石在其博客文章中如是说

背景分析

对全球变暖问题的关注,可以追溯到20世纪60年代的科学研究成果。但是直到1988年,科学家和决策者成立了政府间气候变化专门委员会(IPCC),才在气候问题的

国际合作方面迈出了一大步。在世界气象组织的资助下，IPCC需要将可用的、经过同行评议的科学资料进行综合，为决策者提供结论和建议。

和过去千年背景相比，21世纪的气候变化大大超出人们的想象。人类有种种理由可以预期气候会发生变化，并且是过去千年中都没有见过的，这将对人类社会的发展产生巨大的制约作用。

为了完成从传统农业社会转向现代都市社会这个城市化过程，中国还需要再一个20年的快速发展阶段。要做到尽可能降低温室气体排放，减少与国际社会的摩擦，但是又不以牺牲中国的发展为代价，坚决抵制过多的限制，中国需要相应的解决策略。

行动指南

环境问题关系到我们每个人的生活和生存，保护环境既是为了世界的明天，也是为了我们自己的明天。企业家要及时考虑，未来企业的发展，如何符合国际和国家的环保要求。

12月27日 珍惜《你生命中的休闲》

早起收拾行装，选的途中阅读物是杰弗瑞·戈比的《你生命中的休闲》。

……赌博、酗酒和暴力是——最常见的休闲嗜好……

休闲的增长原因：

（1）物质产品增长率保持2%~3%，物质生活水平不变，休闲潜力增加；

（2）家庭电器出现减轻家务劳动强度，留下更多生活空闲；

（3）世俗宗教的影响削弱，使人的自由意志比以往更得到充分的实现，而宗教教条的行为准则已经不能适用于今天的社会；

（4）享受态度的转变，人们越来越不需要借助工作或苦难来证明自己生活的意义了；

（5）教育水平持续提高，眼界开阔，兴趣扩展到多种多样的活动上；

（6）体力劳动强度降低，疲劳不堪的工作使人们不再有心情去体味生活、享受生活；

（8）妇女和弱势群体选择机会增加。

——2006 年 3 月，王石在其博客文章《途中读书笔记》中如是说

背景分析

公众真正把休闲放在学术的层面加以考察和研究，并形成学科体系是近 100 多年的事。这是因为，近现代工业的高度发展，一方面促进了人们闲暇时间的增多，人在拥有物质财富的同时，开始向往精神生活的满足；而另一方面，现代社会却以付出人的异化为代价——人的全面丰富性遭到空前的压抑，人退化为单向度的怪物，片面的物质享受和可怕的精神贫困撕裂着当代人。

休闲学在美国的诞生是以 1899 年凡勃伦发表《有闲阶级论》为标志的。尽管当时凡勃伦试图从经济学家的视角分析和证明休闲与消费是如何联系在一起的，但他又十分敏锐地注意到：资产阶级新权贵在获得物质享受的同时，已开始追求精神生活的丰富和享乐。他在该书中提出，休闲已成为一种社会建制，成为人的一种生活方式和行为方式，并论述了宗教、美学、学术讨论与休闲的关系，分析了闲暇时间消费的各种形态和消费行为方式。

行动指南

物质基础决定上层建筑，物质基础扎实后，自然就会导致精神生活需求的提升。企业家要把握住这种转变。

12 月 30 日　第三次阅读《万物简史》

这些天晚上就与《万物简史》为伴。　这是一部有关现代科学发展史的既通俗易懂又引人入胜的书，作者是美国的比尔·布莱森，他用清晰明了、幽默风趣的笔法，将宇宙起源到人类文明发展进程中所发生的故事妙趣横生地诉诸笔端，其内容囊括了天文、地理、生物等等，读来饶有趣味，值得细嚼慢咽。

这本书在年前已经看过一遍，那时是在路上非常迅速地浏览了一遍。　第二遍看这本书是因为莫军向我提起，我说我看过，经过一番讨论，我打算再好好地一章一章

从头仔细阅读，那时感觉到确实是一种享受。 这次看是第三遍了。 书中一章就是一门学科，其中有一章深入浅出地讲述冰川起源、大陆漂移、板块学说，涉及南极大陆的环境变迁，跟老王当下从事的活动息息相关，所以读得尤其仔细。 科学家研究发现，南极大陆原本与南美洲相连，有茂密的原始森林，并且生存着恐龙，经过亿万年的地壳运动，逐渐漂移到现在的位置，并戴上了永久的冰雪之盖。

——2005 年 12 月，王石在其博客文章中如是说

背景分析

《万物简史》回溯了科学史上那些伟大与奇妙的时刻，引用了近年来发现的最新科学史料，几乎每一个被作者描述的事件都奇特而且惊人。

在讲述科学的奇迹与成就的同时，书中还浸润着浓郁的悲天悯人的人文关怀。全书从科学发展史的角度对"我们从哪里来？ 我们是谁？ 我们到哪里去？"等千古命题作了极为精确的阐释，每一个人在阅读此书之后，都会对生命、对人生、对我们所生活的世界产生全新的感悟。这显然也是王石喜欢这本书的重要原因。

行动指南

好书可以看很多遍，每一遍都有不同的收获。企业家同样需要天文、地理、生物和历史等领域的知识。

12月31日 清醒看待自己的末日

我想，最好的结束方式，就是不要对世界造成影响。

——2011 年，王石在接受《外滩画报》专访时说

背景分析

西方人有末日情节，这从西方人热衷于拍摄灾难电影就能看出来。

地球有诞生自然就会有结束，至于是哪一天，我们不得而知，至少玛雅人预言的2012 末日年已经顺利过去。同样，人有生老病死，世界末日可望而不可即，但人的末日

却触手可及,可能是明天,可能是 10 年后,也可能是 30 年后,反正早晚会到来。

对于"假如今天是你生命的最后一天,你最想做什么?"这种问题,王石说,很简单,该做什么就做什么,因为那是你的末日,不是世界的末日,无论你怎么样,别人都还在正常生活,所以尽量不要对别人造成影响。

行动指南

人生有限,因此要有忧患意识,做好每一天都是最后一天的准备。这样的话,反而能够放下包袱,轻松面对。

图书在版编目(CIP)数据

王石管理日志 / 陆新之编著 . — 修订本 . — 杭州：
浙江大学出版社,2014.4 (2014.4 重印)
ISBN 978-7-308-12934-3

Ⅰ. ①王… Ⅱ. ①陆… Ⅲ. ①房地产业－企业管理－
经验－中国 Ⅳ. ①F299.233.3

中国版本图书馆 CIP 数据核字(2014)第 030138 号

王石管理日志(全新修订版)

陆新之　编著

策 划 者	杭州蓝狮子文化创意有限公司
责任编辑	胡志远
出版发行	浙江大学出版社
	(杭州市天目山路 148 号　邮政编码 310007)
	(网址:http://www.zjupress.com)
排　　版	浙江时代出版服务有限公司
印　　刷	浙江印刷集团有限公司
开　　本	710mm×1000mm　1/16
印　　张	18.25
字　　数	305 千
版 印 次	2014 年 4 月第 1 版　2014 年 4 月第 2 次印刷
书　　号	ISBN 978-7-308-12934-3
定　　价	45.00 元